电子商务名师名校
新形态精品教材

U0597971

电子商务

基础理论 + 案例分析 + 实践训练

帅青红 李忠俊 / 主编

王冲 腾格尔 吴敬花 / 副主编

人民邮电出版社
北 京

图书在版编目（CIP）数据

电子商务：基础理论+案例分析+实践训练 / 帅青红，
李忠俊主编. -- 北京：人民邮电出版社，2022.5（2024.1重印）
电子商务名师名校新形态精品教材
ISBN 978-7-115-58597-4

Ⅰ. ①电… Ⅱ. ①帅… ②李… Ⅲ. ①电子商务－教
材 Ⅳ. ①F713.36

中国版本图书馆CIP数据核字(2022)第018333号

内 容 提 要

本书对电子商务的相关知识进行了系统介绍，包括电子商务概述、电子商务的技术支持、电子商务模式、新兴电子商务、网络营销、网店的建设与运营、物流与供应链、电子商务支付、电子商务安全和电子商务法等内容。本书在每章章末设计了"案例分析"和"实践训练"模块，以培养读者的实际分析与应用能力，帮助读者尽快掌握所学内容。

本书配套有PPT课件、教学大纲、电子教案、题库等资源，用书教师可在人邮教育社区免费下载。

本书既可作为高等院校电子商务、市场营销、工商管理和物流管理等相关专业的教材，也可供有志于学习电子商务相关知识的社会人士参考使用。

◆ 主　　编　帅青红　李忠俊
　　副 主 编　王　冲　腾格尔　吴敬花
　　责任编辑　孙燕燕
　　责任印制　李　东　胡　南

◆ 人民邮电出版社出版发行　　北京市丰台区成寿寺路 11 号
　　邮编　100164　电子邮件　315@ptpress.com.cn
　　网址　https://www.ptpress.com.cn
　　北京隆昌伟业印刷有限公司印刷

◆ 开本：787×1092　1/16
　　印张：13.5　　　　　　　　2022 年 5 月第 1 版
　　字数：333 千字　　　　　　2024 年 1 月北京第 3 次印刷

定价：49.80 元

读者服务热线：(010)81055256　印装质量热线：(010)81055316
反盗版热线：(010)81055315
广告经营许可证：京东市监广登字 20170147 号

前 言
Preface

随着信息技术的发展和互联网的普及，电子商务早已渗透社会经济的方方面面，逐渐改变了生产、流通及消费等领域，电子商务信息、交易和技术等服务企业不断涌现。显然，电子商务已经成为我国最具发展潜力的代表性行业，以电子商务为核心的互联网经济对社会经济发展起到的作用早已不言自明。此外，大数据、云计算、物联网、人工智能等新兴技术的逐步成熟为电子商务注入了新的活力，使电子商务进一步向着"智慧性"的方向发展。各行业对电子商务应用的高度重视促进了电子商务模式创新，新零售、社交电商、直播电商等掀起了电子商务新一轮的发展热潮。

电子商务的高速发展对电子商务人才的培养工作提出了更高的要求。一方面，从业者需要具备与电子商务相关的专业知识；另一方面，从业者还需要具备对市场行情、行业发展趋势等进行分析判断的能力。读者要想了解和学习电子商务，就必须从那些成功或失败的电子商务鲜活案例着手，尤其是从那些成功的电子商务案例着手。当然，每一个电子商务案例的成功之处各不相同，并且它们成功的领域（虽然都在电子商务范畴内）也可能完全不同。那么，它们是如何取得成功的，其取得成功的关键环节在什么地方？凡此问题需要大家运用集体智慧来探讨、交流，才有可能获得相对准确的答案。本书就是按照这样的思路进行策划和编写的。

本书特色

（1）思路清晰，知识分布合理。本书从宏观角度出发，合理布局，全面围绕支撑电子商务活动的各项内容进行介绍，即先从最基础的知识开始讲解，循序渐进，层层深入，使读者对电子商务有一个全方位的了解。

（2）理论与实践相结合。本书每章开篇以案例导入的方式引导读者进行学习，并在正文知识讲解的过程中穿插对应的"案例阅读"模块，帮助读者快速理解所学知识；除了介绍电子商务的基本理论外，每章章末还设计了"案例分析"和"实践训练"板块，以帮助读者更好地运用这些知识。

（3）立德树人，提供微课视频。本书为了符合当前立德树人的教育理念，结合党的二十大精神，每章设置了"素养提升"板块，利于培养读者的文化自信等；另外，读者还可以通过扫描书中二维码，观看微课视频，加深对知识的理解。

（4）配套资源丰富。本书提供精美的 PPT 课件、模拟题库、教学大纲、电子教案等资源，用书教师可通过人邮教育社区自行免费下载。

本书由帅青红、李忠俊担任主编，王冲、腾格尔、吴敬花担任副主编。在编写本书的过程中，编者参考了多位专家、学者的著作或译著，也参考了许多同行的相关教材和案例资料，在此对他们表示崇高的敬意和衷心的感谢！

由于编者水平有限，书中的纰漏和不足之处在所难免，恳请广大专家、读者批评指正。

编　者

2023 年 12 月

目 录
Contents

第9章　电子商务安全

第10章　电子商务法

第1章　电子商务概述

【学习目标与要求】

◆ 了解电子商务的形成与发展、定义及概念模型。

◆ 了解传统商务与电子商务的区别。

◆ 掌握电子商务的分类。

◆ 了解电子商务新应用。

【案例导入】

携程旅行网的业务创新

携程集团是我国一家领先的在线旅游旅行服务公司，占据在线旅游服务市场超过50%的份额。在业务方面，携程旅行网进行了诸多创新。

（1）建立预订平台。携程旅行网有效整合了国内外众多酒店、航空公司以及旅游目的地资源，建立了国内第一个覆盖全国的酒店和机票预订平台。

（2）标准化管理。携程旅行网借助信息化技术，将旅行服务技能与经验量化为具体标准，将看似个人化、主观化的旅行服务转变为标准化工作，规范了服务人员的工作。

（3）开创自由行和透明团。携程旅行网倡导深度体验的旅游理念，在国内开创自由行旅游模式的先河，引导游客自由出游，深度领略自然风景、人文风情等。同时，携程旅行网率先推出了"透明团"，提前公布旅游中饮食、住宿、出行、游玩、购物、娱乐等环节的具体安排，包括酒店住宿信息、景点行程、游玩时间、用餐安排等，提高了旅游信息的透明度。

（4）实现真实酒店点评。携程旅行网为游客提供了酒店点评的平台，这些真实的住宿点评为其他游客预订房间提供了参考，使游客能够根据实际需要预订自己满意的房间。

（5）线上线下一体化服务。携程旅行网提供了互联网、移动互联网的一体化服务，将平台上的海量旅游资讯与手机等移动设备的便捷有机结合在一起，使游客可以随时随地接受旅游服务。同时，携程旅行网也是国内旅游新零售的大力倡导者，在线下开设了大量的实体门店，让游客可以在线下获得面对面、一对一的服务。

思考：

（1）在线旅游是否属于电子商务的行业应用？

（2）携程旅行网为什么要开设线下实体门店？

1.1　绪论

随着互联网技术的成熟与经济的不断发展，电子商务蓬勃发展起来，逐渐成为当前商务活动的主流形态。电子商务的发展与应用极大地改变了人们的生活方式，成为人们日常生活中不可或缺的一部分，如在线购物，在线缴纳水费、电费，在线预订车票和机票等。本节将对电子商务的形成与发展、我国电子商务的发展过程及政策扶持进行介绍，让读者对电子商务有一个基本了解。

1.1.1　电子商务的形成与发展

早在 1839 年，人们就开始运用电子手段进行商务活动讨论。20 世纪 70 年代，电子数据交换（Electronic Data Interchange，EDI）和电子资金转账（Electronic Funds Transfer，EFT）作为企业间电子商务应用的系统雏形诞生了。20 世纪 90 年代，随着互联网的快速发展、计算机和网络应用在全球范围内的普及，以及全球经济一体化趋势的增强，电子商务的生命力逐渐旺盛。

扫码看视频

电子商务的
形成与发展

总的来说，电子商务的发展主要包括 3 个阶段：基于 EFT 和 EDI 技术的电子商务阶段、基于互联网的电子商务阶段、E 概念的电子商务阶段。

1. 基于 EFT 和 EDI 技术的电子商务阶段

随着计算机在金融领域的应用，EFT 于 20 世纪 70 年代出现在金融市场中，它以电子的方式实现了金融机构之间及少数大型企业之间的资金转移。以银行为例，银行在一定程度上能将用现金、票据等实物表示的资金，转换为由计算机中存储的数据表示的资金，将现金流动、票据流动转换为计算机网络中的数据流动。这种以数据形式存储在计算机中并能通过网络使用的资金被称为"电子货币"，电子货币赖以生存的银行计算机网络系统，即电子资金转账系统。

到 20 世纪 70 年代后期至 20 世纪 80 年代早期，EDI 成为电子商业贸易的一种工具，它能将订单、发票、货运单、报关单和进出口许可证等商业文件，按统一的标准编制成计算机能够识别和处理的数据，并从一台计算机传输到另一台计算机，其目的是消除处理延迟和避免数据的重新录入。

EDI 技术将电子交易活动从单一的金融领域扩展到其他领域，其涉及的企业范围不断扩大，囊括了制造业、零售业等多种类型的企业，股票交易系统、旅游预订系统等应用也相继出现并得到广泛应用。EDI 技术通过减少纸质介质并增加自动化工作流程的模式，已经具备了电子商务的主要特征，可以视为电子商务的初级阶段。但出于对交易安全的考虑，以及受限于早期的网络技术，EDI 技术都建立在功能单一的专用网络上，这类网络被称为增值网络（Value Added Network，VAN）。增值网络不仅使用费用极高，对技术、设备和人员等也都有较高的要求，因此只有某些发达国家或地区的大型企业才会使用，其应用范围不大、普及程度不高。

2. 基于互联网的电子商务阶段

20 世纪 90 年代中后期，互联网在全球得到迅速发展和普及，逐步进入企业和普通家庭，并从信息共享工具演变为一种大众化的信息传播工具。随着全球网民数量的逐年递增，到 1999 年年底，全球互联网用户已达 1.5 亿人，这也引发了大量的企业开拓互联网业务，更多的商业应用开始进入互联网领域，电子商务成为互联网的热点应用，并得到了广泛认可。

基于互联网的电子商务，最初主要是利用互联网的电子邮件（E-mail）功能进行日常商务通信。从 1995 年起，企业逐渐突破用电子邮件进行日常商业通信的应用范围，开始依靠互联网发布企业信息，让公众可以通过互联网了解企业的情况，并让用户直接通过网络获得企业的产品或相关服务，这使以 Web 技术（开发互联网应用的技术总称，一般包括 Web 服务端技术和 Web 客户端技术）为代表的信息发布系统迅速地成长起来，并成为互联网的主要应用系统。1996 年 6 月，联合国国际贸易法委员会通过了《电子商务示范法》，这标志着真正的电子商务阶段的开始。1998 年，IBM 以一句响亮的广告语"你准备好迎接电子商务了吗？"在全世界掀起了电子商务的热潮，计算机直销企业戴尔、搜索引擎谷歌等都是在这一时期通过在互联网上提供产品或服务而发展起来的。

3. E 概念的电子商务阶段

2000 年以后，人们对电子商务的认识逐渐提高到 E 概念的高度。E 概念是指将电子信息技术与各项社会活动相结合并进行综合运用而衍生的新模式，如电子信息技术与医疗结合产生了远程医疗，与教育结合产生了远程教育，与金融结合产生了电子金融业务，与军事结合产生了远程指挥，与政务结合产生了电子政务等。

1.1.2　我国电子商务的发展过程

我国电子商务的发展也在一定程度上体现了网上购物的发展，但相较而言，电子商务的起步早于网上购物，覆盖面大于网上购物。总体来说，我国电子商务的发展过程大致可分为以下 4 个阶段。

1. 电子商务雏形期

电子商务雏形期（1990—1997 年）是以政府为主导的电子商务基础建设和应用阶段。我国从 20 世纪 90 年代开始开展基于 EDI 技术的电子商务应用。1991 年，原国务院电子信息系统推广应用办公室牵头组织成立了"中国促进 EDI 应用协调小组"，同年，我国以"中国 EDIFACT 委员会"的名义参加亚洲 EDIFACT 理事会，这加快了改革开放的步伐，促进了对外贸易的发展，开始与国际标准接轨。1993 年年底，我国正式启动了国民经济信息化的起步工程——"三金工程"，即"金桥工程""金卡工程""金关工程"。其中，"金桥工程"是指建立一个覆盖全国的国家共用经济信息网；"金卡工程"是指推广使用"信息卡"和"现金卡"的货币电子化工程；"金关工程"是指对国家外贸企业的信息系统进行联网，推广 EDI 技术，实行无纸化贸易的外贸信息管理工程。

在电子商务雏形期，我国的计算机技术和互联网建设还处于起步阶段，个人互联网用户数量少，大多是政府部门、科研部门通过专线连接到互联网。虽然这一阶段的电子商务硬件条件较缺乏，但国家相关政策的出台及推行为电子商务的发展提供了契机和有利条件。

2. 电子商务发展期

电子商务发展期（1998—2001 年）是以互联网公司为主导的电子商务应用阶段，在这一阶段，我国网络用户规模增长速度快，远远超过了全球的平均水平。因为有前期的政策铺垫及一定规模的网络用户基础，同时受全球互联网电子商务应用的影响，我国出现了很多专业的互联网公司，如新浪、搜狐、网易、阿里巴巴等。自此，网络服务商们开始大举进入电子商务领域，但受全球经济总体形势的影响，2001 年，世界 IT 业遭遇了严重挫折，我国也不例外。此时，大量市场条件不完备、资金不雄厚的电子商务类公司逐渐消亡。

在电子商务发展期，我国的电子商务经历了"快速发展→盲目扩张→受创"的过程。根据中国互联网络信息中心（China Internet Network Information Center，CNNIC）的调查，截至 2001 年 12 月 31 日，我国网络用户达到 3 370 万人，网络用户数量的上升为电子商务的发展提供了最基本的条件。虽然受整体经济形势的影响，电子商务类公司受到重创，不少公司倒闭，但是这些"血的教训"也让后期电子商务市场的发展更加理性。

3. 电子商务加速期

在电子商务加速期（2002—2009 年），全球电子商务显示出旺盛的生命力，交易额持续增长。从 2002 年开始，我国 B2C 市场发展迅速，企业自建 B2C 交易平台与第三方 B2C 交易平台大量涌现。2008 年，我国电子商务 B2C 市场交易额达到 1 776 亿元，同比增长 51.4%。2009 年，我国电子商务市场继续保持稳定的发展势头，同时，随着中央经济工作会议的举行及一系列文件的出台，电子商务对国家整体经济发展与调整的支撑作用日益凸显。

在电子商务加速期，无论是从硬件、软件、法制环境，还是从政府及国内外厂商来看，我国电子商务的发展均显示出健康、蓬勃、积极的面貌。同时，各电子商务服务商巨头纷纷涉足不同的交易模式，进一步打破了 B2B、B2C 和 C2C 之间的界限，促进了电子商务的发展。

4. 电子商务成熟期

在电子商务成熟期（2010 年至今），我国电子商务行业发展迅猛，产业规模迅速扩大，电子商务信息、交易和技术等方面的服务企业不断涌现。2011 年，我国电子商务市场交易额创新高，达到 6.09 万亿元；2012 年，我国电子商务市场交易额为 8.11 万亿元，同比增长 33.2%；2013 年，我国电子商务市场交易额突破 10 万亿元，同比增长 28.2%；2014 年，我国电子商务市场交易额为 16.39 万亿元，同比增长 57.6%；2015 年，我国电子商务市场交易额为 21.79 万亿元，同比增长 32.9%；2016 年，我国电子商务市场交易额为 26.1 万亿元，同比增长 19.8%；2017 年，我国电子商务市场交易额为 29.16 万亿元，同比增长 11.7%；2018 年，我国电子商务市场规模继续扩大，全年实现电子商务市场交易额 31.63 万亿元，同比增长 8.5%（进入成熟期后，增速放缓）。

2018 年，《中华人民共和国电子商务法》（以下简称《电子商务法》）正式出台，并于 2019 年 1 月 1 日起正式施行，成为我国电子商务发展史上的里程碑，使我国电子商务的发展进入有法可依的时代。

国家统计局电子商务交易平台调查显示，2019 年，全国电子商务市场规模持续引领全球，市场交易额为 34.81 万亿元，保持小幅稳定增长。同年，全国网上零售额达 10.63 万亿元，同比增长 16.5%，如图 1-1 所示。其中，实物商品的网上零售额为 8.52 万亿元，增长 19.5%，占社会消费品零售总额的比重为 20.7%。商务部电子商务和信息化司发布的《中国电子商务报告 2019》显示，截至 2019 年年底，我国有 8.5 万家电子商务服务企业，我国电子商务新模式、新业态不断涌现。小程序等技术的广泛应用，社交电商、跨境电商海外仓等模式的深化创新，顺应了消费者多元化、个性化的消费需求。同时，农村电商进入规模化、专业化的发展阶段，电子商务带动线上、线下融合发展的趋势更加明显，餐饮企业、零售门店主动拓展线上市场空间，"直播带货"受到行业青睐。

图 1-1　2011—2019 年我国网上零售额（资料来源：国家统计局）

国家统计局电子商务交易平台调查显示，2020 年，传统经济数字化转型进程加速，全国电子商务交易额为 37.21 万亿元，继续保持小幅稳定增长。全国网上零售额达 11.76 万亿元，同比增长 10.63%。其中，实物商品的网上零售额为 9.76 万亿元，同比增长 14.8%，占社会消费品零售总额的比重为 24.9%。商品、服务类电商交易额为 36.03 万亿元，同比增长 4.3%。其中，商品类电商交易额为 27.95 万亿元，同比增长 7.9%，按交易主体分，对单位交易额为 18.11 万亿元，增长 3.7%，对个人交易额为 9.84 万亿元，增长 16.6%；服务类电商交易额为 8.08 万亿元，同比下降 6.5%，其中，第一季度下降 20.0%，第二季度下降 11.8%，第三季度下降 5.4%，第四季度增长 6.6%，服务交易增速实现由负转正。在第四季度，服务类电商交易额为 2.60 万亿元，按交易主体分，对个人交易额为 1.38 万亿元，增长 8.0%，对单位交易额为 1.22 万亿元，增长 5.0%。此外，2020 年是全面建成小康社会目标实现之年，是全面打赢脱贫攻坚战收官之年。电商扶贫作为网络扶贫的重要组成部分，在推动精准扶贫、精准脱贫等方面做出了重要贡献。

2021 年 4 月，商务部电子商务和信息化司发布的《2020 年网络零售市场发展报告》称，2021 年，网络零售市场保持稳中有进的发展态势，市场规模已超 13 万亿元，保持 10% 左右的增速，其中，直播电商、跨境电商等新业态成为重要的增长点。2021 年，线下企业将继续借助电商加速数字化转型，加速整合产业链资源，通过反向定制、柔性生产等模式链接消费者，同时通过对设计、营销、消费者体验等各环节的深耕，逐渐实现国产品牌的长远发展。

1.1.3　我国电子商务的扶持政策

电子商务健康稳定发展，离不开国家的政策扶持。近几年，我国政府出台了多项与电子商务有关的政策。在国家政策的大力扶持下，"互联网 +"概念的提出推动了移动互联网、云计算和大数据等技术的创新，提高了电子商务企业的运营水平，电子商务行业也迎来了巨大的发展机遇。电子商务的相关政策（部分）如表 1-1 所示。

表 1-1　电子商务的相关政策（部分）

发布时间	发布单位	文件名称	主要内容
2018 年 5 月	财政部、商务部、国务院扶贫办	《关于开展 2018 年电子商务进农村综合示范工作的通知》	鼓励各地优先采取以奖代补、贷款贴息等支持方式，通过中央财政资金引导带动社会资本共同参与农村电子商务工作
2018 年 8 月	国务院	《关于同意在北京等 22 个城市设立跨境电子商务综合试验区的批复》	着力在跨境电子商务企业对企业（B2B）方式相关环节的技术标准、业务流程、监管模式和信息化建设等方面先行先试，为推动全国跨境电子商务健康发展探索新经验、新做法
2019 年 5 月	财政部、商务部、国务院扶贫办	《关于开展 2019 年电子商务进农村综合示范工作的通知》	鼓励各地优先采取以奖代补、贷款贴息等支持方式，通过中央财政资金引导带动社会资本共同参与农村电子商务工作
2019 年 10 月	文化和旅游部	《在线旅游经营服务管理暂行规定（征求意见稿）》	加强对在线旅游市场的监管
2019 年 10 月	国务院	《优化营商环境条例》	明确对各类市场主体一视同仁，对新产业、新业态、新技术、新模式要采取"包容审慎"的监管方式
2019 年 10 月	国家税务总局	《关于跨境电子商务综合试验区零售出口企业所得税核定征收有关问题的公告》	出台跨境出口电商所得税核定征收办法，满足条件的跨境电商企业应税所得率统一按照 4% 确定
2020 年 5 月	国家外汇管理局	《国家外汇管理局关于支持贸易新业态发展的通知》	从事跨境电子商务的企业可将出口货物在境外发生的仓储、物流、税收等费用与出口货款轧差结算等
2020 年 5 月	财政部、商务部、国务院扶贫办	《关于做好 2020 年电子商务进农村综合示范工作的通知》	鼓励各地优先采取以奖代补、贷款贴息、结合先建后补、购买服务、直接补助等支持方式，合理加快资金进度，提高资金使用效率，通过中央财政资金引导带动社会资本，共同参与农村电子商务工作
2021 年 1 月	商务部	《商务部办公厅关于推动电子商务企业绿色发展工作的通知》	建立健全绿色电商评价指标，通过示范创建、综合评估等工作，培育一批绿色电商企业，形成一批可复制推广的环保技术应用、快递包装减量化循环化推广新模式

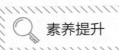 素养提升

　　近年来，在国家政策的大力扶持下，我国电子商务发展迅速。电子商务蕴含了创新创业特质，能积极响应国家"大众创业、万众创新"的号召。电子商务为创新创业提供了广阔的平台，也为我们创造了更加广阔的发展空间，电商创业已成为"大众创业、万众创新"这一时代背景下的热门选择。我们通过对电子商务相关知识的学习，应该树立起正确的学习观、成才观和商业伦理观，增强创新的使命感。

1.2　电子商务基础

电子商务是 21 世纪新经济的发展方向，了解并熟悉电子商务的概念能够帮助我们更好地理解经济和信息全球化，掌握经济和社会发展的新趋势。下面我们主要对电子商务的定义和概念模型以及传统商务与电子商务的区别等基础知识进行讲解。

1.2.1　电子商务的定义

电子商务是一个不断发展的概念，关于它的定义，不同的学者、组织和企业，从不同的角度出发，有不同的理解。最早，IBM 于 1996 年提出了 Electronic Commerce（E-Commerce）的概念，这一概念仅指在互联网上开展的交易或与交易有关的活动。到了 1997 年，该公司又提出了 Electronic Business 的概念，这一概念是指利用信息技术使整个商务活动实现电子化，包括利用互联网、内联网和外联网等网络形式及信息技术进行的商务活动，简单地说，就是将所有的商务活动业务流程（如网络营销、电子支付等企业外部的业务流程，以及企业资源计划、客户关系管理和人力资源管理等企业内部的业务流程）电子化。

我们可以将 Electronic Commerce 看作狭义的电子商务，将 Electronic Business 看作广义的电子商务。综合来看，我们可以将电子商务看作利用互联网及现代通信技术进行的任何形式的商务运作、管理或信息交换，包括企业内部的协调与沟通、企业之间的合作及网上交易等内容。

> **知识链接**
>
> 《电子商务基本术语》（2020-10-01）对电子商务进行了定义：电子商务是通过互联网等信息网络销售商品或者提供服务的经营活动。

1.2.2　电子商务的概念模型

电子商务的概念模型是对现实世界中的电子商务活动的抽象描述，它由电子商务实体、交易事务、电子市场（Electronic Market，EM）以及信息流、资金流、商流和物流等基本要素构成。图 1-2 所示为电子商务的概念模型示意图。

电子商务的概念模型中各要素的含义如下。

（1）电子商务实体。电子商务实体是指能够从事电子商务活动的客观对象，可以是企业、银行、商店、政府机构、科研教育机构或个人等。

（2）交易事务。交易事务是指电子商务实体所从事的具体的商务活动的内容，如询价、报价、转账支付、广告宣传和商品运输等。

（3）电子市场。电子市场是指电子商务实体从事商品或服务交换的场所，由各种商务活动参与者利用各种通信装置，通过网络连接成一个统一的经济整体。

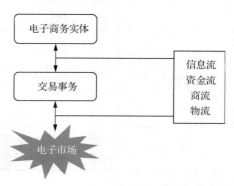

图 1-2　电子商务的概念模型示意图

（4）信息流、资金流、商流和物流。电子商务的任何一笔交易都离不开信息流、资金流、商流和物流这4个基本要素。其中，信息流是指商品信息的流动，如商品信息的提供、促销、技术支持、售后服务、询价、报价和付款通知等；资金流是指资金的转移过程，如付款、转账、结算和兑换等；商流是一种买卖过程，或者说是一种交易活动过程，商品所有权通过商流活动发生转移；物流是指商品或服务从供应商向消费者的移动，包括配送、运输、保管、包装和装卸等多项活动。基于上述4个基本要素，电子商务活动的过程可以这样表述：以物流为物质基础，以商流为表现形式，以信息流贯穿始终，引导资金流正向流动的动态过程。

📠 知识链接

在电子商务环境下，信息流、资金流和商流的处理都可以通过计算机和网络通信设备来实现；物流则较为特殊，如电子出版物、软件和信息咨询服务等商品或服务可以直接通过网络传输的方式进行配送。

1.2.3 传统商务与电子商务的区别

传统商务与电子商务可以从运作过程、流转机制，以及涉及的地域范围和商品范围3个方面来进行区别，下面我们分别进行介绍。

1. 运作过程的区别

传统商务与电子商务交易过程中的实务操作都是由交易前的准备、贸易磋商、合同的签订与执行、支付与结算等环节组成的，但其交易过程具体使用的运作方法完全不同。表1-2所示为传统商务与电子商务运作过程的比较。

表1-2 传统商务与电子商务运作过程的比较

运作过程	传统商务	电子商务
交易前的准备	交易双方通过报纸、电视、户外媒体等途径了解有关商品或服务的供求信息，并进行信息的匹配	交易的供求信息一般通过网络获取，可以实现快速和高效的信息沟通
贸易磋商	交易双方进行口头协商或书面单据的传递，书面单据包括询价单、订购合同、发货单、运输单、发票和验收单等	交易双方通过网络进行协商，将书面单据变成电子单据，并将其在网络上进行传递
合同的签订与执行	交易双方必须以书面形式签订具有法律效力的商贸合同	电子商务环境下的网络协议和电子商务应用系统的功能保证了交易双方所有交易协商文件的正确性和可靠性，并且在第三方授权的情况下具有法律效力，可以作为在执行过程中解决纠纷的仲裁依据
支付与结算	一般通过支票和现金两种方式进行支付与结算，其中支票多用于企业的交易过程	一般采取网上支付的方式，如信用卡、电子现金和电子钱包等方式

2. 流转机制的区别

传统商务环境下的商品流转是一种"间接"的流转机制。制造企业生产出来的大部分商品要经过一系列的中间商，才能到达最终消费者手中。这种流转机制在无形中既给商品流通增加了许多无意义的环节，也增加了相应的流通、运输和存储费用，加上各个中间商都要获取利润，这就造成了商品的出厂价与零售价存在很大的价差。对此，一些制造企业采取了直销方式（把商品直接送到商场销售）。这种方式降低了商品的销售价格，深受消费者的欢迎，但是这种方式并不能给制造企业带来较大的利润，因为直销方式要求制造企业安排许多销售人员经常奔波在各个市场之间。

电子商务的出现使许多商品都能够建立最直接的流转渠道，这样制造企业不仅能将商品直接送至消费者手中，还能从消费者那里得到更有价值的需求信息，从而与消费者实现无障碍的信息交流。

3. 地域范围和商品范围的区别

传统商务涉及的地域范围和商品范围是有限的，而互联网的发展与普及，特别是各类专业网站的出现，打破了这一限制，人们几乎可以在任何地方、任何时间进行商务活动。从某种意义上来说，电子商务其实就是传统商务的发展，电子商务环境下的消费者可能就是传统商务环境下的消费者，电子商务的物流系统也可以在传统商务的物流系统的基础上建立，因此电子商务是传统商务的延伸与升级。

> **知识链接**
>
> 电子商务的许多活动都可以沿袭传统商务中的活动方式，对其加以改进、延伸，就可使之适应新的商务条件。此外，传统商务的已有销售渠道、信息网络等也可为电子商务所用。

1.3 电子商务的分类

按电子商务的交易对象、交易过程、商品交易过程的完整程度、适用网络类型和交易地域范围，电子商务可以分为不同的类型。

1.3.1 按交易对象分类

企业、政府部门和个人消费者是电子商务中最常见的 3 类群体，按照交易对象，电子商务可以分为以下 6 种类型。

1. B2B

B2B（Business to Business）是企业与企业之间的一种电子商务模式，指企业与企业之间通过互联网进行的商务活动，如谈判、签约、订货、接收发票和付款，以及索赔处理、商品发送管理和运输跟踪等活动。

B2B 是目前应用最广泛的电子商务模式之一，它包括非特定企业间的电子商务和特定企业间的电子商务。

（1）非特定企业间的电子商务。非特定企业间的电子商务是指在开放的网络平台中为每笔交易寻找最佳合作伙伴。虽然非特定企业间的电子商务在 B2B 中占比较大，但由于加入相应网络平台的用户很多都是某一固定行业的企业，所以交易双方对彼此的背景还是会有所了解的。

（2）特定企业间的电子商务。特定企业间的电子商务是指在过去一直有交易关系或者今后要继续进行交易的企业间发生的电子商务交易，如企业可以使用网络向特定的供应商订货、接收发票和付款。

目前，最具代表性的 B2B 网络平台有阿里巴巴和敦煌网等。在这些网络平台中，各个企业都可以找到合适的合作伙伴，从而进行采购、销售、接收合同和付款等活动。

2. B2C

B2C（Business to Consumer）是企业与个人消费者之间的一种电子商务模式，指企业与个人消费者之间进行的商品或服务交易，即网络零售。B2C 基本表现为在线零售，企业通过建立自己的网站，推销自己的商品（如食品、汽车等消费品）或服务（如远程教育、在线医疗等网络服务），消费者可以通过访问网上商店浏览商品，进行网上购物或接受服务。随着近年来互联网的快速发展与全球网民的增多，B2C 得到了快速发展，目前主流的 B2C 网站有亚马逊、当当网、京东商城和天猫等。

3. C2C

C2C（Consumer to Consumer）是个人消费者与个人消费者之间的一种电子商务模式，指个人消费者之间通过网络商务平台实现交易的一种商务活动。该模式既能让消费者出售自己持有的闲置物品，如既能在闲鱼网上发布商品信息，也能让消费者在此平台上购买自己需要的商品。

4. B2G

B2G（Business to Government）即企业与政府之间的一种电子商务模式。B2G 覆盖了企业与政府间的各项商务活动，如采购、税收、商检、管理条例发布等。在 B2G 交易中，一方面，政府作为消费者，通过互联网发布自己的采购清单，公开、透明、高效、廉洁地完成所需物品的采购；另一方面，政府对企业进行宏观调控、指导规范、监督管理的职能通过电子商务的方式更能充分地发挥出来。也就是说，在 B2G 活动中，政府扮演着双重角色：一是电子商务的使用者角色，其进行购买活动属于商业行为；二是电子商务的宏观管理者角色，其对电子商务起到管理和规范的作用。

5. C2G

C2G（Consumer to Government）即消费者与政府之间的一种电子商务模式。C2G 主要是指政府为了提高办事效率，将部分业务放在网络上进行在线办理，如网上个人报税、缴纳保险费用等。

6. C2B

C2B（Consumer to Business）即消费者与企业之间的一种电子商务模式，是指先由消费者提出需求，然后由生产或商贸企业按需求组织生产或货源的一种商务活动。在该模式下，消费者将根据自身需求来定制商品，或主动参与商品设计、生产和定价，从而彰显自身的个性化需求。

1.3.2　按交易过程分类

按照交易过程，电子商务可划分为交易前电子商务、交易中电子商务和交易后电子商务 3 类。

1.　交易前电子商务

交易前电子商务主要是指买卖双方和参与交易的其他各方在签订贸易合同前的准备活动，主要包括以下 3 个方面的内容。

（1）买方根据自己的需求，准备货款，制订购货计划，进行货源市场调查和市场分析，然后反复进行市场查询，了解其他卖方所在国家或地区的贸易政策以修改购货计划，接着确定和审批购货计划，再按计划确定购买的商品种类、数量、规格、价格，以及购货地点和交易方式等。

（2）卖方根据自己所销售的商品，召开商品发布会，制作广告并进行宣传，全面进行市场调查和市场分析，制定各种销售策略，利用互联网和各种电子商务网站发布广告，寻找贸易伙伴和交易机会，扩大贸易范围和商品所占的市场份额。

（3）买卖双方对所有交易细节进行谈判，将磋商的结果以文件的形式确定下来，然后以书面文件形式或电子文件形式签订贸易合同。在该阶段，买卖双方可以通过现代电子通信设备进行认真谈判和磋商，对彼此在交易中的权利和义务，所购买商品的种类、数量和价格，以及交货地点、交货日期、交易方式、违约和索赔等具体条款，全部以电子交易合同的方式做出全面、详细的规定，合同双方可以通过数字签名等方式签约。

2.　交易中电子商务

交易中电子商务主要是指买卖双方从签订合同后到开始履行合同前办理各种手续的过程。该过程主要涉及金融机构、海关系统、商检系统、保险公司、税务系统和运输公司等。买卖双方要利用电子商务系统与有关各方进行各种电子票据和电子单证的交换，直到办完所有手续为止。

3.　交易后电子商务

交易后电子商务从买卖双方办完所有手续之后开始。在这个阶段，卖方要备货、组货，同时完成报关、投保、取证和发信用证等工作，并将所售商品交付给运输公司起运。买卖双方可以通过后台管理工具跟踪这一过程，金融机构也将按照合同办理相关结算业务，直到买方收到所购商品，完成整个交易过程。

1.3.3　按商品交易过程的完整程度分类

以产品形成为商品交易过程的起点，以产品交付或实施服务为终点，按商品交易过程的完整程度，电子商务可划分为完全电子商务和不完全电子商务。

1.　完全电子商务

完全电子商务是指交易过程中的信息流、资金流、商流和物流都能够在网上完成，关于产品或服务的整个交易过程都可以在网络上实现的电子商务模式。该模式适用于数字化的无线产品或服务，如计算机软件、电子书籍、远程教育和网上订票等，买卖双方可以直接在网络上完成订货或申请服务、货款的电子支付与结算、实施服务或产品交付等事项，无需借助其他手段。

2. 不完全电子商务

不完全电子商务是指先基于网络，解决信息流的问题，使买卖双方在互联网上结识、洽谈，然后通过传统渠道，实现资金流和物流。不完全电子商务只是实现了信息流的电子化和网络化，并在一定程度上减少了商流，但并未实现资金流和物流的电子化和网络化。

1.3.4　按适用网络类型分类

按照电子商务适用的网络类型，电子商务可分为基于电子数据交换的电子商务、基于互联网的电子商务、基于内联网的电子商务、基于外联网的电子商务和移动电子商务。

1. 基于电子数据交换的电子商务

电子数据交换技术的发展促进了与商务过程有关的各种信息技术的应用，为电子商务的发展与创新，以及后来商务运作全过程的电子化提供了基础。

扫码阅读

基于互联网的
电子商务的优势

2. 基于互联网的电子商务

随着互联网的发展和普及，基于计算机和软件，关于通信网络的经济活动开始逐渐活跃起来。基于互联网的电子商务以电子通信为手段，让人们通过计算机网络宣传商品或服务，并进行交易和结算。基于互联网的电子商务，将商务活动中的所有业务流程汇集在一起，可以降低经营成本、加速资金周转。

3. 基于内联网的电子商务

内联网（Intranet）也称企业内部网，是应用 Web 浏览器、Web 服务器、超文本标记语言（Hyper Text Markup Language，HTML）、超文本传输协议（Hyper Text Transfer Protocol，HTTP）、防火墙等技术建立的供企业内部访问的独立网络。内联网是一种不公开的网络，可以在保证企业网络通信与共享的同时保障信息的安全，使信息不受外部网络的非法访问。在这种模式下，企业可以将分布在各地的分支机构与企业内部的有关部门和各种信息通过网络连接起来，以便企业管理人员获取信息并处理相关事宜，这样就提高了工作效率与经营效益。

4. 基于外联网的电子商务

外联网（Extranet）是内联网的外部扩展和延伸，是指一些企业的内联网通过访问控制和路由器连接起来，构成一个虚拟网络。在外联网中，一般允许内部网络访问外部网络的互联网信息，但不允许非法和身份不明的访问者进入内部网络，因此这种模式是一种半封闭的企业间电子商务模式。它既具有内联网的安全性，又能够通过互联网与内联网相连，具有互联网覆盖面广和成本低廉的优点。

5. 移动电子商务

移动电子商务是在移动通信网络和互联网技术的基础上发展起来的，主要通过手机、平板电脑和其他移动智能终端来进行商务活动。与其他电子商务类型相比，移动电子商务拥有更加便捷的操作方法和更广泛的用户基础，是目前较为流行的一种电子商务模式。

1.3.5　按交易地域范围分类

按交易地域范围，电子商务可分为本地电子商务、远程国内电子商务和全球电子商务。

1. 本地电子商务

本地电子商务是指在本地区范围内开展的电子商务活动，具有涉及的地域范围小、货物配送速度快和成本低等特点。本地电子商务利用互联网、内联网或专用网络，将用于商务活动的系统连接在一起，很好地解决了支付、配送和售后服务等方面的问题。本地电子商务一般包括以下系统。

（1）交易各方的电子商务信息系统，包括买方、卖方及其他各方的电子商务信息系统。

（2）金融机构电子信息系统。

（3）保险公司信息系统。

（4）商品检验信息系统。

（5）税务管理信息系统。

（6）货物运输信息系统。

（7）本地区电子数据交换中心系统，它是连接各个信息系统的中心。

2. 远程国内电子商务

远程国内电子商务是指在本国范围内进行的网上电子商务活动，其涉及的地域范围比本地电子商务大，对软件、硬件和技术的要求更高，参与商务活动的各方可能分布在国内不同的省、市或地区。远程国内电子商务要求在全国范围内实现商业电子化和自动化，以及金融电子化，要求交易各方具备一定的电子商务能力、经营能力、技术能力和管理能力等。

3. 全球电子商务

全球电子商务是指在全世界范围内进行的电子商务活动，是涉及的地域范围最广的电子商务活动。与一般的电子商务活动相比，全球电子商务的交易行为涉及的范围更加广泛，包括政府的行政管理部门、贸易伙伴和相关的结算、运输、商检等商业部门，但全球电子商务并不直接针对消费者，只包括商业机构对商业机构和商业机构对行政机构的电子商务活动。总的来说，全球电子商务的业务内容繁杂，数据来往频繁，与其相关的协调工作和法律规范都是全球性的，它要求交易各方具有严谨、准确、安全和可靠的电子商务系统，并制定全球统一的电子商务标准和电子商务贸易协议。

1.4 电子商务新应用

随着电子商务的飞速发展，电子商务对人们的生活产生了巨大的影响，人们对电子商务的认识不再局限于"在线购物"，其应用已渗透社会的各个领域，覆盖教育业、旅游业、医疗业、制造业、房地产业等各个行业。

1.4.1 在线教育

在线教育（E-Learning）又称网络教育，顾名思义，就是基于网络进行的教育活动。与传统教育机构的教育方式相比，在线教育具有效率高、方便（打破了时空限制，用户可利用碎片化时间学习）、教学资源丰富等特点。

近年来，得益于传统教育机构转战在线运营和各大互联网企业纷纷涉足在线教育领域，我国的在线教育市场发展迅速，产生了多种在线教育模式。

1. B2C 模式

B2C 模式是在线教育的主流模式，指企业向个人提供教育培训服务，代表企业有好未来、猿题库、51Talk、91 外教等。B2C 模式的授课形式多样化，包括录播课程、直播课程、直播课程与录播课程相结合、一对一教学等，能够满足不同用户的需求，课程内容包括语言培训、职业技能培训等。

2. C2C 模式

C2C 模式即平台模式，在这种模式下，讲师团队或个人讲师通过入驻在线教育平台，向用户提供直播或点播的教育服务。在该模式下，在线教育平台可以整合教学资源，提供全面的课程内容；讲师则可以实现知识变现。C2C 模式的代表平台有 YY 教育、沪江网、荔枝微课等。

3. O2O 模式

原本进行线下培训的机构开始开展在线教育、网络授课业务，或者原本做线上教育的企业开始开展线下业务，这种线上、线下同时发展的模式就是 O2O 模式。O2O 模式的运作方式主要是通过在线上吸引用户，将用户引导至线下，并在线下实现教学。O2O 模式的教育平台主要负责整合其他在线教育平台和讲师的信息，让用户根据自身情况进行平台选择和讲师选择，这不仅扩大了用户的选择空间，还为其他在线教育平台和讲师带来了流量。

4. B2B 模式

B2B 模式主要是指企业与企业之间开展与在线教育有关的商务活动，如企业在线内训、客户培训等。该模式注重的不是课程，而是相关服务或工具。

🖳👫 知识链接

目前，涉足在线教育的企业主要集中在四大领域，即学前教育、K12（从幼儿园到高中阶段）教育、高等教育以及职业能力培训。

📖 案例阅读

某网校的学习模式

大多数在线教育平台虽然拥有线下教育没有的便捷性和学习内容可反复观看的特点，但缺少线下教育特有的老师指点及时、学习反馈及时等优势。某在线教育平台的一个网校发现了这一问题，因而于 2016 年提出"在线学习更有效"的品牌主张，正式推出"小班直播＋个性化辅导"的教学模式，通过实时的在线互动教学、图文并茂的随堂讲义、科学的学业测评以及辅导老师多方位的学习辅导，保障学员的学习效果。

2016 年 7 月，该网校上线"IDO1.0 个性化学习体系"，推出动态学习报告、错题订正等功能，在老师、学员和家长之间建立起更有效的沟通平台。该网校的每个班都有两位老师，一位是主讲老师，另一位是辅导老师。主讲老师负责授课，辅导老师则负责全程陪伴督导、批改作业、提供语音反馈和及时答疑等。2017 年 7 月，时隔一年后，该网校正式上线"IDO2.0 个性化学习体系"，首次利用人脸识别、语音识别、触感互动等技术来打造新型交互性的课堂，并根据学员在直播课程中的互动答题情况、课后作业完成及订正情况、在答疑平台上的提问内容等综合数据，明确每位学员对知识点的掌握情况，从而推送个性化学习任务，以便更有针对性地解决学员学习过程中的薄弱环节。

该网校的学习模式，使在线学习的缺陷得到了弥补，而学员的学习也真正实现了学习行为更完善、学习计划更明确、学习方式更多元的在线学习闭环。

1.4.2　在线旅游

在线旅游又称网络旅游，是指旅游消费者通过网络向旅游服务提供商预订旅游产品或服务，并通过网上支付或线下付费获得旅游资源的一种商务活动。与传统旅游相比，在线旅游以互联网为媒介，使旅游消费者在旅游过程中的咨询、预订、支付等操作更便捷。目前，国内常见的在线旅游平台包括携程旅行网、去哪儿网、驴妈妈旅游网、途牛旅游网、飞猪、马蜂窝等。

在线旅游的应用可细分为出行前、出行中、出行后 3 方面的应用，以满足旅游消费者多方面的需求。

（1）在线旅游出行前的应用包括两方面的内容。一是旅游消费者可以通过互联网查询旅游目的地的相关信息，如旅游目的地的天气、景区票价、交通路线等；二是旅游消费者可以通过在线旅游平台随时随地预订酒店、景区门票、观光车票等，预订时，旅游消费者还可查看其他消费者的评价以决定是否预订。

（2）在线旅游出行中的应用包括两方面的内容。一是基于位置的服务（Location Based Services，LBS），如旅游消费者通过在线旅游平台的 App 查询旅游目的地附近的酒店、景点、餐馆、特产店等的相关信息并进行选择；二是旅游消费者在旅游过程中往往对当地的交通不太熟悉，因此在线旅游平台提供了租车和包车服务。前者可以实现快速租车，且有平台作为保障，退赔更安心；后者是由平台严选当地向导作为司机，司机还可以提供陪游、拍照等服务。

（3）在线旅游出行后的应用包括两方面的内容。一是分享出游感受或攻略。在线旅游平台不仅是一个旅游产品交易平台，还是可供旅游爱好者交流的社区，用户可以在平台上分享此次出游的感受、攻略等，在分享感受的同时，用户还可以获得其他用户的反馈和认可，进而获得满足感。二是点评景区、酒店，用户可以在出游后在平台上对景区、酒店等进行点评，比如对景区的票价、风景的观赏性、旅游设备的完善程度、酒店的舒适度等进行点评，为其他用户提供参考。

1.4.3　互联网医疗

互联网医疗是以互联网为载体、以信息技术（包括移动通信技术、云计算技术、物联网技术、大数据技术等）为手段与传统医疗健康服务深度融合而形成的新型医疗健康服务业态的总称。互联网医疗是互联网在医疗行业的新应用，它代表了医疗行业新的发展方向。在科技革新与消费需求升级两大助推力的作用下，当前的互联网医疗已经涵盖互联网医院、互联网健康服务、医药电商、互联网医疗保险等领域，有助于我国平衡医疗资源、提高医疗资源利用效率，以及解决医护资源不足、问诊需求过多等问题。

1. 互联网医院

互联网医院是指线下医院互联网化。2015年12月，我国第一家互联网医院"乌镇互联网医院（桐乡）有限公司"在乌镇设立，开启了我国互联网医院发展的新篇章。互联网医院的诊疗流程在网上进行，包括线上分诊/问诊、线上开方、线上支付、线上配药以及康复管理，需要线下医疗服务的患者也可以在互联网医院中进行在线预约。对患者而言，通过互联网医院获取医疗服务节省了排队挂号、候诊、缴费、拿药等环节耗费的时间；对医院而言，互联网医院可以高效地解决慢性病和轻症患者的就医需求，减轻实体医疗机构的就医流量压力。

中华人民共和国国家卫生健康委员会和国家中医药管理局于2018年7月印发的《互联网医院管理办法（试行）》和《互联网诊疗管理办法（试行）》明确规定了互联网医院必须依托实体医疗机构，其科室设置应与所依托的实体医疗机构临床科室保持一致，不允许虚拟互联网医院存在。互联网医院不能对首诊患者进行互联网诊疗，但可以为患者提供部分常见病、慢性病复诊及开具处方服务。在线开展复诊及开具处方的时候，医师一定要掌握患者的病历资料，确定患者在实体医疗机构已经就一种病或者几种病有过明确的诊断后，可以针对已经明确诊断的疾病提供复诊服务。

同时，各地在审批互联网医院前要先建立省级的互联网医院医疗服务监管平台。在互联网上提供医疗服务的人员需要经过电子认证，保证互联网诊疗活动全程留痕和可追溯。截至2021年4月底，我国审批通过的互联网医院达1100余家，全国三级医院开展预约诊疗的比例超过50%，全国30个省区市已建立起互联网医疗监管平台。

2. 互联网健康服务

互联网健康服务主要包括在线问诊、互联网＋社区居家养老。

（1）在线问诊。在线问诊是互联网医院在线诊疗服务的延伸，在线问诊服务体现在"问"上面，也就是说，在线问诊只涉及健康咨询服务，不能开具处方。在线问诊服务平台一般根据临床专科（如儿科、妇科、内科、肝胆科等）分类提供健康咨询服务，患者根据自己的身体情况找到对应的"科室"，办理在线预约挂号、在线就医咨询、查询报告、查询住院信息等事项，代表平台有丁香医生、好大夫在线等。

（2）互联网＋社区居家养老。在生活照料方面，互联网＋社区居家养老可以为老人提供清洁卫生、送餐、器物维修、生活信息提示等服务；在医疗护理方面，互联网＋社区居家养老利用社区资源，可以为老人提供治疗和康复所需的服务，利用相关监控设备对老人的身体情况进行远程监护，可在老人需要紧急救助时，通过无线传感器和报警系统等技术，保证老人及时得到救治；在文化娱乐方面，互联网＋社区居家养老通过互联网可以丰富老人的娱乐生活、增进老人之间的沟通和交流。

3. 医药电商

医药电商是指医疗机构、医药公司、银行、医药生产商、医药信息服务提供商、第三方机构等以营利为目的的市场经济主体，凭借互联网技术，进行医药产品交换及提供相关服务。医药电商依托互联网平台，将传统医药和新兴互联网技术进行了有机结合，提供在线购药、送药到家等服务。医药电商可以让用户足不出户就享受到便捷的购药、送药、用药指导等服务。医药电商主要有B2B医药电商、B2C医药电商、O2O医药电商3种。

（1）B2B医药电商。目前，B2B医药电商是医药电商的主流模式，它把传统的医药采购转移到互联网上，将供需两端的系统打通，通过互联网提高采购效率、节约采购成本。在国内市场上，药品销售模式以 B2B 医药电商销售为主。

（2）B2C 医药电商。B2C 医药电商可以提供购药、在线找药（指常见药）、用药咨询等服务，代表平台有天猫医药馆、京东大药房等。B2C 医药电商除了销售药品，保健品、家用医疗器械等商品也在其销售的商品中占有较大的比例。

（3）O2O 医药电商。O2O 医药电商将门店从单纯的售药点转变为体验、提货和配送网点，近距离接近用户，同时将互联网作为推广营销平台，将流量从线上引导至线下，促进线下门店的商品的销售。O2O 医药电商的代表平台有叮当快药、送药 360 等。

4. 互联网医疗保险

互联网技术的发展带动了保险行业的进步，催生了互联网医疗保险。互联网投保较为方便，用户足不出户就可以筛选、购买互联网医疗保险产品。常见的互联网医疗保险产品可分为小额医疗保险、住院医疗保险、中端医疗保险和高端医疗保险，不同类型的医疗保险的保额和保障范围不同。

目前，互联网医疗保险的主要运作模式有以下两种。

（1）自筹自建。自筹自建包括两种途径：一种是互联网医疗企业自己成立健康保险公司，典型代表有阿里健康；另一种是保险公司将业务拓展到互联网医疗领域，典型代表有平安好医生。

（2）双方合作。与自筹自建模式相比，双方合作是一种更常见的互联网医疗保险运作模式，指互联网医疗企业和保险公司合作，共同开展互联网医疗保险业务。对互联网医疗企业而言，与保险公司合作可以打通支付环节；对保险公司而言，这种合作将有助于其设计出更有针对性的定制化保险产品。

1.4.4　智能制造协同

人工智能、物联网等技术的创新发展，加快了产业变革的步伐，促使智能制造进入了数字化转型的新阶段，智能制造协同在此过程中扮演着重要角色。智能制造协同是工业互联网的应用，通过供应链的各方参与者协同合作实现智能化生产。智能制造协同涉及以下六大领域。

（1）协同预测。协同预测需要所有供应链成员的参与，各成员根据各自专业和在供应链中的位置，给出预测的数据及理由，由智能制造协同管理平台在进行汇总分析后形成预测方案。此方案能大大提高整个供应链体系的效率、库存利用率以及资源利用率，有助于产品的销售。

（2）协同设计。协同设计是指分布在全球或全国各地的供应链成员在同一个平台上协同完成设计。各成员不仅可以看到彼此的工作进度，还可以随时提出自己的修改意见，并在平台上集体讨论、修改设计方案。

（3）协同计划。协同计划是指为了实现共同的目标，所有供应链成员达成合作，协同制订产品生产、营销等方面的计划。协同计划涉及的环节包括供应链各成员提供自己的运营计划，确定协同流程，确定供应链品项清单与销售目标，确定供应链品项订单的最小订货量、前置时间、安全库存量等，最后制订完整的供应链运营计划。

（4）协同生产。借助网络技术，协同生产能够实现各工艺环节的同步生产，帮助供应链内部和跨供应链的各企业进行生产管理合作，实现资源最优配置，提高生产效率。

（5）协同补给。协同补给是指根据订单预测生产、配送的时间，导出不同地区、不同时间段需采购的原料、设备的清单，通过供应商代为管理库存的方式实现自动补充供应链库存。协同补给应考虑的约束条件包括供应商订单处理周期、供应商订单的最小订货量以及零售商长期养成的进货习惯等。

（6）协同运作。在以上协同的基础上，协同运作要拓展供应链，将供应链金融平台，供应链大数据分析平台，决策支持平台，外部供应商、分销商等纳入协作平台。

1.5　案例分析——服装定制平台：云衣定制

云衣定制是由深圳市博克时代科技开发有限公司开发，于 2015 年正式推出的面向服装行业的"O2O+C2B"模式的定制平台。云衣定制将消费者与设计师、面料商、工厂以及服务商等聚集在一起，实现优势互补、合作共享，形成了一个服装定制行业的生态圈，满足了消费者个性化与多样化的着装需求。

传统的服装企业的服装流通到消费者手中，一般会经过市场调研、设计研发、采购生产、渠道销售等环节，这种线性结构存在设计生产周期长、信息损耗大、设计研发与消费者需求不对称等诸多弊端，企业服装生产的盲目性与高库存在所难免。同时，消费者个性化的需求，导致服装商品越来越多样化，服装生产呈现出多品种、小批量的特点，这种情况也会导致库存增加。

相较于传统的服装定制模式，云衣定制的定制模式在选材、设计、服务等环节都以消费者为中心，能按需生产。一方面，云衣定制在接受消费者的定制订单后开始生产，可以有效控制库存风险。另一方面，消费者在线上进行"量体裁衣"的服装定制，可以得到比传统服装定制更高的性价比、更多的定制款式、更短的服装设计和生产周期，从而使服装定制体验更佳。

然而，与规模化的传统服装生产相比，由于每个消费者的需求不同，所需服装的尺寸不同，定制服装的裁剪工作量会大大增加，人工生产的方式显然不能支撑起大规模定制的需求，只能为少数人提供定制服务。为此，云衣定制通过互联网与智能服装 CAD 系统、MES（制造企业生产过程执行系统）等各类系统相结合，帮助平台上的广大定制工厂实现智能化设计与柔性化生产，提高生产效率和准确性，实现大规模的服装定制。其中，智能服装 CAD 系统可以通过输入人体各部位的数据，自动生成符合其体形的样板，同时与自动裁剪设备连接，就可以实现智能化的自动裁剪。例如，在云衣定制的官方网站上，消费者选择中意的服装款式后，可以按照提示输入数据进行自助测量，完成服装定制。图 1-3 所示为云衣定制官方网站的消费者自主测量页面。当然，消费者如果担心自助测量不够准确，也可以在线预约云衣定制的服装顾问上门测量。MES 系统可以对服装生产进行智能化管理，每件衣服会有一个二维码，在工厂里的每个工序上，只要扫描一下二维码，就可以查看该衣服的所有细节，从而通过数据实现生产的协调。

知识链接

柔性化生产是指用以计算机数控机床为主的制造设备来实现多品种、小批量的生产方式。柔性化生产是一种按需生产的先进生产方式，其优点是能增强制造企业的灵活性和应变能力，缩短产品生产周期，提高设备利用率和员工的劳动生产率，改善产品质量。

图 1-3　云衣定制官方网站的消费者自主测量页面

目前，云衣定制以男士西装、衬衫，女士礼服等服装为主营类目，其目标消费群体主要包括职业用户（包含团体用户）、个性用户和特殊用户。针对职业用户，云衣定制提供常规西服、衬衫等服装的定制服务。针对个性用户，尤其是个性需求较强的女性用户，云衣定制通过引进设计师，以作品众筹的方式进行预订服务，接到订单再生产。针对特殊用户，云衣定制提供任务定制服务，以设计任务众包的形式进行服务，由平台上的多名设计师进行竞标设计，用户选择设计师后再由工厂生产。

思考：

根据上述材料并结合你对定制服装的认识分析以下问题。

（1）定制服装行业与传统服装行业有何区别？

（2）定制服装如何实现按需规模化定制？

（3）定制服装的发展前景如何？

实践训练

为了更好地理解新兴的电子商务模式，并掌握相关的基础知识，下面我们将通过一系列实践训练来加以练习。

【实训目标】

（1）理解传统商务与电子商务的区别。

（2）理解电子商务对企业发展的重要性，并对电子商务的发展过程加以总结。

【实训内容】

（1）调查身边熟悉的传统中小企业（要求被调查的企业的创建时间至少在 5 年以上），掌握企业的基本经营情况，并分析企业现有的营销渠道。

（2）为被调查的传统企业设计实施电子商务的具体步骤，主要包括业务流程的重组、营销模式的改变和交互工具的使用等。

（3）对比实施电子商务后，企业的营销模式与原来传统的营销模式的区别，并预测实施后的效果。

知识巩固与技能训练

一、名词解释

1. 电子商务　　2. 电子市场　　3. B2B　　4. C2C

二、单项选择题

1. 作为电子商务中的基本技术，电子数据交换的简称是（　　）。

　　A. WBI　　　　B. ICP　　　　C. EBD　　　　D. EDI

2. 狭义的电子商务用 E-Commerce 表示，广义的电子商务表示为（　　）。

　　A. Electronic Internet　　　　B. Electronic Intranet

　　C. Electronic Business　　　　D. Electronic Consumer

3. （　　）是先由消费者提出需求，然后由生产或商贸企业按需求组织生产或货源的一种商务活动。

　　A. B2C　　　　B. C2B　　　　C. B2B　　　　D. C2C

三、多项选择题

1. 电子商务中所包含的几种"流"为（　　）。

　　A. 信息流　　　B. 资金流　　　C. 商流　　　D. 物流

2. 按商品交易过程的完整程度，我们可以将电子商务划分为（　　）。

　　A. 交易前电子商务　　　　　　B. 交易后电子商务

　　C. 完全电子商务　　　　　　　D. 不完全电子商务

3. （　　）是电子商务中最常见的 3 类群体。

　　A. 政府部门　　B. 个人消费者　　C. 企业　　　D. 通信服务提供商

四、思考题

1. 如何判断一项活动是否属于电子商务？

2. 传统商务与电子商务的区别有哪些？

3. 电子商务的概念模型有哪些基本要素？

4. 电子商务的发展经过了哪些阶段？每个阶段的特点是什么？

5. 简述电子商务目前的发展情况，并说说你对它的看法。

五、技能实训题

1. 访问淘宝网，观察网站的结构并搜索商品，感受电子商务与传统商务的不同。

2. 通过在淘宝网进行操作，分析并归纳淘宝网所属的电子商务类型。

第 2 章　电子商务的技术支持

【学习目标与要求】

◆ 掌握互联网的基础知识。

◆ 了解 EDI 技术。

◆ 熟悉电子商务新兴技术。

【案例导入】

啤酒与尿布

"啤酒与尿布"是关于大数据技术应用的家喻户晓的经典案例，它讲的是沃尔玛在对其数据仓库进行分析和挖掘后，将啤酒和尿布这两种看似完全没有联系的商品放在一起进行销售，从而提高二者销量的故事。

沃尔玛对其数据仓库的历史交易数据进行分析和挖掘，通过各种模型的建立与计算，发现与尿布一起购买最多的商品是啤酒。为了验证这一结果，沃尔玛专门派人进行实际调查和分析，最终得到结论：就美国而言，一些年轻父亲周末下班后会到超市购买尿布，而这类人群又喜欢在周末观看各种体育赛事，因此啤酒就成了他们看赛事时必备的饮品，当这些人在购买尿布时，部分人会想起周末赛事而购买啤酒。因此，如果将尿布和啤酒放在一起销售，就会让那些忘记购买啤酒的人自然而然地想起购买啤酒的事情。既然通过数据分析得出啤酒与尿布一起销售会提高销量的结论，沃尔玛便将其所有门店的啤酒与尿布摆放在一起，结果竟然真的得到了尿布与啤酒的销量双双增长的结果。

当然，"啤酒与尿布"的故事必须得到技术方面的支持。1993 年，美国学者艾格拉沃提出通过分析购物篮中的商品集合，从而找出商品之间的关系的关联算法，并根据商品之间的关系，找出客户的购买行为。艾格拉沃从数学及计算机算法角度提出了商品关联关系的计算方法——Aprior 算法。沃尔玛在 20 世纪 90 年代尝试将 Aprior 算法引入 POS 机数据分析中，并获得了成功，于是产生了"啤酒与尿布"的故事。

思考：

沃尔玛是如何将啤酒与尿布这两种属性大相径庭的商品联系在一起的？

2.1 互联网基础

互联网是开展电子商务活动的基础。下面将介绍与电子商务相关的互联网基础知识，以帮助读者在后期更好地学习和应用电子商务。

2.1.1 互联网的产生和发展

互联网又称网际网络，它虽然出现的时间不长，但迅速席卷世界的各个角落，成为世界上覆盖面最广、规模最大和信息资源最丰富的计算机信息网络。互联网的产生和发展阶段如下。

（1）互联网最早起源于美国的阿帕网（ARPAnet）的前身，并于 1969 年投入使用。

（2）1971 年，美国 BBN 公司的雷·汤姆林森开发了电子邮件，开始将 ARPAnet 应用于大学研究机构。

（3）ARPAnet 的鲍勃·凯恩和斯坦福大学的温登·泽夫于 1974 年提出 TCP/IP，定义了在计算机网络之间进行报文传送的方法。

（4）1983 年，ARPAnet 宣布将由过去的网络控制协议（Network Control Protocol，NCP）向新协议 TCP/IP 过渡。

（5）1986 年，美国国家科学基金会（National Science Foundation，NSF）建立了基于 TCP/IP 技术的主干网 NSFnet，按地区划分计算机广域网并将这些地区网络和超级计算机中心互联起来。

（6）1990 年 6 月，NSFnet 彻底取代 ARPAnet，成为互联网的主干网。

（7）1991 年，欧洲粒子物理研究所的蒂姆·伯纳斯·李开发了万维网（Word Wide Web）。

（8）1993 年，伊利诺伊大学美国国家超级计算机应用中心的学生马克·安德森等人开发出第一个真正的浏览器 Mosaic。

（9）1995 年，NSFnet 宣布商业化，商业机构的介入使互联网得到了飞跃式发展，互联网广泛应用于各行各业，进入人们的日常生活。

（10）目前，互联网已经成为世界上覆盖面最广、规模最大和信息资源最丰富的连接世界各国的国际性网络。

在我国，互联网的发展历程可以分为三个阶段，分别是 1986—1993 年的研究试验阶段、1994—1996 年的起步阶段、1997 年至今的发展阶段。其中，第一阶段主要进行互联网技术的研究，该阶段的互联网应用仅限于小范围内的电子邮件服务；第二阶段主要实现 TCP/IP 连接，从而开通互联网全功能服务，使互联网进入公众生活并开始发展；第三阶段是互联网的快速发展阶段，在该阶段，互联网得到普及并广泛应用于各行各业，同时我国的网络用户数量快速增长，电子商务也顺势逐渐兴起并得到发展，至今已成为与人们的工作、生活密不可分的一部分。

2.1.2 互联网协议

互联网协议主要有 TCP/IP、HTTP、SMTP、POP3 和 IMAP 等，下面分别对这些协议进行介绍。

1. TCP/IP

传输控制协议 / 网际互联协议（Transmission Control Protocol/Internet Protocol，TCP/IP），

它是供已连接互联网的计算机进行通信的通信协议，可使连接互联网的各台计算机相互交换各种信息。目前，互联网通过全球的信息资源和覆盖七大洲的160多个国家和地区的数百万个网点，提供数据、电话、广播、出版、软件分发、商业交易、视频会议及视频节目点播等服务。互联网在全球范围内提供了极为丰富的信息资源，用户的计算机一旦连接到 Web 节点，就意味着该计算机已经进入互联网。

扫码看视频

互联网协议、IP地址与域名

TCP/IP 定义了电子设备接入互联网的方式，以及数据在设备之间传输的标准。TCP/IP 采用了 4 层的层级结构，每一层都通过呼叫它的下一层所提供的协议来满足自己的需求，这 4 层分别是应用层、传输层、网络层和网络接口层，TCP/IP 的层级结构如图 2-1 所示。

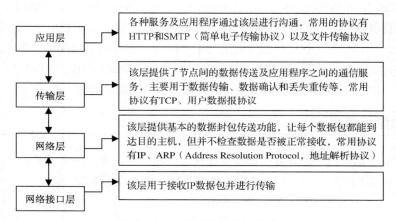

图 2-1　TCP/IP 的层级结构

2. HTTP

HTTP 是客户端浏览器或其他程序与 Web 服务器之间的应用层通信协议。其中，超文本（Hyper Text）是指包含超链接（Link）和各种多媒体元素标记（Markup）的文本，这些超文本文件彼此链接，使用 URL（Uniform Resource Locator，统一资源定位符）来表示链接。HTTP 即按照 URL 指示，将超文本文档从一台主机（Web 服务器）传输到另一台主机（浏览器）的应用层协议，以实现超链接的功能。

HTTP 是客户端与服务器端请求和应答的标准，通常由客户端发起请求，建立一个到服务器指定端口（默认为 80 端口）的 TCP 连接，HTTP 服务器则在端口监听客户端发送的请求。

知识链接

URL 是用户在浏览器地址栏中输入的网站网址，互联网上的每个文件都有唯一的 URL，它包含的信息可以指出文件的位置及浏览器处理的方式。URL 包含模式（或称协议）、服务器名称（或称 IP 地址）、路径和文件名。

3. SMTP、POP3 和 IMAP

除了 TCP/IP 和 HTTP，SMTP、POP3 和 IMAP 也是互联网通信中的常用协议，下面分别对这 3 个协议的相关知识进行介绍。

（1）SMTP。简单邮件传输协议（Simple Mail Transfer Protocol，SMTP）是一组用于由源地址向目的地址传送邮件的规则，由它来控制邮件的中转方式。其目标是向用户提供高效、可靠的邮件传输服务。与大多数应用层协议一样，SMTP也存在客户端和服务器端，其工作方式包括两种：一是电子邮件从客户端传输到服务器端；二是电子邮件从一个服务器端传输到另一个服务器端。

（2）POP3。邮局协议（Post Office Protocol，POP）目前已经发展到第3版，因此被称为邮局协议版本3（Post Office Protocol-Version 3，POP3），主要用于电子邮件的接收。POP支持对离线电子邮件的处理，当电子邮件发送到服务器上时，电子邮件客户端调用邮件客户机程序以连接服务器，并下载所有未阅读的电子邮件，将电子邮件从邮件服务器端传送到个人终端设备上，一旦电子邮件发送成功，邮件服务器上的电子邮件将会被删除。目前，POP3邮件服务器支持"只下载电子邮件，服务器端并不删除电子邮件"。

（3）IMAP。互联网邮件访问协议（Internet Message Access Protocol，IMAP）与POP类似，它是一种邮件获取协议，可以从邮件服务器上获取电子邮件的信息、下载电子邮件等。不同的是，POP允许电子邮件客户端下载邮件服务器上的电子邮件，但在电子邮件客户端的操作（如移动电子邮件、标记已读等）并不会反馈到邮件服务器上，而在IMAP电子邮件客户端的操作都会反馈到邮件服务器上，邮件服务器上的电子邮件也会做出相应的响应。

2.1.3　IP地址与域名

进行电子商务活动的每台计算机都需要连接互联网，并以唯一的编号或名称作为其在互联网上的标识。IP地址与域名则是目前最常用的计算机标识方法，下面分别对IP地址与域名的相关知识进行介绍。

扫码看视频

查看并设置
IP地址

1. IP地址

IP地址即网络协议地址。连接互联网的每台主机都有一个在全世界范围内唯一的IP地址。采用互联网协议第4版（Internet Protocol Version 4，IPv4）技术，IP地址由32位二进制数组成，被分为4段，每段8位；通常用4组3位十进制数表示，中间用小圆点隔开，每组十进制数的范围为0～255，如192.168.1.51就是一个IP地址。

IP地址由两部分组成：一部分为网络地址，另一部分为主机地址。其中，网络地址用来标识接入互联网的网络，主机地址用来标识该网络上的主机。IP地址可以分为A、B、C、D和E 5类，IP地址的分类如表2-1所示。

表2-1　IP地址的分类

网络地址		主机地址	地址分类
0	7位网络	24位主机	A类地址
10	14位网络	16位主机	B类地址
110	21位网络	8位主机	C类地址
1110	28位多点广播组标号		D类地址
1111	保留使用		E类地址

A 类地址用于大型网络，B 类地址用于中型网络，C 类地址用于小型网络，D 类地址用于特殊的网络，E 类地址保留使用，一般常用的是 B 类和 C 类两种地址。

知识链接

由于网络的迅速发展，已有协议（IPv4）规定的 IP 地址已不能满足用户的需求，而 IPv6 采用 128 位的地址长度，几乎可以不受限制地提供地址。IPv6 除解决了地址短缺问题，还解决了在 IPv4 中存在的其他问题，如端到端 IP 连接、服务质量（Quality of Service，QoS）、安全性、多播、移动性和即插即用等方面的问题。在未来，IPv6 将逐渐成为新一代的网络协议标准。

2. 域名

数字形式的 IP 地址难以记忆，故在实际使用时常采用字符形式来表示 IP 地址，即域名系统（Domain Name System，DNS）。互联网中的每台主机都有一个 IP 地址和域名，通过 DNS 服务器可实现 IP 地址与域名的对应。域名系统由若干子域名构成，子域名之间用小圆点隔开。

域名的层级结构如下：n 级子域名. ……三级子域名. 二级子域名. 顶级子域名。

每一级的子域名都由英文字母和数字（不超过 63 个字符，并且英文字母不区分大、小写）组成，级别最低的子域名写在最左边，级别最高的顶级子域名则写在最右边。一个完整的域名不超过 255 个字符，其子域名级数一般不予限制。

例如，西南财经大学的 web 服务器的域名是 www.swufe.edu.cn。在这个域名中，顶级子域名是 cn（表示中国），二级子域名是 edu（表示教育机构），三级子域名是 swufe（表示西南财经大学），最左边的 www 则表示此域名对应着万维网服务。

顶级子域名可分为机构性域名与地理性域名，常见的机构性域名代码如表 2-2 所示。地理性域名用于表示该域名源自的国家或地区，常见的地理性域名代码如表 2-3 所示。

表 2-2　常见的机构性域名代码

域名代码	机构类型	域名代码	机构类型
int	国际组织	com	商业组织
mil	军事组织	arts	文艺实体
edu	教育机构	gov	政府部门
net	网络服务机构	web	与万维网相关的实体
org	非营利性组织	inf	提供信息服务的实体
firm	商业或公司	rec	娱乐机构
info	信息服务	nom	个人

表 2-3　常见的地理性域名代码

国家或地区代码	代表的国家或地区	国家或地区代码	代表的国家或地区
cn	中国	jp	日本
de	德国	in	印度
fr	法国	gr	希腊
au	澳大利亚	ca	加拿大
uk	英国	sg	新加坡

2.1.4　ISP、ICP

互联网服务提供商（Internet Service Provider，ISP）是向用户提供互联网接入服务、信息服务和增值服务的运营者。ISP 是经国家主管部门批准的正式运营企业，享受国家法律保护，典型代表如国内三大电信运营商——中国电信、中国移动、中国联通。

互联网内容提供商（Internet Content Provider，ICP）是向用户提供互联网信息服务和增值服务，如搜索引擎、虚拟社区、电子邮箱、新闻娱乐等的运营者。通常，大多数网站都属于ICP，如新浪、搜狐、网易等大型门户网站，一些提供互联网信息服务的个人网站也属于ICP。《互联网信息服务管理办法》规定，对经营性网站实行许可证制度，如淘宝、京东等电子商务平台需取得 ICP 许可证；对非经营性网站，如只展示公司产品或其他信息的网站等实行备案制度。用户在打开一个网站后，一般可以在网站的底部看到"ICP 证""ICP 备"字样。

2.2　EDI 技术

在现代企业活动中，每天都会产生大量的纸质单证，如订单、运单、采购单、报关单、保单等。商业文件靠传统纸质单证、邮寄传递及人工处理已不能与实际情况相适应，于是 EDI 技术应运而生。自 20 世纪 90 年代以来，EDI 技术风行全世界，成为全球贸易中最基本的商务手段和联络方式，为信息处理带来了极大便利。在基于互联网的电子商务普及和应用之前，基于 EDI 的电子商务是一种主要的电子商务模式。

2.2.1　EDI 的定义与特点

EDI 是指将商业或行政事务处理按照一个公认的标准，形成结构化的事务处理或报文格式，从计算机到计算机的电子传输方法。

简单来讲，EDI 就是根据商定的交易或电文数据的结构标准实施商业或行政交易，从计算机到计算机的电子传输，俗称"无纸化贸易"。它是一种在企业或部门之间传递电子单证（如订单、发票等）的电子化手段。

总体而言，EDI 有如下 3 个显著特点。

（1）EDI 处理和传输的数据是参与交易的各方编写的商业文件。

（2）文件传输采用国际公认的 EDI 标准报文格式，通过专门的计算机网络实现。

（3）信息的发送、接收与处理由计算机自动进行，不需要人工干预。

2.2.2　EDI 系统的三要素

一个完整的 EDI 系统涉及 3 个要素，它们分别是 EDI 标准、通信网络系统和软硬件系统，三要素互相协作、缺一不可。

1．EDI 标准

由于 EDI 是计算机与计算机之间的通信，它的核心是结构化的数据按照标准的报文格式，从一个应用程序到另一个应用程序的电子化的交换，因此，实施 EDI 需制定各方都能理解和使用的标准。其主要目的就是消除各国在语言、商务规定以及表达与理解上的分歧，为贸易实务操作搭起一座电子通信的桥梁。

国际上对 EDI 标准的研究始于 20 世纪 60 年代，该标准适用于一些大型、国际化企业的内部通信，局限性较大。从 20 世纪 70 年代开始，为满足运输业、汽车业、电子业等行业内部业务往来的要求而制定的行业标准陆续出现。随着经济及计算机技术的发展，行业标准已不能适应发展的需要，于是国家标准应运而生。1979 年，美国国家标准学会特许公认标准委员会开发了关于行业间电子数据交换的 EDI 国家标准 ANSI X.12，以支持北美的不同行业的公司，但全球有不少公司也使用该标准。20 世纪 80 年代中后期，联合国欧洲经济委员会在各国的 EDI 国家标准的基础上，制定了跨行业的 EDI 国际标准——EDIFACT 标准。1992 年，ANSI X.12 第 4 版标准制定后，不再继续维护原来的 EDI 标准，而是全力与 EDIFACT 标准结合，最终使全球 EDI 标准统一为 EDIFACT 标准。EDIFACT 标准作为国际标准，提供了一套语法规则的结构、互动交流协议，以及允许多国和多行业的电子商业文件交换的标准消息，已被世界上大多数国家所接受，我国的 EDI 标准也是以 EDIFACT 标准为基础制定的。

EDI 标准是 EDI 系统实现电子数据交换的关键部分。EDI 标准包括解决通信网络协议问题的网络通信标准，解决各种消息报文问题的处理标准，解决用户所属的管理信息系统或数据库与 EDI 之间的接口问题的联系标准，解决消息报文在国际网络和各系统之间传递的标准协议问题的语义、语法标准等。

2．通信网络系统

通信网络系统是实现 EDI 的手段，是数据交换的载体。EDI 的通信方式有多种，包括点对点、一点对多点、多点对多点和 VAN 等通信方式。简单来说，点对点、一点对多点、多点对多点的通信方式分别指两台计算机相互通信、一台计算机与多台计算机相互通信、多台计算机与多台计算机相互通信，当贸易方的数量较少时可采用点对点、一点对多点或多点对多点的通信方式。当贸易方的数量较多时，则采用 VAN，所谓 VAN 是指网络自身具有附加价值的、进行信息分配和加工的结构。它是一种由一台主机及多台终端机构成的通信方式，VAN 示意图如图 2-2 所示。

3．软硬件系统

软硬件系统是生成和处理数据的工具。EDI 的软件包括转换软件、翻译软件和通信软件 3 类。

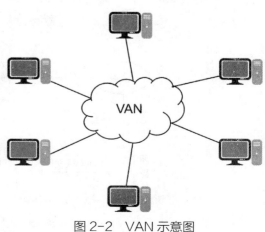

图 2-2　VAN 示意图

（1）转换软件。转换软件可以帮助用户将原计算机系统中的文件或数据库中的数据，转换成翻译软件能够理解的平面文件，或将从翻译软件接收来的平面文件，转换成原计算机系统中的文件。

（2）翻译软件。翻译软件可将平面文件翻译成 EDI 标准格式文件，或将接收到 EDI 标准格式文件翻译成平面文件。

（3）通信软件。通信软件可在 EDI 标准格式文件的外层加上通信信封，再送到 EDI 通信网络系统的邮箱，或从 EDI 通信网络系统内将接收到的文件取回。

EDI 所需硬件主要有计算机、调制解调器和通信线路。其中，计算机是实施电子数据交换的平台。调制解调器一般由调制器和解调器组成，在发送端，调制解调器将计算机串行口产生的数字信号调制成可以通过电话线传输的模拟信号；在接收端，调制解调器把输入计算机的模拟信号转换成相应的数字信号，送入计算机接口。调制解调器的功能和传输速度应根据实际的需要进行选择。常用的通信线路一般是电话线路，如果对传输时效及资料传输量有较高要求，可以考虑租用专线。

2.2.3　EDI 的工作过程

EDI 的工作过程就是用户将相关数据从自己的计算机信息系统传送到有关交易方的计算机信息系统的过程。下面以订单发送与接收为例，简要介绍 EDI 的工作过程。

第 1 步，发送方企业的电子数据处理（Electronic Data Processing，EDP）系统是企业管理信息系统的组成部分，它产生一个原始文件，这里是一份订单。

第 2 步，转换软件自动将订单转换成平面文件。

第 3 步，翻译软件将生成的平面文件转换成标准格式文件。

第 4 步，发送方企业通过通信软件将标准格式文件放在有接收方企业 EDI ID（身份识别号码）标识的电子信箱里，实际上是将它放在 EDI 通信网络系统内，并等待接收方企业接收文件。

第 5 步，接收方企业通过 EDI 通信网络系统从电子信箱里接收文件，之后再进行反向操作，直到得到原始订单。这样就完成了一次电子数据传输。

EDI 的工作过程如图 2-3 所示。

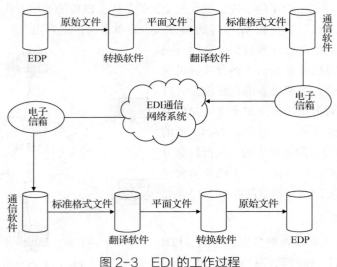

图 2-3　EDI 的工作过程

对企业而言，EDP 与转换软件和翻译软件是企业内部数据转换为标准格式文件的集成模块，三者之间只有互相兼容，才能更快地生成标准格式文件。

2.3　电子商务新兴技术

随着科学技术的快速发展，云计算、大数据、物联网、VR 和 AR，以及人工智能等新兴技术的出现与应用，为电子商务注入了新的活力，推动了电子商务的发展。

2.3.1　云计算

在"互联网+"时代，国内云计算市场迎来了快速发展期，呈现出巨大的发展潜力。同时，随着大数据、物联网、人工智能等新兴领域的发展趋势和传统行业的转型趋势逐渐明朗，作为信息基础平台，企业对云计算的需求日趋旺盛。

1. 云计算的定义

云计算是硬件技术和网络技术发展到一定阶段产生的新的技术模型，是对实现云计算模式所需的所有技术的总称。分布式计算技术、虚拟化技术、网络技术、服务器技术、数据中心技术、云计算平台技术、分布式存储技术等都属于云计算的范畴，同时，云计算也包括新出现的 Hadoop、HPCC、Storm、Spark 等技术。云计算意味着计算能力也可作为一种商品通过互联网进行流通。

扫码阅读

云计算的特点

在云计算领域主要有 3 种角色，他们分别为资源的整合运营者、资源的使用者和终端客户。资源的整合运营者负责资源的整合输出，资源的使用者负责将资源转变为满足客户需求的应用，而终端客户则是资源的最终消费者。

云计算作为一项应用范围广、对产业影响深的技术，正逐步向信息产业等各种产业渗透，产业的结构模式、技术模式和产品销售模式等都会随着云计算发生深刻的改变，进而影响人们的工作和生活。

2. 云计算的应用

随着云计算产品、解决方案的不断成熟，云计算的应用范围也在不断扩大，衍生出的云制造、教育云、环保云、物流云、云安全、云存储、云游戏、移动云计算等云计算技术对医药医疗领域、制造领域、金融与能源领域、电子政务领域、教育科研领域的影响巨大，也为电子邮箱、数据存储、虚拟办公等方面提供了非常大的便利。云计算包括 5 项关键技术，它们分别是虚拟化技术、编程模式、海量数据分布存储技术、海量数据管理技术、云计算平台管理技术。下面介绍几种常见的云计算的应用。

（1）云安全

云安全是云计算的重要分支，在反病毒领域获得了广泛应用。云安全技术可以通过大量网状的客户端对网络中软件的异常行为进行监测，获取互联网中木马和恶意程序的最新信息，自动分析和处理信息，并将解决方案发送到每一个客户端。

云安全技术融合了并行处理、网格计算和未知病毒行为判断等新兴技术和概念，理论上可以把病毒的传播范围控制在一定区域内，而且整个云安全网络对病毒的上报和查杀速度非常快，对反病毒领域意义重大，但云安全技术所涉及的安全问题也非常广泛。最终用户对用户身份安全、共享业务安全和用户数据安全等问题需要格外关注。

① 用户身份安全问题。用户登录到云端使用应用与服务，系统在确保用户身份合法之后才为其提供服务。非法用户如果取得了用户身份，则会对合法用户的数据和业务产生危害。

② 共享业务安全问题。云计算通过虚拟化技术实现资源共享，可以提高资源的利用率。但是共享也会带来新的安全问题，因此，云安全不仅需要保证用户资源间的隔离，还要针对虚拟机、虚拟交换机、虚拟存储等虚拟对象提供安全保护策略。

③ 用户数据安全问题。用户数据安全问题包括数据丢失、泄露和篡改等，因此云安全必须对数据采取复制、存储加密等有效的保护措施，以确保数据的安全。此外，账户、服务和通信劫持，不安全的应用程序接口，操作错误等问题也会对云安全产生不利影响。

云安全系统的建立并非一件轻而易举的事，要想保证系统的正常运行，不仅需要海量的客户端、专业的反病毒技术和经验、大量的资金和技术投入，还必须提供开放的系统，让大量合作伙伴加入。

（2）云存储

云存储是一种新兴的网络存储技术，可供用户在云存取资源。云存储通过集群应用、网络技术或分布式文件系统等功能将网络中大量不同类型的存储设备集合起来协同工作，共同对外提供数据存储和业务访问功能。通过云存储，用户可以在任何时间、任何地方，以任何可联网的装置连接到云端存取数据。

在使用云存储功能时，用户只需要为实际使用的存储容量付费，不用额外安装物理存储设备，减少了 IT 和托管成本。同时，存储维护工作转移至服务提供商，这在人力、物力上也降低了成本。但云存储也反映了一些可能存在的问题，如果用户在云端保存了重要数据，则数据可能面临潜在安全隐患，其可靠性和可用性取决于广域网的可用性和服务提供商的预防措施等级，而一些有特定记录保留需求的用户，在采用云存储的过程中还需对云存储进行进一步的了解和掌握。

（3）云游戏

云游戏是一种以云计算为基础的在线游戏技术，云游戏模式下的所有游戏都在服务器端运行，并通过网络将渲染后的游戏画面压缩后传送给用户。

云游戏主要包括在云端完成游戏运行与画面渲染的云计算技术，以及游戏用户终端与云端间的流媒体传输技术。对游戏运营商而言，他们只需花费服务器升级的成本，而不需要不断投入巨额的新主机研发费用；对游戏用户而言，他们不需要游戏终端拥有强大的图形运算与数据处理能力、高端处理器和显卡等，只需其具备基本的视频解压能力即可。

2.3.2 大数据

我们在使用计算机时会发现，网页经常会推荐一些我们曾经搜索或关注过的信息，如之前在天猫搜索过一双运动鞋，之后每次打开天猫主页，推荐购买区几乎都会显示一些同类的物品。其实这是大数据技术的一种应用，它将用户的使用习惯、搜索习惯记录到数据库中，应用独特的算法计算出用户可能感兴趣的内容，并将相同的类目推荐给用户。

扫码阅读

大数据的特点

1. 大数据的定义

数据是指存储在某种介质上包含信息的物理符号。在网络时代，随着人们生产数据的能力不断增强和生产的数据量飞速提升，大数据应运而生。大数据是指无法在一定时间范围内用常规软件工具进行捕捉、管理、处理的数据集合，而要想从这些数据集合中获取有用的信息，就需要对大数据进行分析，这不仅需要采用集群的方法获取强大的数据分析能力，还需要对面向大数据的新数据分析算法进行深入的研究。

针对大数据进行分析的大数据技术，是指为了传送、存储、分析和应用大数据而采用的软件和硬件技术，也可将其看作面向大数据的高性能计算系统。就技术层面而言，大数据技术必须依托分布式架构来对海量的数据进行分布式挖掘，必须与云计算的分布式处理、分布式数据库、云存储和虚拟化技术结合使用，因此，大数据与云计算是密不可分的。

2. 大数据处理的基本流程

大数据处理的基本流程通常包含数据抽取与集成、数据分析、数据解释与展现这 3 个基本环节。

（1）数据抽取与集成。数据抽取与集成是大数据处理的第一步，即从抽取的数据中提取出关系和实体，经过关联和聚合等操作，按照统一定义的格式对数据进行存储。基于物化或数据仓库技术方法的引擎（Materialization or ETL Engine）、基于联邦数据库或中间件方法的引擎（Federation Engine or Mediator）和基于数据流方法的引擎（Stream Engine）均是现在主流的数据抽取与集成方式。

（2）数据分析。数据分析是大数据处理的核心步骤，在决策支持、商业智能、推荐系统、预测系统中应用广泛，它是指从异构的数据源中获取了原始数据后，将数据导入一个集中的大型分布式数据库或分布式存储集群，进行一些基本的预处理工作，如数据挖掘、数据统计等，然后根据自己的需求借助大数据分析工具对原始数据进行分析。

（3）数据解释与展现。完成数据分析后，应该使用合适的、便于理解的展示方式将正确的数据处理结果展示给用户，可视化和人机交互技术是数据解释的主要技术。可视化技术可以将数据处理结果通过图形的方式直观地呈现给用户；人机交互技术可以引导用户对数据进行逐步分析，使用户参与数据分析，从而深刻地理解数据处理结果。

3. 大数据的应用

大数据在电子商务中的应用主要体现在以下两个方面。

（1）推荐系统。推荐系统可以通过电子商务网站向用户提供商品信息和购买建议，如商品推荐、新闻推荐和视频推荐等，而实现推荐过程则需要依赖大数据。用户在访问网站时，网站会记录和分析用户的行为并构建用户画像。所谓用户画像，是指企业通过收集与分析用户的社会属性、生活习惯、消费行为等各方面信息的数据，抽象出来的用户的商业特征。换句话说，用户画像就是企业通过多个维度对用户特征进行描述后产生的结果，可用来判断用户的潜在需求。将用户画像的模型与数据库中的产品进行匹配后，就能实现精准推荐。为了实现精准推荐，企业需要存储海量的用户访问信息，并基于对大数据的分析，推荐与用户画像相符的内容。

（2）搜索引擎系统。搜索引擎系统是非常常见的大数据系统，为了有效地完成互联网上数量庞大的信息的收集、分类和处理工作，搜索引擎系统大多基于集群架构。搜索引擎系统的发展历程为大数据研究积累了宝贵的经验。

2.3.3 物联网

物联网是一个基于互联网、传统电信网等信息承载体，让所有能够被独立寻址的普通物理对象实现互联互通的网络。简单地说，物联网就是把所有物品通过信息传感设备与互联网连接起来，以实现智能化识别和管理的网络。物联网具有网络化、物联化、互联化、自动化、感知化和智能化等特征，是一种基于互联网的高级网络形态。它与互联网的最大区别是，物联网连接的主体从人向"物"延伸，网络社会形态从虚拟向现实拓展，信息采集与处理从人工转向智能。射频识别（Radio Frequency Identification，RFID）、传感器、人工智能、云计算、无线网络等都是物联网涉及的关键技术，通过这些技术，人们可以实现无障碍的信息沟通。

知识链接

传感器技术是计算机应用中的关键技术，传感器可以把模拟信号转换成数字信号供计算机处理。目前，传感器的技术难点主要是应对外部环境的影响，如当受到自然环境中温度等因素的影响时，传感器会产生零点漂移，其灵敏度也会发生变化。

1. 物联网的应用

随着互联网技术和通信技术的快速发展，物联网已经和人们的生活紧密地联系在一起，众多的物联网模块足以满足人们在日常生活中的多样化需求。物联网在电子商务中的应用主要体现在以下 3 个方面。

（1）智能零售。物联网的智能零售应用主要表现为远场零售、中场零售和近场零售 3 种形式，分别以电商、商场 / 超市和便利店 / 自动售货机为代表。例如，智能零售通过将传统的售货机和便利店进行数字化升级、改造，打造无人零售模式，并通过数据分析，充分运用门店内的客流和活动，为用户提供更好的服务，帮助商家提高经营效率。

（2）智慧物流。智慧物流以物联网为基础，以大数据和人工智能等信息技术为支撑，在物流的整个过程中实现数字化控制和信息传递，主要体现在仓储、运输监测以及快递终端等方面。例如，运用物联网技术能实现对运输车辆的监测及对货物的监测，比如监测运输车辆的位置、状态、油耗和车速，以及货物的温湿度等。物联网的应用能提高物流的运输效率，提高整个物流行业的智能化水平。

（3）智能制造。物联网的智能制造应用主要体现在数字化及智能化的工厂改造上，包括工厂的机械设备监控和工厂的环境监控。针对工厂的机械设备，通过在设备上加装相应的传感器，设备厂商可以对设备进行远程监控、升级和维护等操作，更好地了解产品的使用状况，完成产品全生命周期的信息收集，指导产品设计和售后服务。

2. 5G 与物联网的融合

现在是移动互联网时代，移动互联网的发展历程是移动通信和互联网等技术融合的过程，其中，不断发展的移动通信技术是物联网持续且快速发展的主要推动力。

5G 与以往的移动通信技术相比，在通信和带宽能力方面达到了新的高度，如 3G 支持图像、4G 支持视频，而 5G 则是支持物联网的移动通信技术。也就是说，5G 是物联网的网络接入层，是实现物联网网络连接的一种方式，它以前所未有的规模、速度和复杂性，连接各种各样的设备，能够满足物联网应用覆盖面广、高速稳定等需求。

随着 5G 的落地应用，未来物联网的发展将获得更为全面的支撑。以工业物联网为例，5G 将在以下 3 个方面助力工业物联网的发展。

（1）拓展工业物联网的应用边界。5G 在很大程度上考虑了物联网的需求，包括高速率（eMBB，10Gbit/s）、低时延与高可靠（uRLLC，1ms）、低功耗与大连接（mMTC，100 万个连接 $/m^2$）等。在 5G 的支持下，工业物联网的应用边界将得到拓展，使其可以应用在更多的场景下。对场景覆盖面较大的企业，如物流企业来说，5G 带来的变化更为明显。

（2）促进工业物联网的智能化。5G 将在很大程度上促进工业物联网的智能化发展，涉及云计算、大数据等技术体系的部署，借助 5G，人工智能将在数据和算力两方面得到更为有效的保障。当然，智能化也是工业物联网最终的发展诉求之一。

（3）促进工业物联网的全面落地。5G 对于促进工业物联网的落地应用也有非常积极的意义。一方面，5G 可以支撑更多的物联网设备；另一方面，5G 也能够保障这些设备之间进行安全、可靠的通信。

2.3.4　VR 和 AR

虚拟现实（Virtual Reality，VR）是一种可以创建和体验虚拟世界的计算机仿真系统，它利用计算机生成一种模拟环境，使用户沉浸在该环境中。模拟环境是通过计算机技术模拟出来的现实中的世界，故称为虚拟现实。VR 最主要的特征，就是让用户成为并感受到自己是计算机所创造的模拟环境中的一部分，当用户感知到虚拟世界的刺激，包括触觉、味觉、嗅觉、运动感知等方面的刺激时，用户便会产生思维共鸣。同时，VR 可以实现人机交互，使用户在操作过程中，得到模拟环境真实的反馈，如推动虚拟世界中的物体时，物体会向力的方向移动、翻倒、掉落等。

VR 给电子商务带来了新的体验升级，使用户感觉自己和商品之间的距离更近，没有了商品在屏幕里面的感觉，可以 360 度观察商品细节。2016 年年底，阿里巴巴就曾在手机淘宝上线 VR 购物"Buy+"应用进行测试，"Buy+"使用 VR 技术，可以生成可交互的三维购物环境，还原真实的购物场景，让用户在虚拟商店里在线购物。2020 年 9 月，京东在北京举办了 VR/ 增强现实（Augmented Reality，AR）战略发布会，会上展示了 VR 购物应用"VR 购物星系"，用户戴上 VR 头显以后可以体验到线下购物的真实感，通过 VR 控制器可以拿起选中的商品（主要聚集在 3C 产品、家电等领域），查看商品的内部结构、功能特性等。

目前，VR 购物并没有得到大面积的商用，原因主要有两个。一是 VR 虚拟世界的真实效果有待优化，商品缺乏真实感。二是 VR 购物成本较高，对商家而言，VR 建模成本较高，制作精良的虚拟现实内容可能要花费几千元甚至上万元；对消费者而言，要得到更好的购物体验，就需要购买价格更高的优良的 VR 设备。当然，这些问题迟早会得到解决，VR 购物也将蓬勃发展。

AR 是在 VR 的基础上发展起来的技术，它将计算机生成的文字、图像、三维模型、音乐、视频等虚拟信息模拟仿真后，应用到真实世界中，两种信息互为补充，从而实现对真实世界的"增强"。简单来说，AR 是一种利用手机或其他设备的相机改变或增强用户对现实世界的感受的技术，它将现实世界当作画布，创建了真实和虚拟对象的组合。在电子商务中使用 AR，用户能够 360 度查看商品的全貌，可以以 1∶1 的比例将商品放置到真实的环境中，与此同时，用户还可以看到该商品与自己家中的环境设计是否搭配等，从而大大节省挑选商品的时间、优化购物体验。

如今，AR 已经成为电子商务的重要组成部分。由于 VR 成本较高，相较于 VR 购物模式，AR 购物模式的热度更高。AR 被广泛应用于美妆、鞋服、家居等领域，如宜家与苹果联手打造 AR 应用，推出 ARKit App，宜家将沙发、座椅等家具通过 3D 扫描生成的 3D 模型放入 ARKit 中，用户可以把跟自己挑选的家具的实际大小相符的虚拟复制品放在自己的房间内。图 2-4 所示为 ARKit 的显示效果。

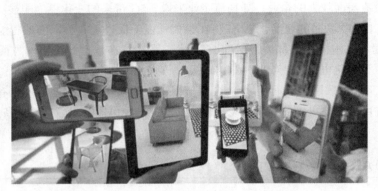

图 2-4　ARKit 的显示效果

2.3.5　人工智能

人工智能（Artificial Intelligence，AI）也称为机器智能，是指由人工制造的系统所表现出来的智能，可以概括为研究智能程序的一门科学。人工智能研究的主要目标在于尝试用机器来模仿和发现人脑的某些智力功能，探究相关理论、研发相应技术。

曾经，人工智能只在一些科幻电影中出现，但伴随着科学的不断发展，人工智能在很多领域得到了不同程度的应用，如在线客服、图片智能搜索、智能分拣机器人、智慧医疗等。

1．在线客服

在线客服是一种以网站为媒介进行即时沟通的通信技术，主要以在线客服机器人的形式自动与用户沟通，并及时解决用户的一些问题。在线客服机器人必须善于理解自然语言，懂得语言所传达的意义，因此，这项技术十分依赖自然语言处理技术，一旦这些机器人能够理解不同的语言表达方式所包含的实际目的，那么它们在很大程度上就可以代替人工客服了。

📖 **案例阅读**

在线客服机器人

过去，用户与客服人员之间主要通过即时通信软件沟通。这种方式与以电话沟通为主的传统客服相比，更加快捷、高效，但随着使用在线客服的人越来越多，这一方式也出现了诸多问题，如接入渠道复杂，用户信息无法共享；存在大量重复性问题和问答；用户多而客服人员少，导致响应时间变慢等。随着人工智能技术的不断创新，智能化的在线客服机器人便应运而生。

目前，市场上的在线客服机器人一般都具有以下 5 种功能。

（1）全天候服务。在线客服机器人的出现就是为了分担人工客服的工作任务，代替人工客服提供正常工作时间之外的服务，如为用户提供 24 小时在线、全年无休的无间断服务。

（2）全渠道接入。移动互联网的普及使得网页端页面不再是唯一的渠道入口，微信、微博等成了被人们更多使用的沟通方式，所以在线客服机器人需要支持全渠道接入。

（3）自然语言识别功能。自然语言识别功能是一个考察在线客服机器人能力的重要指标。在线客服机器人拥有优秀的自然语言识别能力，可以更好地理解人类的语言，更好地满足用户的需求。例如，每个用户针对同一个问题，可能有不同的提问方式，但在线客服机器人只需要抓取其中的关键字或词语，就可以及时给出标准答案。

（4）拥有完善的知识库。知识库相当于在线客服机器人的大脑，起初企业要帮助在线客服机器人建立一个知识库，并根据实际的工作需求在知识库中添加业务资料。在线客服机器人在接待用户时，就会根据用户的问题在知识库中自动搜索相应的回复，并且在不断处理问题的过程中完善知识库，自动收集相似问题和未知问题，通过深度学习智能匹配问题，以便之后更好地服务用户。

（5）会话转接，人机协作。尽管在线客服机器人越来越智能，能够分担人工客服的部分工作，但目前在线客服机器人仍无法完全替代人工客服，一些比较专业、复杂的问题还是需要人工客服进行解答的。因此，如何对接人工客服，如何辅助人工客服回答问题（如实时提示人工座席最佳匹配话术）是考察在线客服机器人智能化程度的重要项目。

在线客服机器人的作用就是代替人工客服回答一些基础性、重复性的问题，减少人工客服的重复性劳动，从而提高企业的工作效率和降低人工成本。但在线客服机器人不可能完全替代人工客服，原因主要有两个：一是现在在线客服机器人还有很多欠缺的地方，还无法解决很多复杂的问题；二是服务需要温度和情感，这是人与人之间进行沟通、交流才能自然产生的，而在线客服机器人无法做到这一点。

2. 图片智能搜索

在电子商务平台搜索商品时，有时文字并不能很好地表达关键信息，基于这一问题，图片智能搜索为用户提供了在上传图片后通过人工智能分析图片特征，为用户推荐同款或相似的商品的功能。图片智能搜索不仅缩短了用户搜索商品的时间，而且使搜索结果更加准确、用户的满意度更高。

3. 智能分拣机器人

物流是电子商务的重要环节，物流配送服务的质量会直接影响用户的满意度和忠诚度。特别是当下，不管是包裹品类还是包裹数量都在快速增长，以往的人工分拣无法快速、准确地完成分拣任务。人工智能的不断发展促进了智能分拣机器人的出现，智能分拣机器人的灵活性和适应性强，可以根据分拣包裹的大小和数量进行智能增减，从而提高货物运输的效率、安全性和完整性。

4. 智慧医疗

智慧医疗（Wise Information Technology of 120，WIT120）是近年来兴起的专有医疗名词，即通过打造保存健康档案的区域医疗信息平台，利用先进的物联网技术，实现患者与医务人员、医疗机构、医疗设备之间的互动，从而使医疗逐步实现信息化。大数据和基于大数据的人工智能为医务人员辅助诊断疾病提供了支持。将来，医疗行业将融入更多的高科技，使医疗服务走向真正意义上的智能化。在人工智能的帮助下，我们看到的不会是医务人员失业，而是同样数量的医务人员可以服务几倍、数十倍甚至更多的患者。

📖 知识链接

健康档案是记录每个人从出生到死亡的所有生命体征的变化，以及自身做过的与健康相关的一切行为与事件的档案。具体内容主要包括个人的生活习惯、以往病史、诊治情况、家族病史、现病史、体检结果，以及疾病的发生、发展和治疗等。

🔍 素养提升

在当今信息社会，计算机技术日新月异，使用计算机可以说是我们必备的技能之一。在计算机科学领域，我们常常会听到"计算思维"这一概念。计算思维是一种科学思维方式，在这种方式下，技术与知识是创新的支撑，而思维是创新的源头。因此，我们在学习专业技术与知识的同时，还应当开拓思维，学习科学家进行问题求解的思维方式。扫描右侧二维码，可以了解计算思维的基本概念及应用。

扫码阅读

计算思维

2.4 案例分析——京东大数据用户画像

目前，构建用户画像成为大数据驱动的用户行为分析的基础及主流方式之一。用户画像作为京东的大数据典型应用技术，在京东的运营中起着不可忽视的重要作用。京东大数据用户画像的应用给商家和用户提供了经营和购物参考。下面通过京东的案例探讨由大数据驱动的用户画像的构建。

京东作为全品类综合电商，形成了多维度全覆盖的数据体系。随着京东平台的运营，在电子商务越来越重视数据化运营的当下，储量丰富且日益增长的数据显然是京东的一笔宝贵的财富。同时，日益复杂的业务场景使得信息的处理挖掘变得更加重要。要把体量巨大的数据转化为具有商业价值的信息，用户画像就是一件利器。

京东的数据体系记录着用户持续的网络行为，用户画像据此来捕捉用户的个人基本特征信息、兴趣爱好、社交信息、消费习惯和偏好、收入与支付能力等。了解了用户的各种消费行为和需求，并针对特定业务场景对用户特征进行了不同维度的聚合，就可以把原本抽象、凌乱的数据提炼成可视化的用户形象，发现和把握蕴藏在细分用户群体中的巨大商机，从而指导和驱动业务运营。

那么，针对不同的用户群体应如何构建用户画像？京东大数据用户画像通常通过业务人员的业务经验和建立数据分析模型相结合的方法来构建，但二者有主次之分。

第一种情况是，以业务人员的业务经验判断为主来构建用户画像。当用户的网络行为与业务紧密相关时，就可以通过业务人员的业务经验构建用户画像。例如，基于用户的购买频次、购买金额及产生的利润等方面的数据指标，业务人员可以凭经验根据用户的价值对用户进行分级。那么，在用户分级画像的前提下，京东一方面可以根据用户价值的不同采取有针对性的营销策略，另一方面可以思考如何将低价值的用户发展成高价值的用户。又如，业务人员根据用户在下单前的浏览情况描述用户的购物特征：总是在短时间内比较少量的商品就下单的用户，具有"冲动型"的购物特征；总是在反复比较少量同类商品后才下单的用户，具有"理性型"的购物特征；总是在长时间内比较很多商品后才下单的用户，具有"犹豫型"的购物特征。在此前提下，京东可以针对具有不同购物特征的用户进行个性化的精准营销推荐，如给"冲动型"用户推荐畅销的同类商品，给"理性型"用户推荐口碑最好的同类商品等。

第二种情况是，以建立数据分析模型为主来构建用户画像。当用户的网络行为的因果关系比较复杂时，就需要通过建立数据分析模型来构建用户画像。例如，业务人员不能简单地凭借业务经验判断购买母婴类商品的用户家里一定有孩子，因为用户购买母婴类商品可能是为了送礼。因此，要判断用户家里是否有孩子，购买的母婴类商品是不是给自己的孩子用，需要根据用户的商品浏览情况、收货地址、商品评价等多种信息建立数据分析模型。当得出用户家里有孩子时，可以进一步根据用户购买母婴类商品的频次、商品标签，如奶粉的段数、儿童洗护用品的适用年龄等信息，建立孩子的成长模型，并针对孩子所处的不同成长阶段进行精准营销。

思考：

根据上述材料并结合你对用户画像的认识分析以下问题。

（1）什么是用户画像？电子商务企业构建用户画像有何作用？

（2）京东是如何构建用户画像的？

（3）在大数据的驱动下，建立数据分析模型的手段有哪些？

实践训练

为了更好地理解电子商务的技术支持的相关知识，下面我们将通过一系列实践训练来加以练习。

【实训目标】

（1）理解 IP 地址与域名的含义。

（2）熟悉 EDI 的系统组成与工作过程。

（3）进一步了解电子商务新兴技术及其应用。

【实训内容】

（1）列举 5 个常见的电子商务网站，写下其网址，并对网址结构进行分析，指出每部分对应的内容。

（2）绘制一份 EDI 的工作过程图，并说明每一部分所包含的内容。

（3）上网搜索企业应用电子商务新兴技术（如人工智能、物联网、大数据、云计算）的案例。要求叙述企业概况，介绍企业应用电子商务新兴技术的最新产品，以及该产品的功能和应用场景等。

知识巩固与技能训练

一、名词解释

1．TCP/IP　　2．IP 地址　　3．物联网　　4．大数据

二、单项选择题

1．连接互联网的每台主机都有唯一的地址标识，这个地址标识是（　　　）。

 A．IP 地址　　　　　　　　　　B．统一资源定位符

 C．用户名　　　　　　　　　　D．计算机名

2．下面说法正确的是（　　　）。

 A．主机的 IP 地址和主机的域名可以通过 DNS 转换

 B．主机的 IP 地址和主机的域名是完全相同的

 C．一个域名对应多个 IP 地址

 D．一个 IP 地址只能对应一个域名

3．EDI 软硬件系统中的（　　　）可以将计算机系统中的原始文件转换成平面文件。

 A．转换软件　　B．翻译软件　　C．通信软件　　D．信箱软件

4．AI（Artificial Intelligence）是指（　　　）。

 A．大数据　　　　B．物联网　　　C．云计算　　　D．人工智能

5．大数据处理的第一步是（　　　）。

 A．数据分析　　　　　　　　　B．数据解释与展现

 C．数据抽取与集成　　　　　　D．数据提现

三、多项选择题

1．互联网中常用的网络协议有（　　　）。

 A．SMTP　　　　B．HTTP　　　　C．HTML　　　　D．FTP

2．下列地址表示正确的是（　　　）。

 A．192.168.0.132　　　　　　B．192,168,0,132

 C．www.11850.com　　　　　D．11850.cn.com

3．EDI 系统的三要素包括（　　　）。

 A．EDI 标准　　　　　　　　B．软硬件系统

 C．增值网络系统　　　　　　D．通信网络系统

4．人工智能的应用领域包括（　　　）。

 A．在线客服　　　　　　　　B．图片智能搜索

 C．智能分拣机器人　　　　　D．智慧医疗

四、思考题

1. 根据本章的介绍，再结合从网上收集的知识，谈谈你对互联网的认识。

2. 企业电子商务系统的组成部分有哪些？

3. EDI 系统的三要素各有何作用？

4. 用户画像有哪些维度？

5. 根据你了解到的知识，思考人工智能除了应用于本章介绍的领域，还被应用于哪些领域。请对其在该领域的具体应用进行说明。

6. 谈谈你对 5G 和物联网的认识，并说说 5G 与物联网有何关系。

7. 人工智能、物联网、大数据与云计算未来的发展前景如何？

五、技能实训题

1. 登录中国科技网，分析该网站的主要应用领域及服务内容。

2. 查看 3 台不同计算机的 IP 地址，并分别指出各部分代表的内容。

3. 用流程图描述大数据处理的基本流程。

第 3 章　电子商务模式

【学习目标与要求】

◆ 熟悉 C2C 电子商务模式。

◆ 熟悉 B2C 电子商务模式。

◆ 熟悉 B2B 电子商务模式。

【案例导入】

电子商务狂欢活动——"双 11"购物节

2020 年 11 月 11 日是第 12 个"双 11"购物节，这一天小敏的购物车中放着累计 5 000 多元的商品，这些商品都是小敏在淘宝、天猫和京东等电商平台早早看中的，她就等着到当天 0:00 立即下单。像小敏一样等着在"双 11"这天抢购商品的用户不在少数，可以说大多数网购用户几乎都在翘首期盼这天的到来，他们早早地列好清单，"转战"各个电商平台，找到自己心仪的商品，准备迎接这个电子商务狂欢活动。

与实体企业相比，电子商务依托互联网进行交易，具有便捷、透明、实惠的特点，受到越来越多网购用户的喜爱。"××面膜预订超 10 万单！""××手机预订超 34 万台！"这些标语在网店中随处可见，更多的实体企业也开始加入电子商务的浪潮，从传统的商业模式过渡到电子商务模式，开通线上商店，以提高企业的销量与知名度等。2020 年，天猫"双 11"成交额达 4 982 亿元，同比增长 85.6%，再次创下新高；京东"双 11"成交额达 2 715 亿元，也创造了新的纪录。从最初数千万元的成交额到如今的数千亿元的成交额，疯狂增长的数据彰显了电子商务蓬勃发展的势头。

思考：

C2C、B2C、B2B 是电子商务中最重要和最基本的模式，涵盖了电子商务交易中的各个领域，你是否了解这些模式的运作方式？此外，如何才能运用这些模式经营和管理好电子商务企业？

3.1 C2C 电子商务模式

C2C 是个人消费者之间通过网络商务平台实现交易的一种电子商务模式。该模式需要为买卖双方提供在线交易的平台，在该平台，卖方可以自行提供商品信息，而买方可以自由选择商品并支付。

3.1.1 C2C 电子商务的特点

C2C 电子商务为买卖双方提供了电子化交易平台，以及一系列交易所需的配套服务。C2C 电子商务构成要素包括买卖双方和电子化交易平台，其特点主要表现为用户数量多、商品种类多、交易次数多，这三者之间联系紧密、相辅相成，下面分别进行介绍。

（1）用户数量多。由于 C2C 电子商务平台具有开放性与免费等特点，所以其用户数量多。从 C2C 电子商务平台的实际运营来看，几乎所有人都可以通过注册成为平台的用户，然后开设自己的网上店铺。

（2）商品种类多。C2C 电子商务平台的开放性，使得海量用户聚集于平台，并且个人商家入驻门槛低，商家入驻量大，所以在 C2C 电子商务模式下用于交易的商品种类非常丰富，但商品质量参差不齐。

（3）交易次数多。C2C 电子商务模式可以给用户带来较便宜的商品，在此模式下，用户的交易次数多、交易方式灵活，但单次交易的成交额较小。

3.1.2 C2C 电子商务的优势

C2C 电子商务的优势包括降低成本，经营时间、规模不受限制，信息收集便捷，扩大销售范围等。

1. 降低成本

C2C 电子商务优化了交易环节，它摒弃了传统商务活动中通过邮寄、传真或报纸等来传输信息的方式，大大降低了通信费用。同时，由于开设网上商店不需要支付店面租金，这在很大程度上减少了商家的资金投入，并且在这种模式下，商家的存货量一般不会太多，他们可以随时更换商品或补充货物，不需要占压太多的资金，从而降低了成本。

2. 经营时间、规模不受限制

C2C 电子商务基于互联网提供的经营环境，可以让商家在具备网络的前提下，随时随地进行经营活动，无需聘请专人看店就可以将店铺打理得井井有条。同时，商家可以通过增加商品种类及网店页面来扩大店面的经营规模，减少人力和装修成本。

3. 信息收集便捷

消费者在网店中购买商品时，会主动留下自己的联系方式，这样提高了消费者信息收集的效率。

4. 扩大销售范围

在互联网环境下，C2C 电子商务模式不受地域范围的限制，商家面对的消费者遍布全国甚至全世界，只要具有上网的能力，消费者就可能在互联网上搜索到商家的网店，成为商家的潜在客户。

3.1.3 C2C电子商务的营利模式

C2C电子商务平台是一种主要通过网站为买卖双方提供网络化的购销平台，以便消费者进行商品的选购。同时，为了保障交易双方的利益，C2C电子商务平台还提供了商品广告、第三方支付系统、交易监管和评级、网店装修等功能，这些功能也是C2C电子商务模式的基本盈利来源。

C2C电子商务的营利模式主要包括以下几项。

（1）服务费。C2C电子商务服务收入主要包括会员服务费、交易费以及增值服务费。其中会员服务费，即C2C电子商务平台为会员提供网上店铺、公司认证、产品信息推荐等多种服务组合，C2C网站根据这些服务内容收取费用；交易费主要是交易服务费，即商家在C2C电子商务平台上所达成的交易，平台会按照一定的比例收取一定的交易金额的提成费用；增值服务费主要是C2C电子商务平台因为商家提供增值服务而收取一定费用，如提供各种装修、推广、管理等付费工具。

（2）广告费。C2C电子商务平台拥有超高的人气、频繁的点击率和数量庞大的会员，其中蕴藏着巨大的商机，由此广告收入也是C2C电子商务的重要盈利来源。广告费即将网站中有价值的位置用于放置各种广告，平台根据版面、形式、发布时长等因素来收取一定的费用。

（3）搜索引擎竞价排名。C2C电子商务平台的产品品种繁多、款式纷杂，用户的搜索行为也会相对频繁。因此，C2C电子商务平台也拓展出了类似百度搜索引擎竞价排名的营利模式，使商家可以通过关键字竞价使自己的商品在消费者的搜索页面中排名靠前。

以上只是C2C电子商务的部分营利模式，不同的C2C电子商务网站的营利模式有所区别，但它们都是结合多种模式来运营的，以获得更高的网站流量、用户黏性和重复购买率等。值得注意的是，某个C2C电子商务企业如果创造了独一无二的营利模式，将难以被其他竞争者复制或超越。

📖 案例阅读

淘宝网的营利模式分析

扫码阅读

淘宝直通车

淘宝网自2003年5月10日创立至今，已成为我国最大的C2C电子商务购物平台，覆盖了我国绝大部分的网络购物人群。淘宝网之所以能够在庞大的C2C电子商务市场中一路领先，主要得益于创立初期商家免费入驻的策略。淘宝网的盈利来源主要包括广告收入、增值服务收入和支付宝资金沉淀收入。

1. 广告收入

由于商家数量以千万计，淘宝网的广告收入非常可观。淘宝网主要通过两种方式获得广告收入：一是根据网站流量和网站人群精度标定广告位价格，然后通过各种形式向商家出售广告位；二是允许商家竞价搜索排名，商家竞价收入更是占淘宝网广告总收入的50%以上，其中收入主要来源于淘宝直通车。淘宝直通车的展示位置，在PC端位于搜索结果页右侧和底部的"掌柜热卖"栏目中；在手机端，淘宝直通车的展示为搜索结果页中带有的"HOT"字样。

2. 增值服务收入

淘宝网为商家提供了种类丰富的增值服务，服务涉及店铺装修、商品管理、营销管理、企业管理、物流库存管理、短视频推广等方面。由于商家基数很大，所以任何一种服务开发出来都会迅速引来商家试用，并使其逐步养成使用习惯，从而为淘宝网带来稳定的现金流。

3. 支付宝资金沉淀收入

消费者在淘宝网购买商品后，其资金暂时停留在支付宝平台上。因此，淘宝网可以利用这部分资金进行再投资从而获得盈利。

3.1.4　C2C电子商务的交易流程

C2C 电子商务模式为买卖双方提供了一个在线交易平台，使商家提供商品在网上售卖，而消费者选择商品进行购买。C2C 电子商务企业只是在线交易平台的提供者，并不直接参与实际买卖。以淘宝网为例，其交易流程如下。

第 1 步：消费者注册并成为淘宝网会员。

第 2 步：商家在开设店铺后，在淘宝网上登记并展示欲出售的商品；消费者通过浏览、搜索，在淘宝网商品页面得到所需商品的详细资料。

第 3 步：消费者在检查商家的信用度后选择想要购买的商品。

第 4 步：消费者通过支付平台付款给商家；商家通过网站提供的物流配送服务，将消费者所购商品送到消费者手中。

第 5 步：消费者在确认收货后，对商家的商品和服务进行评价；商家在收款后对消费者进行评价。

淘宝网交易流程的模式具有很强的复制性，这种模式也是国内 C2C 电子商务的常用交易流程，如图 3-1 所示。

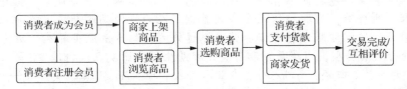

图 3-1　国内 C2C 电子商务的常用交易流程

3.2　B2C 电子商务模式

B2C 是企业通过网络针对个人消费者实现价值创造的电子商务模式，它以电子数据流通的方式实现企业与消费者之间的各种商务活动。

扫码看视频

B2C 电子商务
模式

3.2.1　B2C 电子商务的优势

从买卖关系来看，B2C 主要包括企业（卖方）和消费者（买方），我们可从二者入手来分析 B2C 电子商务与传统的企业销售相比所具有的优势。

（1）对企业而言，B2C 电子商务能够减少批发商、零售商等传统供应链中的中间商环节，让品牌商和厂家直面消费者，从而降低采购成本和销售成本。同时，传统企业的销售渠道通常是有限的，B2C 电子商务拓展了销售渠道，覆盖了更多的消费群体，销售范围几乎不受企业大小的限制，这样有利于打造良好的线上品牌形象。企业还可以通过动态监测商品的点击率和购买率、消费者的反馈，随时调整商品的生产或进货计划，从而减少库存积压。

（2）对消费者而言，减少传统供应链中的中间商环节，降低了消费成本，使消费者在很大程度上得到了更多价格与服务上的优惠。同时，消费者足不出户就可以充分了解和对比自己感兴趣的商品的信息，包括商品的外观、规格、功能及价格等。此外，在现实生活中买不到或很难买到的商品，几乎都可以在 B2C 电子商务平台找到，而且消费者还能获得更多的选择。

3.2.2　B2C 电子商务的主要分类方法

按照不同的分类标准，B2C 电子商务的类型有所不同，下面介绍几种主要的分类方法。

1. 按企业与消费者的买卖关系分类

按企业与消费者的买卖关系分类，我们可以将 B2C 电子商务分为卖方企业对买方个人的电子商务和买方企业对卖方个人的电子商务两种模式。

（1）卖方企业对买方个人的电子商务模式。该模式是指由企业出售商品或服务给消费者，这是最常见的一种 B2C 电子商务模式，采用此模式的较为典型的网站有京东商城和当当网。

（2）买方企业对卖方个人的电子商务模式。该模式是指企业在网上向个人求购商品或服务的一种电子商务模式，主要用于人才招聘，采用此模式的典型网站有智联招聘、前程无忧等。

案例阅读

职业发展平台——智联招聘

智联招聘是国内较大的职业发展平台，它为用户的整个职业生涯提供相关职业及发展机会，主营业务包括网络招聘、报纸招聘、校园招聘、猎头服务、招聘外包、企业培训及人才测评等。智联招聘还在我国首创了人力资源高端杂志《首席人才官》，是拥有政府颁发的人才服务许可证和劳务派遣许可证的专业服务机构。近年来，智联招聘积极进行战略转型，以覆盖求职者整个职业生涯为出发点，打造"3的三次方"产品模型，即为学生、白领、高端人才（专业人士或管理人士）匹配3类产品——测评（我是谁）、网络招聘（我能干什么）、教育培训（我如何进步），并通过线上、线下渠道，为职场人士的全面发展打造平台，从而实现从"简历仓库"到"人才加工厂"的战略转型，为我国人才市场打造一个闭环生态链。

此外，智联招聘大数据报告拥有20余年的人力资源数据积淀，覆盖我国各地区全行业范围，采用大数据分析和调查报告相结合的研究方法，受到众多国内外媒体的称赞。总体来说，智联招聘的优势包括以下4点。

（1）服务专业。成立于1994年的智联招聘是一家人力资源服务商，它致力于发展国内的人力资源服务，率先将先进的人力资源服务理念与经验同我国的实际情况相结合，以确保专业、迅速、准确地为企业找到合适的人才。

（2）覆盖面广。智联招聘通过与搜索引擎、社交网站等合作，全方位、多渠道地锁定各职业发展阶段的求职人群。同时，智联招聘在全国拥有近40家分公司，南北两大互动营销中心，其经营范围覆盖200多座城市，形成了"线上＋线下＋无线"3个渠道联动的职业发展平台。

（3）可信赖度高。智联招聘官方网站显示其日均活跃访客数达到630万以上，是我国备受欢迎的招聘网站，同时有450万余家企业在智联招聘发布招聘职位。

（4）人才数量多。20余年的人才储备历史，使智联招聘拥有强大的白领人才库。目前，智联招聘拥有超过1.8亿的注册用户，用户的平均学历及综合素质较高。

2. 按交易客体分类

按交易客体分类，我们可以将 B2C 电子商务分为无形商品或服务的电子商务模式、有形商品或服务的电子商务模式。这两种电子商务模式的含义及特征如下。

（1）无形商品或服务的电子商务模式。电子客票、网上汇款、网上教育、计算机软件和数字化视听娱乐商品等可以在网上直接进行交易的商品或服务都属于无形商品或服务，其电子商务模式主要包括网上订阅模式、付费浏览模式、广告支持模式和网上赠与模式 4 种。

① 网上订阅模式。网上订阅模式是消费者通过网络订阅企业提供的无形商品或服务的模式，消费者可以直接在网上消费商品或服务。该模式常被一些在线机构用来销售报纸、杂志、有线电视节目和课程等，如网易云课堂、淘宝大学等在线服务商，它们为消费者提供了关于互联网、电子商务和淘宝开店等的知识。

② 付费浏览模式。付费浏览模式是指企业通过网站向消费者提供按次收费的网上信息浏览和信息下载服务的电子商务模式。付费浏览模式让消费者根据自己的需要，在网上有选择地购买一篇文章、一本书的内容或者参考书的某一页。消费者在数据库中查询的内容也可付费获取。另外，一次性付费参与游戏娱乐也是很流行的付费浏览方式之一，如红袖读书、期刊网等网站就采用该方式营利。

③ 广告支持模式。广告支持模式是指在线服务商免费向消费者提供在线信息服务，其收入完全来源于网站上的广告，百度、谷歌等在线搜索服务网站就采用了此模式。

④ 网上赠与模式。网上赠与模式是指企业借助互联网的优势，向用户赠送软件产品，以此来提高企业的知名度和市场份额。由于软件产品属于无形的商品，企业只需投入较低的成本，就能推动产品的发展，如某些商家向会员提供免费试用服务，这些会员中的很大一部分后来都成了付费用户。

（2）有形商品或服务的电子商务模式。有形商品是指传统的实物商品。在有形商品的电子商务模式下，查询、订购和付款等活动都可以通过网络进行，但最终的交付不能通过网络实现。根据经营主体的不同，有形商品的电子商务模式可以分为独立 B2C 网站和 B2C 电子化交易市场。

① 独立 B2C 网站。独立 B2C 网站是指由企业自行搭建的网上交易平台，需要企业具有较强的资金和技术实力，能够自行完成网站的开发、建设和维护等一系列活动。

② B2C 电子化交易市场。B2C 电子化交易市场也称为 B2C 电子商务中介或 B2C 电子市场运营商，它是指在互联网环境下利用通信技术和网络技术等手段把参与交易的买卖双方聚集在一起的虚拟交易环境。B2C 电子化交易市场一般不直接参与电子商务交易，而是由专业中介机构负责电子市场的运营，其经营重点是聚集入驻企业和消费者，扩大交易规模。常见的 B2C 电子化交易市场有天猫等。

3. 按商品覆盖品类和品牌的多少分类

按商品覆盖品类和品牌的多少分类，我们可将 B2C 电子商务分为品牌垂直电子商务商城、平台型综合电子商务商城和平台型垂直电子商务商城。表 3-1 所示为按商品覆盖品类和品牌的多少分类的电子商务模式对比。

表 3-1　按商品覆盖品类和品牌的多少分类的电子商务模式对比

模式	代表平台	情况说明
品牌垂直电子商务商城	小米商城、华为商城	销售单品类、单品牌产品，需要商城具有强大的品牌影响力
平台型综合电子商务商城	京东商城、天猫、亚马逊	销售服装、化妆品、数码产品和图书等品类丰富的产品，且每个品类下有很多品牌
平台型垂直电子商务商城	贝贝网	品牌丰富，且针对单品类产品进行了细分，具有"小而精"的优点

3.2.3　B2C电子商务的营利模式

　　B2C电子商务的营利模式主要有4种，分别是网络广告收益模式、商品销售营业收入模式、出租虚拟店铺收费模式和网站的间接收益模式。

　　（1）网络广告收益模式。这种模式是大部分B2C电子商务网站的主要营利模式，其成功与否取决于网站访问量的多少及广告是否能够受到关注。

　　（2）商品销售营业收入模式。这种模式主要通过赚取采购价与销售价之间的差价和交易费来获得利润，亚马逊、当当网等都采用了这种模式。

　　（3）出租虚拟店铺收费模式。这种模式是B2C电子化交易市场的主要营利模式，这些网站在销售产品的同时也出租虚拟店铺，通过收取租金来赚取中介费。例如，天猫、京东和当当网等网站都向入驻的商家收取了一定的服务费和保证金。

　　（4）网站的间接收益模式。网站的间接收益模式是指通过以上3种方式以外的方式营利，如网上支付。天猫有大部分用户都通过支付宝付款，这样给网站带来了巨大的利润。该模式主要利用因用户付款和网站将款项支付给卖家的时间差产生的巨额资金来进行其他投资，进而获得利润。

3.2.4　B2C电子商务的交易流程

　　B2C电子商务的交易流程主要包括B2C电子商务的网上购物流程和B2C电子商务的后台管理流程，二者的示意图分别如图3-2和图3-3所示。

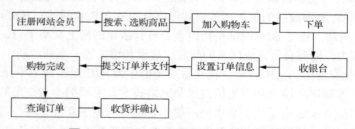

图3-2　B2C电子商务的网上购物流程

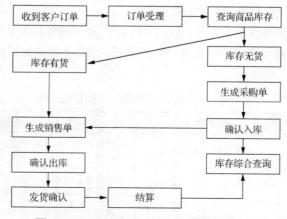

图3-3　B2C电子商务的后台管理流程

3.3 B2B 电子商务模式

扫码看视频

B2B 电子商务
模式

B2B 是指企业与企业之间通过互联网或私有网络等现代信息技术手段进行的各种商务活动，如谈判、订货、签约和付款等。

3.3.1 B2B 电子商务的特点

B2B 电子商务是电子商务领域中应用较广泛且很受企业重视的商务模式。B2B 电子商务平台的出现，使企业可以在网上为每笔交易找到最佳合作伙伴，完成从订购到结算的全部交易行为。B2B 电子商务的特点主要表现为交易金额大、交易对象广泛、交易操作规范和交易过程复杂等方面，下面分别进行介绍。

（1）交易金额大。相较于 B2C 和 C2C 电子商务模式，B2B 电子商务模式下的交易次数相对较少，但单次交易金额往往会大于前两者。

（2）交易对象广泛。B2B 电子商务模式的交易对象可以是任何一种商品，而且商品可以是成品，也可以是原材料或半成品。

（3）交易操作规范。相较于传统的企业间的交易，B2B 电子商务模式的交易操作更为规范化、标准化及流程化。在 B2B 电子商务模式下，买卖双方能够在网上完成整个业务流程，包括最初接触、沟通、讨价还价、签单、交货和售后服务等环节，这样大大节省了企业的经营成本及时间，并提高了工作效率。

（4）交易过程复杂。相对于 B2C 电子商务模式和 C2C 电子商务模式来说，B2B 电子商务模式不仅涉及的交易金额一般较大，还会涉及交易谈判、合同签订和售后服务及赔付等环节，因此交易过程相对较为复杂。

3.3.2 B2B 电子商务的优势

B2B 电子商务的实施可以降低企业的成本并增加企业的收入，这种模式的优势有降低企业的成本、强化供应链管理和缩短产销周期等方面。

（1）降低商务成本。企业的商务成本一般包括采购成本与库存成本。传统企业间进行贸易往来往往要耗费大量的资源和时间，而在 B2B 电子商务模式下，企业通过与上游的供应商和下游的客户建立电子商务系统，使得买卖双方都能够自主地在网上完成整个业务流程，从而减少了买卖双方为达成交易而投入的人力、物力和财力等资源。同时，企业还能优化内部采购体系和库存体系，通过批量采购的方式来优化采购流程，从而实现高效的企业运转与库存控制，并降低成本。

（2）强化供应链管理。在 B2B 电子商务模式下，企业可以很明确地获悉所有商品的情况，进一步预测市场供求信息，以便对库存和物流进行更科学的规划和管理，从而提高经济效益。最理想的 B2B 电子商务模式是最大限度地缩减企业库存，创造高效率的无形市场，实现零库存状态下的即时生产（Just In Time，JIT）。

（3）缩短产销周期。在传统商务模式下，商品从设计、生产、上架到出售，需要经过很多环节，产销周期较长。而在 B2B 电子商务模式下，企业可实现 24 小时不间断运作，促进各个环节之间的交流、企业资金流和物流等的运转，从而缩短产销周期。

3.3.3　B2B电子商务的主要模式

B2B电子商务模式不仅市场规模庞大，还是目前企业改善竞争条件、建立竞争优势的主要方式。目前，B2B电子商务的主要模式包括面向制造业或面向商业的垂直B2B、面向中间交易市场的B2B两种。

（1）面向制造业或面向商业的垂直B2B。该模式分为两个方向，即上游的供应商和下游的经销商。生产商或零售商与上游的供应商形成供货关系，生产商与下游的经销商形成销货关系。

（2）面向中间交易市场的B2B。该模式将各个行业中相近的交易过程集中到一个场所，为采购方和供应方提供了交易的机会，也称为水平B2B。

3.3.4　B2B电子商务的交易流程

B2B电子商务的交易流程如图3-4所示。

图3-4　B2B电子商务的交易流程

案例阅读
慧聪网的特色产品与服务

慧聪网成立于 1992 年，是国内优秀的 B2B 电子商务服务提供商，专注于电子商务、金融、房地产及防伪四大领域。慧聪网目前的注册用户数已超过 2 700 万，其覆盖行业超过 60 个。慧聪网之所以有如此大的用户基数，是因为该平台为用户提供了多样的特色产品与服务，如慧生意、互通宝、慧企通等。

（1）慧生意。慧生意被定义为"被装进口袋的业务员"，是慧聪网为企业用户提供在网上做生意、结商友的诚信平台。企业可以通过慧生意建立起具有产品展示、企业推广、在线洽谈、身份认证等多种功能的网络商铺。

（2）互通宝。互通宝是慧聪网用户通过广告后台自主设定多维度目标关键词，免费展示商品信息，并通过大量曝光来吸引潜在用户的一种操作灵活、按点击付费的营销模式。其核心产品包括推广管理、全网定投、增效商城等。

（3）慧企通。慧企通是慧聪网携手腾讯于 2018 年 12 月推出的一款全新产品——企业工作台。慧企通采用自动值守方式，在访客进店时发送提醒消息至慧企通客户端，并自动进行访客记录。一键复制 QQ 好友至慧企通可帮助企业更好地管理用户。慧聪网与腾讯携手，帮助企业把店铺开在 QQ 上，将企业信息与商品展示给访客，让访客在沟通中即可了解企业信息与商品。慧企通服务后台通过动态更新每一位潜在用户的跟进状态，让潜在用户的转化和流失有迹可循，使企业能根据丰富的用户信息和跟进状态，适时地针对不同用户进行二次营销，不遗漏任何销售机会。

3.3.5 企业开展 B2B 电子商务的基础及 B2B 电子商务的营利模式

企业开展 B2B 电子商务需要一定的基础，下面我们主要对这些基础进行介绍，并对 B2B 电子商务的营利模式进行分析，以帮助读者熟悉该模式下的企业运营方式。

1. 企业开展 B2B 电子商务的基础

企业在什么情况下适合开展 B2B 电子商务？要回答这个问题，我们可以考虑以下 3 个因素。

（1）企业的信息化水平。信息化水平是指企业除了需要有最基本的网络基础设施和电子商务平台，还需要有信息化、自动化的后台系统，如企业资源计划（Enterprise Resource Planning，ERP）系统、供应链管理（Supply Chain Management，SCM）系统和计算机集成制造系统（Computer Integrated Manufacturing Systems，CIMS）等。这些系统是企业开展 B2B 电子商务的前提条件，有助于企业快速、高效地开展电子商务活动，为交易双方提供便利。

（2）企业现有的框架结构。开展 B2B 电子商务前，企业需要明确自身现有的框架结构，分析 B2B 电子商务对企业现有商务模式的影响，判断二者是否会产生冲突，导致原本的销售渠道混乱。当现有商务模式与 B2B 电子商务良性互补、互相促进、共同开发市场时，企业应当考虑开展 B2B 电子商务。

（3）企业的贸易伙伴开展 B2B 电子商务的情况。除了企业自身的意愿，企业的上、下游供应链贸易伙伴开展 B2B 电子商务的情况，也是决定企业是否开展 B2B 电子商务的一个因素。如果贸易伙伴具备开展 B2B 电子商务的条件，并且准备或已经开展了 B2B 电子商务，企业就应该考虑开展 B2B 电子商务。反之，企业就要慎重考虑新模式下与贸易伙伴的往来是否会受到影响。一般来说，电子商务在企业中的推广应用程度和普及程度大小是能否获取电子商务效益的关键。

2. B2B 电子商务的营利模式

目前，B2B 电子商务的营利模式主要包括会员费、广告费、竞价排名费和信息化技术服务费等。

（1）会员费。进行电子商务交易的前提是拥有电子商务平台，因此企业需要注册成为 B2B 网站的会员，缴纳一定的会员费。这种营利模式是 B2B 电子商务的主要收入来源之一，如阿里巴巴向入驻企业收取诚信通会员费。

（2）广告费。广告费也是 B2B 电子商务的主要收入来源之一，广告包括文字广告、图片广告、动态 Flash 广告、邮件广告和弹出广告等多种形式，B2B 网站一般可根据广告在网页中的位置、类型等收费。

（3）竞价排名费。每个企业都希望自己的商品能够在 B2B 网站中排名靠前，因此，为了促进商品的销售，也为了 B2B 网站自身营利，网站将对部分开通竞价排名的会员，根据交费的多少来进行排名的调整。如阿里巴巴为诚信通会员提供了竞价排名服务，参与竞价的会员企业将具有优先展示商品的特权。

（4）信息化技术服务费。信息化技术服务费主要包括企业建站服务费、商品行情资讯服务费、企业认证费、在线支付结算费和会展费等一系列费用。不同的 B2B 网站的信息化技术服务费根据其功能的不同可能有所差异，但基本都包含以上费用。

3.4 案例分析——天猫的商业模式分析

天猫是阿里巴巴旗下的一个综合性购物网站，它整合了数万家品牌商、生产商，为商家和消费者提供一站式解决方案。天猫依托庞大的用户量，通过独特、创新的理念，迅速成长为国内和国际上知名的电子商务企业。在 B2C 电子商务市场，天猫连续多年维持 50% 的市场份额。本案例将从天猫的业务模式、营利模式和核心竞争力等方面对天猫的商业模式进行分析。

3.4.1 天猫的业务模式

天猫属于平台型 B2C，它向企业提供第三方交易平台，并不负责销售等相关环节，企业通过平台直接向消费者销售商品或服务，平台起信誉保证和中间联系人的作用。天猫的定位比较清晰，对内，它是阿里巴巴在实物消费领域的"主战场"，承担着促进 B2C 电子商务发展的重担；对外，它被打造成一个多元化、品质和服务都非常好的时尚虚拟商圈。与淘宝的"集市"模式相对应，天猫是一家大型"商城"，这里不仅有各种国内外品牌的旗舰店，也有刚刚起步的创

扫码阅读

天猫的诞生

业者的全新品牌，但入驻天猫有非常严格的申请条件，且入驻门槛较高。天猫因为有详细的各经营种类的招商标准以及行业标准，对入驻商家进行了充分约束，所以比淘宝更有品质保障。

在天猫销售的商品种类齐全，包括服装、家居用品、珠宝饰品、化妆品、手机数码、家用电器、建材、食品、母婴用品及文娱用品等。就目标用户而言，随着商家入驻条件的提高，天猫的目标用户定位是追求品质、对服务有较高要求、消费能力较强的人群，包括都市白领等，

这些人是所有消费者中较为优质的资源，他们通常消费能力强，善于接受新事物，对服务的要求高，主要分布在一线城市以及经济发展水平较高的省会城市，年龄集中分布在 20 ～ 39 岁这个年龄段内。

在物流方面，天猫采用第三方物流模式，利用第三方物流企业的运输、仓储连锁经营网络，全部由物流企业提供配送服务。为了提高配送效率，优化消费者的物流体验，阿里巴巴致力于搭建菜鸟网络，并在各地建设仓储系统，加强对物流环节的控制，为消费者提供更优质的物流服务。目前，天猫的部分商品已支持由菜鸟网络配送。

3.4.2 天猫的营利模式

天猫以较高的市场份额和较多的注册用户为依托，提供更加符合商家要求的服务。而天猫的很大一部分收入都来自服务费。另外，广告收入、关键词竞价等营销推广费用、其他盈利也是其重要的收入来源。

1. 服务费

天猫的服务费主要有软件服务年费和软件服务费。软件服务年费即商家在入驻时缴纳的年费，包括 3 万元 / 年和 6 万元 / 年两档（2020 年的数据），商家需要在入驻时一次性缴纳。天猫收取的软件服务年费将有条件地返还给商家。另外，软件服务费也是天猫作为 B2C 平台的主要收入来源。软件服务费也称实时划扣技术服务费，简单来说，就是入驻天猫的商家每达成一笔交易，天猫从商家处提取的交易佣金。两种服务费具体的收费情况如下。

（1）软件服务年费。商家在天猫经营必须缴纳年费。为鼓励商家提高服务质量和扩大经营规模，天猫会将软件服务年费有条件地返还给商家。例如，男装的服务年费为 60 000 元，销售额达到 360 000 元，享受 50% 年费折扣优惠，即返还 30 000 元；销售额达到 1 200 000 元，享受 100% 年费折扣优惠，即返还 60 000 元。

（2）软件服务费。商家在天猫经营需要按照其销售额（不包含运费）的一定百分比（简称"费率"）缴纳软件服务费。例如，男装的软件服务费费率为 5%，一件男装的成交额为 500 元，天猫将收取 25 元的软件服务费。

天猫的软件服务年费和软件服务费可被视为佣金收取方式，这种方式在线上和线下零售平台是十分普遍的。但在天猫初创时，线上交易市场仍然是新鲜的事物，收取佣金无疑是一个充满创新性、冒险性的举动。淘宝就曾利用免费策略战胜了无数劲敌，免费也成为当时电商网站吸引商家入驻的一大手段。因此，当时天猫收取服务费面临着巨大的压力，然而在今天看来，天猫当时的收费策略是成功的。

2. 广告收入、关键词竞价等营销推广费用

为了更好地展示店铺，天猫为商家提供了一些营销推广机会，如商品展示广告、品牌展示广告、旺旺植入广告等。除此之外，天猫允许商家付费购买关键词，以提高自身在搜索结果中的排名和增加店铺的流量，这也是天猫非常重要的收入来源。

3. 其他盈利

另外，天猫还通过提供一些店铺工具进行盈利，如生意参谋为商家提供数据披露、分析、诊断、建议、优化、预测等一站式数据商品服务。

3.4.3　天猫的核心竞争力

天猫的核心竞争力有以下 3 点。

1. 海量的用户

海量的用户是支撑天猫持续运营的基础。天猫在开展平台业务时，共享了淘宝网的用户群，注册用户量非常庞大。同时，依托海量的用户，天猫提供优质的商家、丰富的商品资源和个性化的服务，以培养出优质的用户群，然后通过优质的用户群吸引优质商家入驻。

2. 优质的服务

天猫提供即时通信工具——阿里旺旺，以方便买卖双方通过即时沟通磋商交易的相关事宜，从而使交易更加透明化、更加令人放心。同时，天猫不仅通过支持支付宝在线支付为消费者提供了安全支付的保障，还提供了现金担保的功能，即支持 7 天无理由退换货，这解决了买卖双方不信任彼此的问题。为了解决网络交易的诚信问题，让商家尽可能提高自己的服务质量，保护消费者的利益，天猫还开发了店铺评价体系。

此外，天猫有严格的申请条件和违规处罚制度，有详细的各经营种类的招商标准及行业标准，对入驻商家进行了充分约束。天猫根据违规的严重程度将违规行为分为严重违规和一般违规，采用扣分制，详细地列出不同行为的扣分说明，根据扣分的累加对违规商家进行相应的处罚，情节严重的则强制其退出天猫。

3. 强大的品牌传播能力

品牌的塑造是企业营销能力的体现，品牌价值高对电商而言意味着更多的流量，以及大量黏性高的消费者群体。天猫依托强大的品牌传播能力，能够轻松塑造品牌，提高品牌的知名度和影响力。同时，海量的可供消费者选择且价格令人满意的商品，使品牌销量直线上升。

思考：

根据上述材料并结合你对天猫的了解分析以下问题。

（1）天猫的佣金收取方式为何能取得成功？

（2）天猫的目标用户有何特征？

（3）天猫作为平台型 B2C，有何优劣势？

实践训练

为了更好地理解电子商务模式的相关知识，下面我们通过在各大电子商务平台进行实践训练来加以学习。

【实训目标】

（1）熟悉不同电子商务模式下的典型电子商务平台。

（2）掌握不同电子商务模式下电子商务平台的业务模式和营利模式。

（3）对比分析不同电子商务模式的优缺点。

【实训内容】

（1）分小组进行实训，分别针对 B2B、B2C、C2C 这 3 种电子商务模式，列举至少 3 个典型代表进行分析，主要分析其业务模式和营利模式的基本情况。

（2）设计表格，对所分析的电子商务网站的服务内容、目标用户和营利模式的异同进行对比和总结，电子商务网站的商业模式分析如表 3-2 所示。

表 3-2　电子商务网站的商业模式分析

商业模式	典型代表	服务内容	目标用户	营利模式

知识巩固与技能训练

一、名词解释

1. B2C 电子化交易市场　　2. 水平 B2B　　3. 有形商品或服务　　4. 无形商品或服务

二、单项选择题

1. 下列属于 B2B 电子商务网站的是（　　）。

   A. 阿里巴巴　　B. 慧聪网　　　C. 环球贸易网　　D. 以上都不是

2. 下列不属于 B2C 电子商务网站的是（　　）。

   A. 天猫　　　　B. 快塑网　　　C. 1 号店　　　　D. 唯品会

3. 下面关于 B2B 电子商务的说法正确的是（　　）。

   A. 企业只要想开展 B2B 业务，就可以通过 B2B 平台进行业务拓展

   B. 在 B2B 电子商务模式下，企业可以通过批量采购来优化企业内部的采购体系和库存体系

   C. B2B 电子商务平台可以通过广告费、中间费用和技术服务费等进行营利

   D. B2B 电子商务的主要模式分为面向制造业或面向商业的垂直 B2B、面向中间交易市场的 B2B

4. 按无形商品或服务的电子商务模式划分，淘宝大学属于（　　）。

   A. 网上订阅模式　　　　　　　B. 付费浏览模式

   C. 广告支持模式　　　　　　　D. 网上赠与模式

5. 电子商务平台在网站建设方面应该做到（　　　）。

A. 在保证消费者购物安全的前提下可以忽略其他的问题

B. 向消费者收取一定的交易费

C. 体现网络购物与在现实生活中购物的区别

D. 购物界面简洁、操作方便

三、多项选择题

1. 按照交易客体，B2C 电子商务可以分为（　　　）。

A. 买方企业对卖方个人的电子商务模式

B. 卖家企业对买方个人的电子商务模式

C. 有形商品或服务的电子商务模式

D. 无形商品或服务的电子商务模式

2. C2C 电子商务的营利模式包括（　　　）等。

A. 会员费　　　　　　　　　　　B. 网络广告费

C. 增值服务费　　　　　　　　　D. 特色服务费

3. B2B 电子商务的营利模式包括（　　　）等。

A. 会员费　　　　　　　　　　　B. 广告费

C. 物流费　　　　　　　　　　　D. 信息化技术服务费

4. 无形商品或服务的电子商务模式主要包括（　　　）。

A. 广告支持模式　　　　　　　　B. 网上订阅模式

C. 网上赠与模式　　　　　　　　D. 付费浏览模式

5. 下面属于平台型综合电子商务商城的有（　　　）。

A. 小米商城　　　　　　　　　　B. 京东商城

C. 聚美优品　　　　　　　　　　D. 亚马逊

四、思考题

1. C2C 电子商务的交易流程是怎样的？分别从商家和消费者的角度进行阐述。

2. 在了解了 B2C 电子商务的相关知识后，谈谈你对 B2C 网站的认识。

3. 列举目前主要的 B2B 电子商务模式，并进行分析。

4. 企业在开展 B2B 平台业务时如何提高竞争优势？

五、技能实训题

1. 在淘宝网找到一件需要的商品并购买，了解电子商务平台的买家操作流程。

2. 分别在天猫和京东商城购买需要的商品，并根据自己的购物经历写出这两个平台在购物环境、购物流程和购物体验方面的异同。

第 4 章　新兴电子商务

【学习目标与要求】

◆ 了解新零售并掌握其主要的运营模式。

◆ 熟悉跨境电子商务的交易模式、操作流程，以及跨境物流和支付。

◆ 掌握移动电子商务基础技术与移动电子商务的常见应用。

◆ 掌握社交电商的主要模式、运营基础与客户服务。

◆ 掌握直播电商的商业形态及运营。

【案例导入】

天猫新零售

提起新兴电子商务，不得不谈及新零售。2016 年 10 月，马云在云栖大会演讲中首次提出"新零售"的概念，虽然已过去几年时间，但是新零售至今仍然是一个"年轻"的事物。作为落地新零售的主力军，天猫秉承"引领商业全域转型"的理念，积极探索、测试、推广新零售，带动大量社会资源和整个零售消费行业，并参与到数字化经济改造的时代洪流中，为企业完成新零售模式的转型提供了样本。

就天猫而言，其新零售有两个显著的特征。一是实现线上、线下"同款、同价、同质、同服务"的销售体系。消费者进行网购的主要原因之一是图方便、实惠，而其在线上、线下比价的过程中延长了购买决策时间，从而削弱了消费冲动，降低了销售转化率，而线上、线下同品同价就打消了消费者对价格的顾虑。二是通过打通线上、线下多维度场景，围绕衣、食、住、行等方面细分消费场景，针对不同需求的消费群体构建全面且完整的画像，并通过新的营销模式，为消费者带来个性化的购物体验。例如，消费者在天猫智慧快闪店拿起一件衣服，店内的智能屏幕便可自动识别衣服品牌，显示其价格、库存等信息，并提示消费者如何穿搭。消费者可以试穿店内的衣服，如果对衣服满意，就可以点击屏幕购买，系统会跳转到该品牌的天猫店，消费者用手机扫码即可下单，也可以选择直接在线下购买。

思考：

你知道什么是新零售吗？新零售有哪些特点？目前，新零售有哪些运营模式？

4.1 新零售

大家普遍认为新零售是传统零售与"互联网 +"相结合的产物，而"互联网 +"就是"互联网 + 各个传统行业"，但"互联网 +"并不是简单地将二者相加，而是利用信息通信技术及互联网平台，让互联网与传统行业进行深度融合，创造新的发展生态。

4.1.1 新零售的概念

对于新零售，目前常见的解释是，企业依托于互联网，通过运用大数据、人工智能等先进技术，对商品的生产、流通与销售过程进行升级、改造，进而重塑业态结构与生态圈，并将线上服务、线下体验及现代物流进行深度融合的零售新模式。线上、线下均拥有相应的店铺是新零售的必要条件。

抛开抽象的概念，我们该如何具体地认识新零售？从字面上看，新零售就是"新的零售模式"，是对以往零售模式的升级、创新，是一种更高效的零售模式。但不管新零售以何种模式呈现，它的本质都是为消费者提供需要的商品和服务的交易活动。那么，新零售究竟"新"在哪里？

（1）线上、线下融合。新零售将线上消费与线下体验融合，大数据、人工智能等技术在零售终端、物流环节的应用，使企业可以获取消费者线上与线下的行为数据，并实现线上、线下信息的通用共享。对大量的数据进行收集、监测以及分析，可以帮助企业更有针对性地进行店铺运营和消费者管理。

扫码阅读

"新零售"之前零售行业的三次变革

（2）多元化的消费者触达方式。例如，电子商务平台界面信息的推送更加精准；商场的导购机器人使购物更有趣；商品可通过线上、线下同时触达消费者；"无人便利"的零售方式使消费者的消费更加便捷；AR、VR 等技术的"加持"，优化了消费者虚实结合的消费体验。

（3）物流和信息流紧密结合。在传统的电子商务中，线下的物流和线上的信息流是分开的，线下的商品流通信息和线上的商品流通信息可能存在差异。而新零售模式将物流和信息流紧密结合，使商品从生产到销售的各个环节都可以通过线上信息系统追溯，并通过生产商、供应商、销售商等的协同配合，进一步降低运营成本，提高服务效率。

（4）智能化的仓储物流系统。机器人分拣、商品智能识别及智能化的订货系统等，促使新零售模式下的仓储物流系统愈加智能化，节省了人力分拣商品、盘点库存以及仓储物流日常人员配置与维护的成本，以便进一步让利于消费者，提高企业效益。

不管如何定义新零售，新零售都考验的是企业的数字化程度、对数据的挖掘能力、线上平台的统筹能力以及线下店铺和物流体系的协同反应能力。新零售让企业可以用更高的效率和更有效的方式，帮助消费者摆脱特定时间、空间和形式的束缚，通过不同购买渠道和支付手段获得一致的价格、服务与权益，进而随时随地都能满足消费者在整个消费过程中的社交、休闲、娱乐等需求。

4.1.2 新零售产生的动因

国内网购交易规模增速放缓，传统电子商务发展的"天花板"已经依稀可见，对电子商务企业而言，唯有变革才有出路。探索运用新零售模式来推动消费体验升级，推进消费方式变革，构建零售业的全渠道生态格局，就成了传统电子商务企业实现自我创新发展的一次有益尝试。总的来说，新零售产生的动因主要包括以下 3 个方面，如图 4-1 所示。

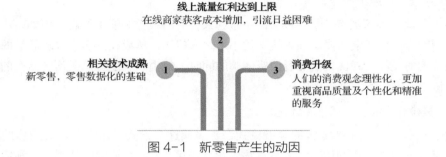

图 4-1　新零售产生的动因

4.1.3　新零售的特点

具体来说，新零售呈现以下 5 个特点。

（1）渠道一体化。企业能够有效连接线上网店和线下实体门店，打通各类零售渠道终端，实现线上和线下数据的深度融合；在线上可以进行宣传和销售，在线下则可以进行企业形象展示并为消费者提供服务体验。

（2）经营数字化。新零售就是将零售数字化，通过数字化管理，企业能够构筑多种零售场景，从而沉淀商品、会员、营销、交易、服务等数据，为运营决策提供丰富、有效的数据依据。

（3）卖场智能化。卖场智能化主要指引入智能触屏、智能货架、智能收银系统等物联设备，增强卖场体验感，提高购物便捷性。企业通过大数据分析、云分析，可以更便捷、有序地管理库存等。

（4）高效的运营模型。商品管理是零售运营的核心，损耗是衡量运营水平的核心指标。在新零售模式下，企业通过建立运营模型，能够预测商品的销量和损耗。另外，在每个门店管理者的手机上安装用于商品管理的 App，能够帮助门店更加精准地下单。在未来，甚至可能实现人工智能自动下单。

（5）高效的赋能体系。赋能是新零售的典型特征，一线员工通常是企业最重要的赋能对象。例如，儿童零售品牌孩子王的会员贡献了超过 95% 的成交额，其重要策略之一就是通过赋能，将员工转换成育儿顾问，同时建立管理机制，使育儿顾问与会员形成一对一的服务关系。此外，孩子王用数字化手段帮助员工管理会员，为每个员工提供专业、全面的母婴知识库，帮助员工回答各种咨询问题。

4.1.4　新零售的运营模式

在新零售模式下，实体零售与电子商务的商业形态不再对立，线上、线下融合发展将是电子商务发展的新常态。目前，对各行各业来说，新零售主要有以下 3 种运营模式。

1. 初级模式：线下实体店的内在变革

线下实体店的内在变革是新零售的初级模式，跨界运营就是该模式的典型应用。例如，2017年永辉超市推出了"超级物种"旗舰店，"超级物种"的创新之处在于利用永辉超市的供应链，以生鲜作为主要引流产品，通过高性价比吸引大量的中高端消费者，然后通过餐饮服务的叠加

（在超市里加入餐饮元素），有效地提高了消费者的复购率。不管是在超市里放置咖啡桌，还是设置休闲屋，其目的都是让消费者尽可能长时间地待在超市里，从而促使其产生更多的消费行为。

2. 中级模式：线上导流，线下消费

"线上导流，线下消费"是新零售的中级模式，它将线上和线下结合。例如，小米之家通过线上的影响力，把线上的流量导入线下的小米之家门店，然后在门店中以多品类的系列商品来引起消费者的关注，在优化消费者消费体验的同时，使消费者能够购买不同品类的商品，从而增加销量。

3. 终极模式：线上、线下一体化

线上、线下一体化是新零售的终极模式，要实现这一模式，通常需要大数据的支持。例如，银泰百货下沙工厂店利用阿里大数据描绘出其周围 5 000 米范围内的消费者画像，据此确定门店装修风格、商品品类等。银泰百货通过阿里巴巴及其成熟的互联网技术，监控商品价格趋势，了解消费者群体的消费偏好，将商品和消费者精确匹配。此外，银泰百货实行线上、线下同步购物结算，消费者在结束购物后不需要排队结账，只需扫描商品上的二维码，打开相应的 App，筛选购物清单，用支付宝完成支付即可。消费者可以选择当天直接在商场提货回家，也可以等待门店将商品配送到家。

4.2　跨境电子商务

扫码看视频

跨境电子商务

随着经济与互联网的快速发展，为了实现不同国家或地区间的商贸合作，跨境电子商务应运而生。跨境电子商务构建了开放、立体的多边经贸合作模式，拓宽了企业进入国际市场的途径，同时还让消费者通过该模式方便地获取其他国家或地区的商品。

4.2.1　跨境电子商务概述

跨境电子商务是指分属不同关境的交易主体，通过电子商务平台达成交易、进行支付结算，并通过跨境物流配送商品、完成交易的一种国际商业活动。跨境电子商务主要由跨境电子商务平台、跨境物流公司和跨境支付平台 3 部分组成。跨境电子商务平台用于展示商品信息、提供在线购物功能，如速卖通、亚马逊和 eBay 等；跨境物流公司致力于运输和配送跨境包裹，如中国邮政、DHL（敦豪航空货运公司）和美国联合包裹运送服务公司（United Parcel Service，UPS）等；跨境支付平台则用于完成交易双方的跨境转账、信用卡支付和第三方支付等支付活动。

📖 **案例阅读**

跨境电子商务与传统外贸电子商务的区别

传统外贸电子商务主要是指由一国的进出口商通过另一国的进出口商进出口大批量货物，这些货物通过境内流通企业的多级分销，跨越多个流通渠道（如国内工厂、国内贸易商、目的国进口商、目的国分销商、目的国零售商）才能到达有需求的企业或消费者手中。与跨境电子商务相比，传统外贸电子商务具有进出口环节多、时间长和成本高等缺点，跨境电子商务与传统外贸电子商务的区别如表 4-1 所示。

表 4-1　跨境电子商务与传统外贸电子商务的区别

	跨境电子商务	传统外贸电子商务
主体不同	通过网络将商品直接销售到海外消费者手中，其主体是商品	通过电子商务手段推广、宣传企业或商品，在网上寻找外商求购信息，其主体是信息
环节不同	基于互联网及其独特的模式，大大减少了交易环节和交易成本	进出口环节没有变化
交易方式不同	商业活动一般在线上直接完成	商业活动在线下完成，并且一般通过大型的展会开发客户
模式不同	模式多样化，既有 B2B，又有 B2C、C2C	一般上是 B2B 模式

4.2.2　跨境电子商务的交易模式

按照交易模式，我们可以将跨境电子商务分为 B2B 跨境电子商务、B2C 跨境电子商务和 C2C 跨境电子商务，通常将 B2C 跨境电子商务和 C2C 跨境电子商务统称为跨境零售。

1. B2B 跨境电子商务

B2B 跨境电子商务是指分属不同关境的企业向企业在线销售商品或服务，通过电子商务平台达成交易、进行支付结算，并通过跨境物流送达商品、完成交易的一种国际商业活动。敦煌网、阿里巴巴国际站和环球资源等都是具有代表性的 B2B 跨境电子商务平台。

B2B 跨境电子商务平台主要有两种模式：一种是"交易佣金＋服务费"模式；另一种是"会员制＋推广服务"模式。在第一种模式下，企业可以免费注册、免费进行商品信息展示，平台只按交易额收取一定比例的佣金。平台按照类目分别设定固定的佣金比例来收取佣金，并实施"阶梯佣金"政策，当单笔订单金额达到一定要求时，即按照统一的标准进行收费。另外，平台还为企业提供了一系列的服务，如开店、运营和营销推广等，并收取相应的服务费。在第二种模式下，平台主要为企业提供贸易平台和资讯收发等信息服务，并收取会员服务费。同时，平台还针对不同的目标企业，提供不同的资讯服务。

2. B2C 跨境电子商务

B2C 跨境电子商务是指分属不同关境的企业向个人消费者在线销售商品或服务，通过电子商务平台达成交易、进行支付结算，并通过跨境物流送达商品、完成交易的一种国际商业活动。速卖通、亚马逊、eBay、Wish 等都是具有代表性的 B2C 跨境电子商务平台。目前在我国跨境电子商务行业中，跨境进口 B2C 是主流。

3. C2C 跨境电子商务

C2C 跨境电子商务是指分属不同关境的个人商家向个人消费者在线销售商品或服务，由个人商家通过第三方电子商务平台发布产品和服务信息，由个人消费者进行筛选并最终通过电子商务平台进行交易、支付结算和跨境物流配送等的一种国际商业活动。典型的 C2C 跨境电子商务平台有淘宝全球购、淘世界和洋码头等。

案例阅读

B2B 模式是我国跨境电子商务出口的主要形式

如果按照进出口方向分类，跨境电子商务包括进口跨境电子商务和出口跨境电子商务，即商品购进和商品外销。时下热门的"海淘"就是典型的跨境电子商务零售进口商业活动，消费者多通过手机购买境外商品。从跨境电子商务的进出口结构来看，目前在我国跨境电子商务中，出口仍占主导地位。但近年来出口占比在慢慢下滑，进口占比则在不断上升。从整体来看，在我国跨境电子商务进出口占比结构中，出口占比将近 8 成，而进口占比仅超过 2 成，"品牌出海"成为近年来发展的主流趋势。目前从出口规模来看，B2B 模式是我国跨境电子商务出口的主要形式。在跨境电子商务行业中，庞大的海外市场需求及外贸企业的转型、升级等因素都助推了该行业的快速发展，吸引了更多的企业加入。

但是，B2B 模式作为整个商业流程的上游环节，需要参与的企业搭建起庞大的基础设施，这一点在跨境电子商务行业尤为明显。由于零售的本质，供应链管理能力是跨境电子商务企业最关键也是最难获得的能力。从消费者的角度进行分析，供应链管理能力的核心其实就是对货源、仓储、物流和金融等环节的支持能力。跨境电子商务的快速发展与下游需求的急剧增加，使越来越多的企业步入该领域，B2B 电子商务市场的容量也随之不断增加。但这些企业在步入跨境电子商务领域时需要先找准定位，发挥自身优势，在细分领域发力，为我国跨境电子商务行业良好生态的建立发挥积极作用。

4.2.3 跨境电子商务平台

早在 2019 年，我国跨境电子商务交易规模就已经突破了 10 万亿元。天眼查（天眼查是获得央行企业征信备案的个人与企业信息查询平台）专业版数据显示，至 2020 年年底，我国共有 50 余万家跨境电子商务企业。在众多跨境电子商务平台中，速卖通、亚马逊、eBay 和敦煌网这 4 家的市场份额占到了 80%，其他市场份额和知名度较高的平台还有兰亭集势、环球资源和中国制造网等。

1. 速卖通

速卖通的全称为全球速卖通，它是阿里巴巴旗下面向全球市场打造的在线交易平台，可以简单地理解为国际版"淘宝"，主要针对国外中小企业。在速卖通平台上，商家可以将商品信息编辑为在线信息发布到海外，消费者查看并购买商品后，平台通过国际快递进行货物运输。速卖通于 2010 年 4 月正式上线，目前已经发展为经营范围覆盖 200 多个国家和地区的全球最大的跨境电子商务交易平台之一，海外用户数量已突破 1.5 亿。虽然在美国等成熟市场中，速卖通无论是在品牌形象还是在流量上，都无法和亚马逊、eBay 相抗衡，但是在俄罗斯、巴西、以色列、西班牙、乌克兰和加拿大等新兴市场中，速卖通是非常重要和受欢迎的购物平台。

和其他竞争者相比，速卖通的优势包括较低的交易手续费、丰富的商品资源，以及使商家可以方便地将商品一键卖向全球的淘代销功能。速卖通还专门为商家提供了一站式商品翻译、上架、支付和物流等服务。另外，阿里巴巴国际站的全球知名度和联盟站点，以及谷歌的线上推广等为速卖通引入了更多优质的流量。

值得一提的是，对没有接受过培训的跨境电子商务新商家而言，速卖通的一个优势在于简单、易上手，且网站界面是全中文的，图 4-2 所示为速卖通网站界面，其与客服的沟通也不存在语言和文化上的障碍。同时，商家还可以通过阿里巴巴提供的在线社区和线下的跨境电子商务培训课程，掌握后台操作的技巧并了解平台最新的政策。

图 4-2 速卖通网站界面

 素养提升

　　随着中国供应链的成熟，越来越多的中国企业把销售范围向全球市场拓展。比起传统模式下主要以产品出海的方式，近年来，我国品牌正在逐渐"占领"国外消费者的心智。（品牌打造，其实就是"占领"消费者心智的过程，消费者对品牌有了一定的认知之后，会将品牌传播给更多的人。）我国越来越多的品牌得到了国外消费者的认可，"中国制造"正在转变为"中国智造"，这无疑彰显了我国日益强大的综合国力。但是我国品牌要在全球范围内打造"热销款"，仍然需要在了解国外消费者文化背景、生活习惯等的基础上为他们解决"痛点"需求，打造创新性的产品，弘扬"中国智造"之美。

2. 亚马逊

　　亚马逊是美国最大的电子商务公司，位于华盛顿州的西雅图，是互联网上最早开展电子商务的公司之一。亚马逊成立于 1994 年，一开始只经营网络书籍销售业务，目前已涉及其他许多类目的商品。

　　亚马逊是一个非常优质的 B2C 平台，适合在供应链方面有优势的品牌商，消费者主要为发达国家的中产阶层，他们一般对价格不敏感，因此产品利润率有保证。如果商家有给外国品牌代工的经验，并已建立商品品质把控标准，亚马逊就是不可错过的销售平台。对于自有品牌和专利，商家还可以在平台上进行商标备案，防止被其他商家跟卖和侵权。不过在亚马逊开店有一定的门槛，不但开店手续复杂，而且上手相对困难，商家如果不小心触犯了它的规则，轻则会被警告，重则直接被封店。尤其是从 2016 年下半年开始，亚马逊对商家的审核力度在不断加强，没有接受过跨境电子商务培训的新商家，不管是在该平台注册还是运营，都会遇到比以前更大的阻力。

3. eBay

eBay 是美国最大的在线商品交易平台，与亚马逊一样，eBay 在中国也有独立的网站，致力于为中国商家开辟海外网络直销渠道。目前，eBay 在全球数十个国家和地区都拥有本地站点，全球活跃消费者总数超过 1.5 亿，其核心市场是美洲和欧洲地区。eBay 最初是一个拍卖网站，其创办的初衷是让美国人把家中的闲置物品放到网络上出售。这种拍卖模式很容易吸引流量，同时每一个商家都可以将商品价格设置为最低 0.01 美分的底价，再让消费者竞相加价。由于创办时间早，国际知名度高，所以 eBay 上的商家非常多，商品也琳琅满目。

eBay 向入驻平台进行跨境电子商务交易的商家收取两笔费用：一笔是刊登费用，即商品上传展示费用；另一笔是成交费，即交易完成后，按交易额收取一定比例的佣金。在物流方面，eBay 联合第三方合作伙伴——中国邮政速递，为中国消费者提供经济、便捷的国际 e 邮宝货运服务，并逐渐向俄罗斯、巴西等新兴市场延伸。

4. 敦煌网

敦煌网成立于 2004 年，是我国首个为中小企业提供 B2B 电子商务交易平台的网站，致力于帮助我国中小企业通过跨境电子商务平台走向全球市场，开辟更加安全、便捷和高效的国际贸易通道。敦煌网主要以在线贸易为核心，通过收取交易佣金的模式运营，商家在敦煌网注册、开店、发布商品都是免费的，而消费者购买时需要支付一定的佣金。

敦煌网的优势在于较早推出了增值金融服务，根据自身交易平台的数据为商家提供无需实物抵押、无需第三方担保的网络融资服务。另外，敦煌网在行业内率先推出 App，图 4-3 所示为敦煌网客户版 App 的后台管理页面，这样不仅解决了跨境沟通和时差问题，还打通了订单交易的整个购物流程。

5. 兰亭集势

兰亭集势成立于 2007 年，在海外消费者中有一定的知名度，以销售国内的婚纱、家装和 3C 产品为主。这些产品毛利较低，虽然业务量多，但盈利较少，其营利主要靠低廉的制造成本与价格差。兰亭集势是跨境 B2C 电子商务平台，其基本商业模型为使用谷歌推广，使用 PayPal 支付，使用 UPS 和 DHL 发货。兰亭集势通过自有电子商务平台和 eBay、亚马逊等海外电子商务平台将我国商品卖到海外市场，主要卖到北美和欧洲市场。

6. 环球资源

环球资源成立于 1970 年，于 2000 年在美国纳斯达克股票市场公开上市，是外贸行业中知名度比较高的 B2B 网站。环球资源致力于促进大中华地区的对外贸易，公司的核心业务是通过英文网站、电子杂志、采购资讯报告、贸易展览会等形式促进亚洲各国的出口贸易。

环球资源在国内网络不甚发达的年代，以在国外做贸易杂志起家，为"中国制造"提供了更为直接、有效的推广方式，也为

图 4-3　敦煌网客户版 App 的后台管理页面

自己在国外积累了一定的口碑和知名度。由于长期经营贸易杂志，其自身定位等符合欧美消费者的习惯和喜好。

7. 中国制造网

中国制造网创建于 1998 年，是焦点科技股份有限公司旗下的综合性第三方 B2B 电子商务服务平台。中国制造网致力于为国内中小企业构建交流渠道，帮助供应商和采购商建立联系、挖掘国内市场商业机会。中国制造网内贸站为买卖双方提供信息管理、展示、搜索、对比和询价等服务，同时提供第三方认证、广告推广等高级服务，帮助供应商在互联网上展示企业形象和产品信息，帮助采购商精准、快速地找到有诚信的供应商。

4.2.4 跨境电子商务的操作流程

跨境电子商务虽然是不同关境主体之间的买卖交易，但作为电子商务的一部分，它同样具有电子商务的属性。消费者首先通过跨境电子商务平台浏览商品，然后进行针对价格等信息的交谈，最后涉及物流运输和支付等环节。整个流程与国内电子商务具有相似性，只是跨境电子商务的交易将涉及更多环节，如海关、税收和跨境物流等。

跨境电子商务出口的流程，即生产商或制造商将商品在跨境电子商务企业的平台上（平台式跨境电子商务企业或自营式跨境电子商务企业）上线展示，在商品被选购下单并完成支付后，跨境电子商务企业将商品交付给物流商进行投递，商品在经过两次（出口国和进口国）海关的通关商检后，最终被送到消费者或企业手中。有的跨境电子商务企业直接与第三方综合服务平台合作，让第三方综合服务平台代办物流、通关商检等一系列手续，从而更便捷地完成整个跨境电子商务交易的过程。跨境电子商务进口的流程除了与出口的流程方向相反外，其他环节基本相同。跨境电子商务的操作流程如图 4-4 所示。

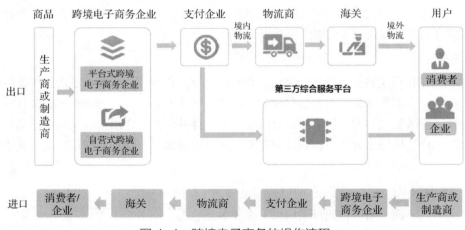

图 4-4 跨境电子商务的操作流程

4.2.5 跨境电子商务磋商的主要途径

不可避免，跨境电子商务也会涉及商家和消费者之间的沟通，以便消费者对产品质量和价格、运输和付款方式等进行确认。目前，跨境电子商务磋商的主要途径有以下 3 种。

1. 电子邮件

目前，在跨境电子商务中，电子邮件被广泛应用于业务联系，它的特点是不受地域和时间的限制、通信成本低，且易于操作，可随时进行邮件收发，并能下载图片和各类格式（如PDF）的文件等。

2. Skype

Skype 是最受欢迎的网络电话之一，支持 PC 端和 Android 手机端，是目前跨境电子商务行业主流的即时通信软件，其具备的功能包括视频聊天、多人语音会议、多人聊天、传送文件和文字聊天等。商家利用 Skype 可以与消费者进行语音对话，也可以拨打国内、国际电话，并且实现呼叫转移、短信发送等功能。

3. 电子传真

电子传真是基于公共交换电话网络（Public Switched Telephone Network，PSTN）和互联网的传真方式，也称网络传真。它整合了电话网、智能网和互联网技术，通过互联网将文件传送到传真服务器上，由服务器转换成传真机能接收的通用图形格式后，再通过 PSTN 发送到全球各地的普通传真机上。

虽然线上通信交流为跨境电子商务带来了极大的便利，但在实际应用中，开展跨境电子商务也会使用线下沟通方式，如开展交流会、实地考察和小组出访等。在不同的环境和条件下，可结合线上、线下方式进行磋商。

4.2.6　跨境电子商务的合同订立方式

在沟通、商谈后，买卖双方确认交易并签订买卖合同即表明交易达成。国际贸易合同明确规定了交易双方的权利和义务，对交易双方具有相同的法律约束力，是处理贸易纠纷的依据。在跨境电子商务中，合同须经当事人数字签名及第三方权威认证机构的认证。在现阶段，跨境电子商务的合同订立方式分为电邮合同和书面合同。

1. 电邮合同

电邮合同是指通过电子邮件传送文件实现合同订立，该方式是跨境电子商务主流的合同订立方式。跨境电子商务电邮合同的签订流程为，先由买卖双方中的一方通过 Word、Excel 等软件制作合同，发送至另一方，然后另一方接收合同文件并将其打印出来签字盖章，最后将签字盖章的合同文件扫描输出为图片格式，再将图片文件回传即可。这种合同订立的方式更加规范和安全。

2. 书面合同

根据内容的不同，书面合同可采用以下 3 种书面形式。

（1）合同。合同（Contract）是当事人或当事双方之间设立、变更和终止民事关系的协议。依法签订的合同，受法律保护。合同内容全面，就跨境电子商务买卖双方的权利和义务，以及发生纠纷后当事双方需要承担的责任等方面罗列出了详细的条款。交易如果涉及贵重物品或交易额较大，最好采用合同形式。一般来说，由卖方指定的合同称为销售合同，而由买方指定的合同称为购货合同。

（2）协议。协议（Agreement）又称协议书，在法律上与合同具有同等效力。如果买卖双方所进行的交易内容比较复杂，项目广泛，暂时只确定了一部分交易条件，买卖双方就可先签订一个初步协议，将商定的交易条件确定下来，其他有待商定的交易条件日后另行商谈。

（3）确认书。确认书（Confirmation）较正式合同来说更简单，是买卖双方在通过交易磋商达成交易后，寄给买卖双方加以确认的、列明达成交易的条件的书面证明。经买卖双方签署的确认书具有法律效力，对买卖双方具有同等的约束力。与合同类似，确认书包括销售确认书和购货确认书。

4.2.7　跨境物流

与国内物流运输不同的是，跨境物流需要跨越边境，将商品运输到境外。目前最常见的跨境物流方式主要有邮政包裹、国际快递、专线物流和境外仓储。

1. 邮政包裹

邮政具有覆盖全球的特点，是一种主流的跨境物流方式。目前常用的邮政运输方式包括中国邮政小包、新加坡邮政小包和在一些特殊情况下使用的邮政小包。

邮政包裹对运输的管理较为严格，如果没有在指定日期将货物投递给收件人，负责投递的运营商要按货物价格的 100% 赔付客户。需要注意的是，对于邮政包裹运输，含粉末、液体的商品不能通关，并且需要挂号才能跟踪物流信息，运送的周期一般较长，通常要 15 ～ 30 天。

2. 国际快递

国际快递主要是通过国际知名的四大快递公司，即 FedEx（美国联邦快递）、UPS、TNT 快递和 DHL 来进行国际快递的邮寄。国际快递具有速度快、服务好、丢包率低等特点，如使用 UPS 从中国寄送到美国的包裹，最快 48 小时内可以到达，但价格较高，一般只有在客户要求时才使用该方式发货，且费用一般由客户自己承担。

3. 专线物流

专线物流一般是通过航空包舱的方式将货物运输到国外，再通过合作公司进行目的国国内的派送，具有送货时间基本固定、运输速度较快和运输费用较低的特点。

目前，市面上最常见的专线物流产品是美国专线、欧美专线、澳大利亚专线和俄罗斯专线等，也有不少物流公司推出了中东专线、南美专线和南非专线等。整体来说，专线物流能够集中将大批量货物发往某一特定国家或地区，通过规模效应来降低成本，但具有一定的地域限制。

4. 境外仓储

境外仓储是指在其他国家或地区建立境外仓库，货物从本国出口通过海运、货运和空运等形式存储到其他国家或地区的仓库。当消费者通过网上下单购买所需物品时，商家可以在第一时间做出快速响应，通过网络及时通知境外仓库进行货物的分拣、包装，并且将货物从该境外仓库运送到其他国家或地区，大大减少了物流的运输时间，保证了货物安全、及时和快速地到达消费者手中。在这种模式下，运输的成本相对较低、时间较快，这一模式将是未来的主流运输方式。

境外仓储的费用由头程费用、仓储管理费用和本地配送费用组成。头程费用是指货物从本国到境外仓库产生的运费；仓储管理费用是指货物存储在境外仓库和处理当地配送时产生的费用；本地配送费用是指在境外具体的国家或地区对货物进行配送产生的本地快递费用。

4.2.8　跨境支付

扫码阅读

常用跨境支付方式的比较

　　跨境支付是跨境电子商务必不可少的环节，因为当买卖双方达成交易，商品通过跨境物流送达买方，买方确认商品合格后，最后需要进行款项支付。跨境支付可以通过银行电汇、信用卡支付和第三方平台支付等方式进行。特别是第三方平台支付，随着跨境电子商务的发展，人们对其的需求日益增多。国际上最常用的第三方平台支付工具是 PayPal、西联汇款等。在国内，银联最早开展了跨境电子商务支付业务，其他支付工具紧随其后。

　　2015 年 1 月，我国国家外汇管理局正式发布了《国家外汇管理局关于开展支付机构跨境外汇支付业务试点的通知》（现已废止）和《支付机构跨境外汇支付业务试点指导意见》，开始在全国范围内开展部分支付机构跨境外汇支付业务试点，允许支付机构为跨境电子商务交易双方提供外汇资金收付及结售汇服务。跨境支付的发展为国内第三方平台支付企业打开了新的广阔的市场空间，帮助其获取相对更高的中间利润，同时也有利于第三方平台支付企业对跨境商家进行拓展并简化支付的结算流程。对境内消费者来说，由于无需再为个人结售汇等手续困扰，可以直接使用人民币购买境外商家的商品或服务，因此这也大大简化了交易流程。目前，国内常用的支付工具包括支付宝、财付通、银联、快钱和易宝等。

4.3　移动电子商务

　　在无线通信技术的带动下，传统的以桌面互联网为主的有线电子商务逐渐发展为移动电子商务。移动电子商务的应用越来越广泛，它逐渐成为人们日常生活中越来越重要的一种商务活动方式。

4.3.1　移动电子商务概述

　　简而言之，移动电子商务就是使用手机、平板电脑等移动终端进行的电子商务活动，它完美地结合了互联网、移动通信技术和其他信息处理技术，使人们能够随时随地开展各种商贸活动，如移动购物、移动娱乐和移动金融等。

　　移动电子商务经过几次重要的发展，逐步改变着传统商务的消费和交易模式，使"可移动化"的交易、支付活动渗透人们生活的方方面面，移动电子商务的主要特点如图 4-5 所示。

- 开放性。移动电子商务因为接入方式无线化，使得任何人都可以更容易地进入网络世界。
- 即时性。不受时间限制，可以满足消费者在移动状态下即时产生的需求。
- 便捷性。移动终端一般体积小、按键少，便于消费者携带，并且操作简单。
- 连通性。消费者和商家可以方便地通过移动聊天的方式连接到一起，形成一个个社交圈。
- 可定位性。商家通过全球定位技术平台，可以对手持移动终端的消费者进行精准定位。
- 定制化服务。商家可以进行有针对性的广告宣传，从而满足消费者个性化的需求。
- 支付更加方便、快捷。移动电子商务采用移动支付手段，消费者可以随时随地完成支付。

图 4-5　移动电子商务的主要特点

4.3.2 移动电子商务基础技术

移动电子商务的运用离不开移动电子商务技术的支撑。下面介绍几种基础的移动电子商务技术。

1. 移动通信技术

移动通信技术大致经历了 5 个发展阶段，分别是 1G（第 1 代移动通信技术）、2G（第 2 代移动通信技术）、3G（第 3 代移动通信技术）、4G（第 4 代移动通信技术）和 5G（第 5 代移动通信技术）。随着移动通信技术的发展，1G、2G 和 3G 逐渐被淘汰。而 4G 是目前主流的移动通信技术，5G 是目前最新一代的移动通信技术。

（1）4G

扫码阅读

1G、2G、3G

4G 是集 3G 与无线局域网于一体的，能够提供高速数据传输、高质量的音视频和图像的技术。在 3G 时代，附图的文字资讯已经随处可见，而在 4G 时代，文字不再是主流，视频资讯的应用更加常见，如主流通信平台微信早已增加短视频发布功能。短视频在微信、微博随处可见，视频节目可以"随手获得"。同时 4G 技术让商家利用视频、游戏、语音、图片等多媒体手段，更直观、更全面地将信息传递给目标用户群。与 3G 相比，4G 网络容量更大、体验性更好、速度更快，在宽带上网、视频通话和网上购物等方面为消费者带来了更好的体验。

工业和信息化部发布的《2020 年通信业统计公报》显示，2020 年我国 4G 用户总数达到 12.89 亿户，占全国移动电话用户数的 80.8%；全年移动互联网月户均流量达 10.35GB/ 户·月，同比增长 32%。

（2）5G

扫码阅读

我国 5G 技术的研发过程

5G 的发展主要有两个驱动力：一是随着 4G 的全面商用，对下一代技术的讨论提上日程；二是人们对移动数据的需求呈爆炸式增长，现有的移动通信系统难以满足未来需求，急需研发新一代移动通信系统。与 2G、3G 和 4G 不同，5G 不是一种独立的全新无线接入技术，而是现有无线接入技术（包含 2G、3G、4G 和 Wi-Fi）的延伸，以及在整合一些新增加的弥补无线接入技术后形成的综合性技术。从消费者体验来看，5G 具有更高的速率，网速比 4G 更快，能让消费者只用几秒即可下载一部高清电影，从而满足消费者对虚拟现实、超高清视频等更高的网络体验要求。从行业应用来看，5G 具有更高的可靠性、更低的时延，能够满足智能制造、自动驾驶等行业应用的特定需求，可拓宽融合产业的发展空间，是支撑社会经济创新发展的新引擎。

🔍 素养提升

2020 年 6 月 6 日是我国 5G 商用牌照发放一周年的日子。截至 2020 年 5 月底，在全球具有 5G 专利族声明的前 15 名企业中，我国有 6 家企业上榜，分别是华为、中兴、CATT（大唐）、OPPO、vivo、联想。2020 年，我国建设 5G 基站超 60 万个，全部已开通 5G 基站超过 71.8 万个，5G 网络已覆盖全国地级以上城市及重点县市。目前，无论是技术实力、网络建设还是终端适配、应用探索等，我国都处于领先地位。另外，南京网络通信与安全紫金山实验室已研制出 5G 毫米波芯片，打破了发达国家的"垄断"。

我们相信 5G 一定是未来经济发展的新动能，因此在学习的过程中，我们应该因时而进，对周围环境有清晰的认识，将自己培养成基础扎实、专业能力强的高素质创新人才，为祖国的建设和发展做贡献。

2. 无线网络

无线网络（Wireless Network）是采用无线通信技术搭建的网络，其传输媒介是无线电波。无线网络是在有线网络的基础上，基于无线通信技术的快速发展而产生的，与有限网络相比，无线网络不再需要网线，只要具备无线网络，用户就可以在任何地方、任何时间通过笔记本电脑、手机等设备上网，不再受限于网络接口的布线位置。

从不同的角度进行分类，我们可以将无线网络分为不同的类型。一般从覆盖范围的角度进行分类，无线网络可分为无线个域网、无线局域网、无线城域网和无线广域网。

（1）无线个域网。无线个域网（Wireless Personal Area Network，WPAN）为用户提供了一种在小范围内实现无线通信的手段，用户可以将电子设备用无线通信技术连接起来实现自组网络，而不需要使用无线接入点。目前主要的 WPAN 技术是蓝牙（Bluetooth）和红外通信。

（2）无线局域网。无线局域网（Wireless Local Area Network，WLAN）是通过无线通信技术在一定范围内建立的网络，它同时具备局域网和无线网络的特征，既能提供传统有线局域网的功能，又能让用户不受时间、地理和空间的限制随时随地接入宽带网络。无线局域网是目前人们日常生活中使用最广泛的无线网络方式，具有安装便捷、使用灵活、维护方便等特点，适用于公司或学校、某个公共场所（如地铁站、机场等）等场合。

（3）无线城域网。无线城域网（Wireless Metropolitan Area Network，WMAN）是指在地域上覆盖城市及其郊区范围的分布节点之间传输信息的本地分配无线网络。无线城域网一般使用无线电波或红外线进行数据传送，当有线宽带不能使用时，可以将无线城域网当作备用网络来使用。

（4）无线广域网。无线广域网（Wireless Wide Area Network，WWAN）是通过无线网络把物理位置极为分散的局域网连接起来的通信方式。其覆盖范围很大，常以国家或城市为单位进行覆盖。无线广域网能够实现大范围的局域网互联，被广泛应用于电力、医疗、税务、交通、银行和调度系统等领域。

3. 移动互联网

随着互联网的快速发展，基于个人计算机的 PC 端互联网方式已经渐渐饱和，移动互联网方式开始快速发展并引发了全球热潮。移动互联网（Mobile Internet，MI）是一种通过智能移动终端，采用移动无线通信方式获取业务和服务的新兴业务，包含终端层、软件层和应用层 3 个层面。

（1）终端层：包括智能手机、平板电脑、电子书和移动互联网设备（Mobile Internet Device，MID）等。

（2）软件层：包括操作系统、中间件、数据库和安全软件等。

（3）应用层：包括休闲娱乐类、工具媒体类和商务财经类等不同类型的应用与服务。

移动互联网整合了互联网与移动通信技术，将各类企业的大量信息及各种各样的业务引入移动互联网之中，为企业搭建了一个适合业务和管理需要的移动信息化应用平台，提供全方位、标准化、一站式的企业移动商务服务和电子商务解决方案。移动互联网通过网络平台，高效满足了用户"个性化""碎片化"的需求，这也是传统行业无法满足的。正因如此，在移动互联网时代，谁更加了解用户的需求，并能够非常精准地满足用户"个性化""碎片化"的需求，提供简单、极致的用户体验，谁就能占得先机。此外，在移动互联网环境下，企业的业务能力受到无线网络的制约，尤其是移动通信网络的传输性能将直接影响企业的服务水平。

4. LBS

LBS 属于基站定位（基站即公用移动通信基站，指与移动终端之间进行信息传递的无线电收发信电台），它是通过电信移动运营商的无线通信网络或外部定位方式（如 GPS）获取移动终端用户的位置信息（地理坐标或大地坐标），在地理信息系统（Geographic Information System，GIS）平台的支持下，为用户提供相应服务的一种增值业务。

（1）LBS 的定位原理

LBS 的概念从美国发展起来，起源于 GPS，GPS 民用化以后，产生了以定位为核心功能的大量应用，进入 21 世纪后，LBS 及其涉及的技术在电子商务领域得以广泛应用、大放异彩。LBS 的定位原理大致是，手机"测量"不同基站的下行导频信号，得到各个基站的信号到达时刻或到达时间差；根据测量结果，结合基站的坐标，就能够计算出手机的坐标值。LBS 定位的精度依赖于基站的分布及覆盖范围的大小，基站数量越多，密度越高，定位精度也就越高，基站和手机之间的障碍物越少，定位精度也会有所提升。这也说明了用户在偏远地区无法实现准确定位或无法定位的原因，因为偏远地区的基站数量少，所以无法准确定位或无法定位。

（2）LBS 的应用

如今所说的 LBS 是 LBS 技术与 Web 应用（如 SNS 社区网络服务）及相应商业、娱乐元素（如导航 App、订餐 App）的结合，LBS 的应用模式如图 4-6 所示，这极大地拓展了 LBS 的应用空间，提高了其使用价值。

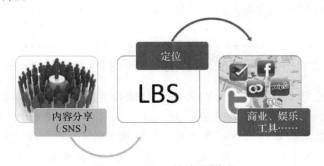

图 4-6　LBS 的应用模式

LBS 的应用包括两个层面：一层是确定移动设备或用户所在的地理位置；另一层是提供与位置相关的各类信息服务。例如，用户通过移动终端打开定位软件，然后在用户当前位置设置的范围内（如 1 公里附近）寻找宾馆、影院、图书馆、加油站等的名称和地址。

5. 室内定位技术

人们对室内定位是有强烈需求的，如商场内的人员和物体监控、工厂的生产线跟踪等，就需要借助室内定位技术进行目标定位。常用的室内定位技术包括蓝牙定位技术、红外线定位技术、Wi-Fi 定位技术、超声波定位技术、RFID 技术和超宽带（Ultra Wide Band，UWB）技术等。

（1）蓝牙定位技术

蓝牙定位技术就是通过在指定区域安装信标设备，用于发出蓝牙信号，移动终端可以测量其所在地理位置的信号接收强度，以此估算与信标设备间的距离，从而实现定位。蓝牙定位的优点是设备体积小、短距离、低功耗，容易集成在手机等移动设备中。只要移动设备的蓝牙功能开启，就能够进行定位。但不足之处在于，在复杂的空间环境下，蓝牙系统的稳定性稍差，受噪声信号的影响大。

（2）红外线定位技术

红外线定位技术是指通过安装在室内的光学传感器，接收移动终端设备发射调制的红外射线进行定位。红外线定位技术已经非常成熟，其使用时要求室内定位精度相对较高，但是由于红外线穿透性极差，当移动终端设备被遮挡时红外线就无法正常工作。红外线也极易受灯光、烟雾等环境因素的干扰，使定位精度下降。

（3）Wi-Fi 定位技术

Wi-Fi 定位技术一般采用"近邻法"，根据 Wi-Fi 接入设备（如无线路由器、无线 AP）进行定位，即移动终端最靠近哪个 Wi-Fi 接入设备，即认为该移动终端设备处在什么位置。要实现 Wi-Fi 定位，提供位置定位的服务商首先需要获得 Wi-Fi 接入设备的位置，其方法是，通过采集设备搜索 Wi-Fi 接入设备的信号，从而获取它的 MAC 地址，然后根据 MAC 地址检索出每一个 Wi-Fi 接入设备的地理位置，并建立起一个数量庞大的 Wi-Fi 信息数据库。由于手机已经普及，因此不需要再铺设专门的采集设备，用户在使用手机时开启 Wi-Fi，手机就能成为数据源，提供位置定位的服务商可以通过手机采集 Wi-Fi 接入设备的 MAC 地址。因此，服务商可以根据 Wi-Fi 接入设备的位置并结合用户设备接收到的 Wi-Fi 信号的强弱程度，计算出用户设备的地理位置并返回到该设备中。

Wi-Fi 定位在 Wi-Fi 接入设备密集的地方有很好的效果，否则，就很难定位准确。

📖 **案例阅读**

钉钉移动办公平台的 Wi-Fi 打卡考勤功能

钉钉是阿里巴巴旗下的一款专门为企业打造的集通信、协同办公为一体的免费智能移动办公平台。钉钉的功能与服务十分丰富，能帮助企业更好地实现工作协同和商务沟通，全方位提高企业的工作效率。其考勤功能支持 Wi-Fi 打卡，使员工通过捆绑手机 Wi-Fi 完成上下班打卡，实现精准定位防作弊，同时支持脸部识别，防止他人代打卡，并且还能自动生成考勤报表，以便随时随地了解出勤状况。

Wi-Fi 打卡考勤是目前较为流行的员工考勤方式，与传统的考勤方式相比更加便利、高效，员工不用排队打卡，只要进入公司，其手机就会自动联网打卡。

（4）超声波定位技术

超声波定位技术主要采用反射式测距法，并通过三角定位等算法确定物体的位置。超声波定位系统由一个主测距器和若干接收器组成，主测距器可放置在待测目标上，接收器固定于室内环境中。定位时，主测距器向接收器发射同频率的信号，接收器接收信号后反射传输给主测距器，根据回波和发射波的时间差计算出距离，从而确定位置。超声波定位精度较高，结构简单，但超声波信号容易失真，同时需要大量基础硬件设施，成本较高。

（5）RFID 技术

RFID 技术利用射频方式进行非接触式双向通信并交换数据，从而达到移动设备识别和定位的目的。它可以在几毫秒内得到厘米级定位精度的信息，且传输范围大、成本较低。最基本的 RFID 系统由电子标签、阅读器和天线 3 部分组成，电子标签和阅读器通过天线进行通信，天线可以在电子标签和阅读器之间传递射频信号。电子钱包就是 RFID 技术在移动终端的典型应用。

（6）UWB 技术

UWB 技术是一种无载波通信技术，与传统通信技术的定位方法有较大差异，它不需要使用传统通信体制中的载波，而是通过发送和接收具有纳秒或纳秒级以下的非正弦波窄脉冲来传输数据，可用于室内精确定位，定位精度可达 10 厘米。UWB 技术由于具有穿透力强、抗多径效果好、安全性高、系统复杂度低、能提供精确定位等优点，通常被用于室内移动物体的位置信息跟踪。随着 UWB 技术的不断进步和成熟，以及其市场需求的不断增加，精确的 UWB 定位系统将会得到更广泛的应用。

4.3.3 移动电子商务的应用

移动电子商务现在涉及的领域非常广泛，主要包括移动购物、移动金融、移动教育、移动办公、移动娱乐、无线医疗和移动营销等。

1. 移动购物

随着移动电子商务的发展，许多传统电子商务企业纷纷进军移动市场，如淘宝、京东分别开发了手机淘宝、京东等购物 App。消费者下载并安装这些 App 后，即可直接在其中进行网上购物，如购买服装、食品等。另外，除了传统的商品类购物外，车票、机票和电影票等票务购物也逐渐兴起，并成为移动购物的主要组成部分。移动购物改变了消费者的传统购物方式，为消费者提供了更加方便和快捷的服务。

2. 移动金融

移动金融包含的内容较多，如移动银行、移动支付和移动股票等，用户可以随时随地通过移动终端设备享受金融服务，如账户余额查询、转账付款、话费充值、水电气缴纳、股市行情查询和股票交易等。另外，用户还能获得实时金融信息，快速掌握金融市场动向。常见的移动金融 App 有支付宝、同花顺炒股票和大智慧等。

3. 移动教育

移动教育指在移动的学习场所或利用移动的学习工具实施的教育，是依托于无线移动网络、互联网以及多媒体技术，学员和教师使用移动设备通过移动教学服务器实现的交互式教学活动。

移动教育打破了传统教育的局限性。一方面，各种移动教育 App 可有效激发学员的学习兴趣，增加学员学习的机会，使学员可以利用零碎时间进行碎片化学习，从而使自主学习更易发生；另一方面，移动教育资源丰富，交互性强，学习内容不受限制，且可自动跟踪记录学员的学习过程，更容易满足学员的个性化学习需求。

4. 移动办公

移动办公是指通过将手机、平板电脑等移动终端的移动信息化软件，与企业的办公系统连接，将企业内部的局域网变为安全的广域网，摆脱传统办公时间和场所的限制，满足随时随地移动办公的需求。移动办公涉及的服务包括短信提醒、远程会议、信息浏览与查询、远程内部办公网络访问等。移动办公有效地解决了企业管理与沟通方面的问题，使企业整体运作更加协调。

5. 移动娱乐

移动电子商务环境不受空间和时间的限制，用户只需通过手机等移动终端设备即可接入，娱乐方式因此变得更加简单。同时，娱乐服务也更加丰富，既有微信、QQ 等以即时沟通为主的移动服务，也有抖音等以娱乐为主的移动服务。这些娱乐 App 可以直接在网站或应用商店下载，并且能够为移动运营商、内容提供商和服务商带来附加收入，是影响范围广的移动电子商务应用之一。

6. 无线医疗

医疗一直是备受人们关注的领域，随着医疗技术与无线技术的进步，无线医疗技术开始出现并融入全球医疗系统。无线医疗系统具有以下功能。

（1）实现不同医疗机构之间的信息共享，加快疾病诊断的速度和治疗方案的出台速度。

（2）方便远程监控患者，确保医疗机构及时了解患者的情况。

7. 移动营销

电子商务业务向移动终端的转移带动了营销的移动化，企业通过移动营销可以更加快速、便利地进行信息传递和与消费者互动，能够更快地抢占移动互联网市场，促进线上和线下消费市场的整合。移动营销具有受众目标群体明确、信息传递及时和互动性强等特点，是目前非常流行的营销模式。常见的移动营销方式有微博营销、微信营销等。

4.3.4 热门的移动电子商务平台

目前，移动电子商务平台较多，其购物流程相似，但不同的移动电子商务平台售卖的商品类别不同，有的属于综合性平台，如手机淘宝；有的专门售卖二手商品，如闲鱼。同时，不同移动电子商务平台的消费者定位也不同，有的专营奢侈品，有的则售卖平价商品。下面简单介绍目前热门的移动电子商务平台。

1. 手机淘宝

手机淘宝是淘宝网官方出品的 App，依托淘宝网强大的优势，该 App 可为消费者提供更加方便、快捷的购物体验，方便消费者随时随地进行搜索比价、商品浏览、移动购物和订单查询等操作。目前，手机淘宝在所有终端的流量占比已经遥遥领先，原因之一就是其大大改善了消费者的商品浏览体验，使商品检索更加简便、购物体验更加个性化。目前，手机淘宝是消费者最常用的移动电子商务购物 App 之一。

2. 唯品会

唯品会是一家专门做特卖的网站，主营业务是在线销售品牌折扣商品，其模式为与正规品牌合作，以低价、折扣、限时限量供应的方式刺激消费者的购买欲望，其目标群体是有一定消费能力、年龄在 20 ～ 35 岁的消费者。唯品会的商品种类丰富，如服装、鞋包、美妆、母婴用品和家居用品等。唯品会 App 是唯品会针对移动终端用户推出的一款移动购物软件，消费者在该 App 中不仅能够购买到正品行货，还能享受到更多优惠和折扣。

3. 贝贝网

贝贝网是较早一批进入母婴领域的企业之一。在垂直母婴行业中，奶粉和纸尿裤是非常标准的品类（即标品），消费者只认可几个比较热销的品牌。贝贝网另辟蹊径，选择将童装、童鞋等非标品作为切入点，形成规模化后再将标品、进口商品等品类一一补上，并朝着其目标——以"妈妈经济"为核心打造家庭购物入口大步迈进。

在 2014 年成立初期，贝贝网就将重心放在移动端，此后移动端交易占比逐渐增长，同时母婴行业开始升温，贝贝网享受到了母婴行业与移动端带来的双重流量红利。目前，贝贝网移动端销售占比超过 95%，贝贝 App 在用户覆盖率、月活用户、日活用户和用户黏性等关键数据上都位于行业前列。

4. 网易考拉

网易考拉是网易旗下以跨境业务为主的综合型移动电子商务平台。2015 年 1 月 9 日，考拉海购上线公测，2015 年 1 月 29 日开卖智利车厘子，产生跨境电子商务生鲜第一单。考拉海购主打自营直采，通过成立专业采购团队深入商品原产地，并对所有供应商的资质进行严格审核，保证商品的安全性。在该模式下，考拉海购拥有自主定价权，可以通过整体协调供应链及仓储、物流、运营的各个环节，根据市场环境和竞争节点调整定价策略。2018 年 6 月，考拉海购宣布更名为"网易考拉"，目前销售品类涵盖母婴、美容彩妆、家居生活、营养保健、环球美食、服饰箱包、数码家电等。

5. 每日优鲜

每日优鲜创立于 2014 年 11 月，是专注于优质生鲜的移动电子商务平台，致力于重构供应链，连接优质生鲜生产者和消费者，为消费者提供极致的生鲜电子商务服务体验。2020 年，每日优鲜已完成水果、蔬菜、肉蛋、水产、乳品、零食、酒饮、熟食、轻食、速食、粮油等全品类精选生鲜布局。目前，每日优鲜的市场份额、营收增长、消费者规模以及营利能力均保持行业内较高水平，其在全国 20 多个主要城市建立"城市分选中心 + 社区前置仓"的极速达冷链物流体系，为消费者提供自营精选生鲜最快 30 分钟送达服务。每日优鲜的消费者主要为女性，而在女性消费群体中又以白领青年居多。

6. 美团

美团 App 是美团网官方出品的手机应用软件，是国内成立较早、口碑较好和综合实力较强的大型团购 App，能够随时随地为消费者提供各个城市的美食、酒店和娱乐等众多信息及电子兑换券。美团的同类 App 还有很多，如大众点评、百度糯米等。

7. 闲鱼

闲鱼也叫淘宝二手，是淘宝网开发的闲置交易 App。用户可以直接使用淘宝或支付宝账号登录闲鱼，然后根据需要自主上传二手闲置物售卖，或进行在线交易、管理商品等操作。闲鱼为用户提供了更加方便的处理闲置物的方法，借助淘宝网强大的研发实力，能够最大限度地保障用户的交易安全。

除了上述几个移动电子商务平台，涉及人们饮食起居各方面的移动电子商务平台非常多，如交通出行方面的曹操出行、去哪儿旅行，导航方面的高德地图、百度地图等。

4.4 社交电商

扫码看视频

社交电商

在以社交为主要特点的移动互联网时代，消费呈场景化、社交化发展趋势，同时消费人群细分更加具体，移动电商社交化成为一种趋势。在社交网络时代，消费者的消费行为越来越多地受到微信等社交媒体平台的好友推荐的影响，社交推荐对消费者消费行为的影响较大。不少电商平台由此开始在移动端进行新一轮的布局，不愿错过社交电商这块营销阵地。

4.4.1 社交电商概述

所谓社交电商，实际上是电商在社交媒体环境下的一种衍生模式，可以说是社交媒体与电商的一种结合。具体来说，社交电商是借助微信、微博等社交媒体，通过社交互动、用户自己生成内容等手段来辅助商品的销售，并将关注、分享、沟通、讨论等社交元素应用于电商交易过程的一种模式。简单来讲，通过时下流行的社交媒体和粉丝进行社交互动来拉动商品的销售，就是社交电商。

从 2014 年开始，智能手机等移动智能终端开始普及，人们的上网习惯发生了巨大的改变——不再花费好几个小时坐在计算机前面，而是拿起手机随时随地上网，上网的时间也越来越碎片化。随之而来的是人们的社交需求越来越强烈。微信、微博等社交媒体让兴趣相同的人聚集在一起通过文字、图片、视频等信息进行交流互动，随后这些信息又以不同的方式被分享、传播，于是巨大的社交流量由此产生。单就微信生态下的流量红利来说，当下微信生态拥有大约 10 亿月活跃用户，占据了用户 50% 以上的移动上网时间，触达了传统电商未能有效覆盖的大量用户群体。在巨大的移动社交流量红利下，社交电商应运而生，并且开始进入飞速发展阶段，不少企业和商家纷纷发展社交电商。2017 年，拼多多的崛起印证了社交电商的潜力。据统计，2017 年，拼多多获客成本仅为 11 元 / 人，低于大多数移动电子商务平台。2019 年，拼多多成交总额达 10 066 亿元，同比增长 113%。拼多多发布的 2020 第 3 季度财报显示，拼多多 2020 年第 3 季度营收 142.098 亿元，同比增长 89%；平均月活跃用户数量为 6.434 亿，同比增长 50%。

4.4.2 社交电商的主要模式

近年来，众多社交电商模式兴起，主要有社交内容电商、社交零售电商和社交分享电商，社交电商的主要模式如图 4-7 所示。

建立社群，然后推送高质量的内容以增强消费者黏性，同时吸引更多的消费者访问，积累更多粉丝。	通过整合商品、供应链和品牌，开设自营店，并开发线上分销渠道，招募大量个人商家，实现分销裂变。	利用低门槛促销活动鼓励消费者分享商品、进行商品推广，吸引更多消费者购买，以实现销售裂变的目标。

图 4-7　社交电商的主要模式

1. 社交内容电商

社交内容电商由内容驱动交易，因此需要持续不断地输出高质量的内容，而高质量的内容容易引起互动传播，能提高转化率和复购率，如针对消费者群体共同的消费痛点创作的品牌或商品的营销文案。这就要求内容输出必须以消费者为中心来进行思考，尽量满足消费者的需求。

目前比较典型的社交内容电商平台有小红书、抖音等。

（1）小红书目前有超过 2 亿的用户，其社群包括"母婴圈""时尚圈""护肤圈""美食圈"等，并借助明星、"网红"、关键意见领袖（Key Opinion Leader，KOL）的影响让品牌或商品在短时间内集中走红。小红书以图文内容分享为主，文案整体篇幅较长，通常包含商品成分、商品的使用体验、使用场景等信息，这些优质的用户原创内容可以让消费者更详细、更直观地了解商品，具有较强的说服力。

（2）抖音以视频内容分享为主，通过直观的商品功能展示、商品使用场景展示引起消费者的关注和传播，为品牌或商品做宣传。淘宝等购物网站上也会实时上线很多"抖音同款"。

2. 社交零售电商

与传统线下实体零售一样，社交零售的基本营利点是商品的渠道分销利润。二者的区别在于传统线下实体零售主要以实体店作为渠道载体，而社交零售以个体自然人作为渠道载体，并且利用互联网及社交网络提高渠道运营效率。

目前比较典型的社交零售电商平台有云集、贝店等。

（1）云集是个人零售服务平台，覆盖美妆、母婴、健康食品等品类，为商家提供物流、仓储、客服、培训、IT 技术支持等服务。大量商家通过社交关系扩散商品信息，提高商品曝光度，终端消费者看到商品信息后在云集下单，由云集官方完成配送和售后服务。订单完成后，商家即可获得提成收益。

（2）贝店是贝贝网旗下帮助商家通过手机开店的社交电商平台。贝店采用"自营 + 品牌直供"的模式，与数万个品牌直接合作，商家自己开店，不需要囤货、发货，由贝店统一采购、发货和提供服务，商家赚取推广费，即商家每卖出一件商品就可获得一定比例的佣金。

3. 社交分享电商

社交分享电商对供应链效率及运营监管要求较高，需要雄厚的资金和大量专业人才的支持，最典型的模式是拼团模式。拼团模式最大的优势在于可以用较低的价格买到高质量的商品，其高性价比在三四线及以下城市具有较大优势。由于三四线及以下城市人口相对集中，该模式可以通过拼团砍价的形式吸引更多追求高性价比的消费者群体。

目前比较典型的拼团模式有拼多多、京东拼团等。

（1）拼多多的成功之处在于基于微信海量的用户实现低成本用户裂变，抓住三四线及以下城市的消费者对高性价比的需求，然后找到热销商品形成销售的闭环。它借助"社交＋拼团＋低价"的组合，通过发起亲朋好友之间的拼团，实现用户量的快速增加。

（2）京东拼团的实际操作规则与拼多多大同小异：消费者看中一件商品后，可以选择自己开团或者参团，然后通过社交平台邀请更多的好友参团；当在有效时间内达到成团人数后，即可以拼团价购买商品。虽然采用低价拼购的方式，但京东拼团的商品同样由京东自己的物流、仓储和售后服务来提供保障。

无论是哪种社交电商模式，其销售策略都以消费者为中心，而不同的模式也面临着不同的挑战。社交内容电商依靠高质量的内容吸引消费者，但内容容易被复制，导致内容同质化严重；社交零售电商依靠推广提成收益吸引分销代理加盟商，但受微信等社交媒体的监管的影响较大；社交分享电商靠"低价高质"吸引消费者，需要避免商品"低价低质"的情况出现。需要注意的是，社交电商的核心还是"电商"，供应链控制、商品品质、消费者服务、消费体验等依旧是企业或品牌竞争的关键。

知识链接

微商也可归于社交电商的范畴，因为微商是通过微信生态所形成的电商模式，其以人与人之间的"社交"为核心。但微商更多以众多个体之间的商品买卖为中心，可以将其简单地理解为将传统的商品代理批发搬到了微信上，其收入大多来自商品的差价和品牌公司给予的销售返利。2019 年 1 月 1 日，《电子商务法》正式实施，微商被纳入电商经营者范畴。

4.4.3 社交电商的运营基础

社交电商是建立在人与人之间的交流之上的，因此，无论是哪种模式的社交电商，都建立在两大基础之上：一是熟人关系，二是信任关系。缺少任何一种基础，社交电商都无法继续运营下去。

1. 熟人关系

社交电商是通过人与人之间的社交活动来促成交易的，因此买卖双方关系越紧密，越容易促成交易行为。一般基于熟人关系的关系链可以分为图 4-8 所示的 3 个层级。

图 4-8 熟人关系的关系链

消费者通过社交媒体发起购物活动，通常首先将商品购买链接分享给亲戚、关系密切的朋友，以一起享受低价优惠，让大家形成一种良性的互动。因此，深度关系更容易促成交易行为。当然，浅层关系也能促成交易行为，如将购买链接发送到一些微信群中，邀请平时没有任何交集的群成员一起购买。

事实上，每个人的熟人关系都是有限的，社交零售电商或微商就需要通过微信、微博等社交平台开发更多人际交往关系。同时，一些浅层关系通过互动交流也能转化为中度或深度关系，因此关系维护是很重要的。

2. 信任关系

除了熟人关系，信任关系也是社交电商重要的运营基础。信任关系的核心在于如何实现社交关系的裂变，信任关系所"催生"的经济效应由人脉关系和影响力来驱动。例如，小红书这类社交电商主要依靠明星、"网红"生成高质量的内容，要想让消费者在平台中不断被激发出消费欲望，就需要借助这些名人、"网红"的影响力，让消费者依赖平台的人际交往关系和影响力。

熟人关系和信任关系是相辅相成的，熟人之间本身就拥有信任关系，在此基础上，熟人中只要有人对商品感兴趣就能促成交易行为。此外，建立了信任关系，就能让关系从陌生转变为熟悉，从而有利于销售的开展。社交电商的价值在于消费者之间的互动和分享，在拥有高品质商品的前提下，熟人的推荐在形成购买决策的过程中将起到非常重要的作用。

4.4.4　社交电商的客户服务

在社交电商中，良好的客户服务是把握客流量、提高转化率的关键因素。社交电商的客户服务分为消费者期望的服务和超出消费者期望的服务两个层次。

1. 消费者期望的服务

所谓消费者期望的服务是指消费者意料之中的，认为自己应该享受到的合理服务，如对消费者的基本尊重、提供基本的服务（如商品功能指导、退换货处理等）。如果客户服务达不到消费者期望的最低标准，必然会导致消费者的流失。

2. 超出消费者期望的服务

简而言之，超出消费者期望的服务就是对消费者期望的服务进行优化和升级。例如，对订单进行跟踪，及时通过通信工具感谢消费者购物；承诺提供更优质的退换货服务，如将一般的7天无理由退换货升级为30天无理由退换货等。在社交电商中，超出消费者期望的服务不仅能给消费者留下好的印象，而且能塑造良好的品牌口碑、提高复购率，并使商品得到有效的传播，从而形成社交裂变，这对社交电商的发展具有非常重要的作用和巨大的价值。

4.5　直播电商

直播电商是电视购物、电子商务等商业模式在媒介技术的动态演变中不断融合、发展的结果，它可以理解为"结合'直播'和'电商'而产生的一种通过互联网以直播的方式销售实体和虚拟商品的经营活动"。

4.5.1 火热的直播电商

在当下，电商行业中什么词最热门？"直播电商"就是其中之一。权威行业市场分析机构艾媒网发布的《2020年中国直播电商行业发展分析及总结》指出，2020年受市场环境影响，大部分实体行业遭受打击，而直播电商行业却逆势上扬，成为很多行业弥补销售损失的重要手段。数据显示，2020年中国直播电商市场规模达到9610亿元，同比增长121.5%。

扫码阅读

MCN

由于直播电商能给消费者带来直观和生动的购物体验，又有营销效果好、转化率高的特点，现已成为电商行业的新增长动力。淘宝、抖音、快手等头部电商平台及内容平台纷纷加大投入，产业链内强者恒强效应明显，头部KOL与MCN（Multi-Channel Network，多频道网络）机构优势稳固，具有不可复制性。随着5G技术的发展和直播渗透率的持续提高，直播品类与内容日趋丰富，"万物皆可播"时代即将来临。

事实上，直播电商从2016年悄然兴起，到现在已发展成为各平台标配，直播电商的发展大致经历了图4-9所示的5个阶段。

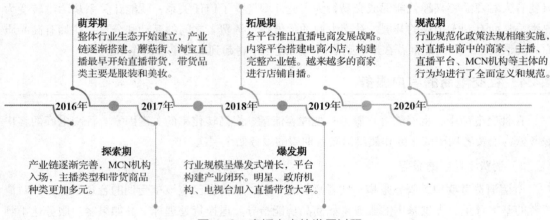

萌芽期
整体行业生态开始建立，产业链逐渐搭建。蘑菇街、淘宝直播最早开始直播带货，带货品类主要是服装和美妆。

拓展期
各平台推出直播电商发展战略。内容平台搭建电商小店，构建完整产业链。越来越多的商家进行店铺自播。

规范期
行业规范化政策法规相继实施，对直播电商中的商家、主播、直播平台、MCN机构等主体的行为均进行了全面定义和规范。

2016年　2017年　2018年　2019年　2020年

探索期
产业链逐渐完善，MCN机构入场，主播类型和带货商品种类更加多元。

爆发期
行业规模呈爆发式增长，平台构建产业闭环。明星、政府机构、电视台加入直播带货大军。

图4-9　直播电商的发展过程

直播电商火热归根结底是通过消费数据及消费引导，让商业与情感、人性的结合更为紧密，进而更好地满足了消费者消费升级的需求。

👥 **知识链接**

2020年7月，《视频直播购物运营和服务基本规范》正式施行。《视频直播购物运营和服务基本规范》是由我国商业联合会起草制定的直播带货行业内首部全国性社团标准，其对参与社交媒体和视频直播购物经营者的相关义务进行了统一规定。《视频直播购物运营和服务基本规范》的施行，有利于规范和引导直播电商健康发展，推动直播带货告别单纯的"野蛮生长"和"激进"发展，渐渐步入"监管时代"。

×× 主播出镜《中国减贫密码》，揭秘电商直播的扶贫力量

我国的脱贫攻坚计划是让全国人民都能过上幸福生活的一项国家发展计划，与我们每个人都息息相关。2021 年 2 月 25 日，经过全党、全国各族人民的共同努力，在迎来中国共产党成立 100 周年的重要时刻，我国脱贫攻坚战取得了全面胜利。作为重要的扶贫举措，目前电商扶贫已实现对 832 个国家级贫困县全覆盖。

2021 年 2 月 28 日，新华社重磅推出时长 50 分钟的纪录片《中国减贫密码》，揭秘我国在脱贫攻坚路上的"通关密码"。×× 主播作为脱贫攻坚的见证者成了纪录片中唯一出镜的电商主播，充分展现了我国电商的减贫经验。×× 主播是我国最早的公益主播之一，一直以来都在以实际行动展现电商主播的社会担当。2019 年，该主播凭借长期以来在扶贫助农公益活动中的突出表现，获得了全国脱贫攻坚奖。

纪录片介绍了 ×× 主播作为一名电商主播的责任和社会担当，以及该主播通过电商直播助力脱贫攻坚的典型案例。在云南，×× 主播到国家级贫困县永胜县，和果农实地交流，了解并且品尝当地引进的特色水果突尼斯软籽甜石榴。当晚，×× 主播在直播间引导销售永胜软籽石榴超过 160 吨；在安徽砀山，×× 主播帮扶当地梨膏产业链提档升级，成功打造了砀山梨膏等热销商品，不到一年时间，梨膏产业间接带动 10 多万人就业，直接助力 1.3 万名果农脱贫……

"我希望为扶贫做直播，不仅是一锤子买卖，而是让产品真正成为市场上有竞争力的商品。"×× 主播不止一次地表达过这样的观点。据统计，×× 主播自 2016 年成为电商主播后，已累计开展上百场助农直播，总共引导农产品成交额 6 亿多元。在扶贫助农的过程中，×× 主播不仅注重在直播间销售农产品，更是将电商标准带到当地，让农民从脱贫到可持续致富，为脱贫攻坚做出了贡献。

随着我国数字经济的发展，电商扶贫已成为一种重要模式。正如世界银行中国局局长所说，电子商务是一个非常好的方式，它促进了经济活动的快速发展。

🔍 **素养提升**

目前电商直播或直播行业中存在一些乱象，一些主播价值观扭曲，唯流量是从，为吸引眼球时常发布低俗视频内容。这种做法是不正确的，主播作为公众人物，应该杜绝利益至上的想法，理应回馈社会，利用自己的影响力积极参与公益活动，传播正能量。作为直播的受众，我们要坚决抵制直播中的低俗行为、哗众取宠的行为，分享有价值的直播，为维护干净的网络环境贡献力量。

4.5.2　直播电商的商业形态

从平台运作上看，直播电商的商业形态主要包括电商平台镶嵌直播模式和内容平台与电商平台互通模式。

（1）电商平台镶嵌直播模式。电商平台镶嵌直播模式是在电商平台中，直接镶嵌直播功能，这种模式被电商行业头部企业所应用，如淘宝、京东等，这些电商平台都在自己的平台中镶嵌相应的直播功能，将直播作为电商平台的"附属品"。电商平台镶嵌直播模式的特点是，利用电商平台的流量带动直播流量，等直播平台拥有充足的固定流量之后，再利用直播流量"反哺"电商平台。

（2）内容平台与电商平台互通模式。内容平台（包括图文、短视频、直播平台）与电商平台互通模式主要是直播平台借助商品链接跟电商平台建立联系，如抖音直播、快手直播。通过开通直播电商功能，主播可以在直播间添加商品链接，用户点击链接即可跳转至电商平台下单购买。在这种直播电商模式下，主播无需自备货源，只需要将商品售卖出去，就可以获得商家给予的一定的推荐佣金。

从直播形式上看，直播电商的商业形态主要有店铺直播模式、KOL 直播带货模式和佣金合作模式。

（1）店铺直播模式店铺直播模式以线下实体店为直播场景，直接在店铺直播带货。店铺直播模式最大的优势就是商品和店铺真实可靠，可以提高用户对店铺的信任度。

（2）KOL 直播带货模式。KOL 在某一特定的领域具有较大的影响力，较容易引导用户的消费想法。KOL 直播带货一般采用商家合作的模式，通常由商家主动联系 KOL 敲定商品及其价格。

（3）佣金合作模式。佣金合作模式主要是主播为与平台合作的商家带货，获取商家的佣金收益，这是很多新手主播做直播电商时会选择的模式。

4.5.3　直播电商平台的营利模式

从营利模式上看，打赏分成、佣金分成和增值服务是直播电商平台的 3 种主要收入模式。

（1）打赏分成。对于电商类平台，如淘宝和京东，用户的打赏不会带来实质性的收入，但可以为直播间增加人气和热度；对于内容类平台，如抖音和快手，用户打赏和普通的直播打赏类似，平台从中抽取一定比例的打赏金额作为盈利。

（2）佣金分成。电商平台采用按销售付费（Cost Per Sales，CPS）模式抽佣分成，即按照直播实际的销售量抽佣分成。

（3）增值服务。例如，淘宝直播覆盖直播前、直播中、直播后的营销推广服务；抖音直播、快手直播的付费引流服务。

4.5.4　直播电商的运营

直播电商的火热使直播带货成为零售行业的新模式，各个领域的主播都开始直播带货。在零售行业，"人、货、场"是 3 个关键的组成要素，在直播电商中也是如此。那么，电商直播如何从"人、货、场"出发来运营呢？

1．"人"——主播的选择

主播在很大程度上决定了产品能否在直播间畅销，起到关键作用的。一是主播的业务能力和知名度，二是主播是否与商家的产品契合。

主播直播吸粉与带货完全不同，带货需要主播有互动技巧，且对产品的潜在客户的需求有更深的了解。

对主播而言，只有经营有特点的人设，掌握消费者心理，钻研销售技能，才能在直播电商行业站稳脚跟。对商家而言，选择主播可以对主播的标签、专业知识及以往带货经历和达到的效果进行综合考量。

2. "货"——产品和供应链的竞争力

毋庸置疑，好的主播能够为直播间带来流量，但最终决定直播带货效果的是产品和供应链的竞争力。

消费者进入直播间之后，看到主播对产品的全方位展示，往往认为所见即所得，因此直播带货的核心是产品。直播购买的三要素，一是高性价比产品，二是受欢迎的品牌产品，三是低价快消品（如牙膏、洁面巾等）。而产品组合的思路一般遵循"引流款——利润款"的循环，即当直播间实时人气变低时持续上引流款产品，人气上涨后上利润款产品。

直播带货的核心是产品，但好的产品还需要配备具有竞争力的供应链。货源丰富、货源对接效率高等因素能够优化消费者的购物体验，提高消费者对主播的信任度。

总体而言，带货能力强的主播、竞争力强的产品和供应链是直播带货的必备条件。

3. "场"——直播场景的选择

直播场景充分体现了直播的优势，解决了线上导购无参与感、不具象化的问题。

对头部主播而言，直播场景的选择不是太重要，比较灵活，可以选择街边门店、办公室、工厂等，因为头部主播本身的带货能力足够强，不必担心场景的变换给用户带来不适。对非头部主播而言，直播场景的选择就十分重要了。直播场景有助于向消费者展示产品，所以直播场景的设计、装饰和产品的展示空间要布局合理，要让消费者能够在直播间更直观地了解需要的产品。

4.6　案例分析——直播电商的后起之秀：抖音直播

抖音是由今日头条孵化的短视频内容平台，于 2016 年 9 月上线。抖音官方数据显示，截至 2020 年 8 月，抖音的日活跃用户数已经超过 6 亿。相较于淘宝 2016 年布局直播电商，抖音于 2018 年才开展直播带货业务，进军直播电商，但在 2019 年，其带货规模就占据了 9.5% 的市场份额，自此，抖音在淘宝直播占有绝对性优势的直播电商市场中一跃成名，可谓直播电商的后起之秀。

4.6.1　抖音直播的产品定位

从抖音平台用户画像与特性看，抖音用户主要集中在一二线城市，用户终端机型多为苹果、华为、OPPO 等，男女用户比例为 4∶6，以女性用户居多，并且绝大部分用户的年龄低于 35 岁，拥有本科及以上学历的用户则超过 60%。从用户分布情况上看，抖音用户的消费水平相对较高，在抖音上直播带货容易实现付费转换。

抖音直播带货主播以"网红"为代表，带货种类覆盖衣食住行等方面。就买方用户需求而言，目前在抖音购物是一个附带的功能，用户的购物需求是被动产生的——多数用户在购买商品时受带货主播的信誉的影响较大。

4.6.2　抖音直播带货的特点

抖音直播带货以"网红"带货为主流方式。通常，抖音直播间主要通过直播平台的推送机制或通过整理直播中的优质片段并对其进行二次加工后发布的短视频作品获得流量，从而促使用户产生购买行为。用户在抖音的购物流程如图4-10所示。同时，累计直播时长、直播间活跃度和用户留存率等会影响平台对直播的推荐。

图 4-10　用户在抖音的购物流程

抖音直播带货的选品主要分为两类：一类是限时低价促销的日用品，如牙膏、洗衣液等；另一类是导购型产品，这类产品不容易通过短视频展示出效果，如香水，用户观看直播时无法闻到香味，主播必须通过直播演示及话术表现来引导用户下单。

另外，抖音直播电商运营能力、"造节"能力突出。例如，2020年上半年，抖音密集推出了多个直播带货活动："宅家云逛街"计划、"抖音好物节"、抖音年中大型直播带货活动——515王牌直播间等，直播带货效果显著。

4.6.3　抖音直播的变现方式

抖音直播的变现方式主要有打赏变现、电商变现和广告变现。

（1）打赏变现。打赏变现是指收取用户的礼物可以赚取音浪。

（2）电商变现。电商变现需要针对用户销售产品，可以销售自主产品，也可以带货赚取佣金。

（3）广告变现。广告变现主要是帮商家打广告，收取商家的广告费。

思考：

根据上述材料并结合你对抖音的认识分析以下问题。

（1）抖音开展直播电商业务有哪些优势？

（2）抖音直播间是怎样实现引流的？

（3）抖音直播如何实现同类产品的差异性销售？

实践训练

为了更好地理解新兴电子商务，并掌握相关的基础知识，下面我们将通过一系列实践训练来加以练习。

【实训目标】

（1）掌握新零售的基本概念并对其应用领域进行研究。

（2）掌握跨境电子商务的基本概念并对其应用领域进行研究。

（3）掌握移动电子商务的基本概念并对其应用领域进行研究。

（4）掌握社交电商的基本概念并对其应用领域进行研究。

（5）掌握直播电商的基本概念并对其应用领域进行研究。

【实训内容】

（1）通过对新零售知识的研究，从概念、特点、运营模式等方面对新零售进行总结和分析。

（2）通过对跨境电子商务知识的研究，列举两个以上的主流跨境电子商务平台，并说说这些平台各自的优势。

（3）通过对移动电子商务知识的研究，列举两个以上的主流移动电子商务平台，并对这些平台各自的特点、优势及商业模式进行总结和对比。

（4）通过对社交电商知识的研究，列举两个以上的主流社交电商平台，并对这些平台各自的特点、优势及商业模式进行总结和对比。

（5）通过对直播电商知识的研究，列举两个以上的主流直播电商平台，并对这些平台各自的特点、优势及商业模式进行总结和对比。

知识巩固与技能训练

一、名词解释

1. B2B 跨境电子商务　　2. 移动金融　　3. 社交分享电商　　4. 直播电商

二、单项选择题

1. 要完成跨境电子商务，下列选项中属于不可缺少的部分的是（　　）。

　　A. 跨境物流公司　　　　　　　　B. 跨境电子商务平台

　　C. 跨境支付平台　　　　　　　　D. 以上都是

2. 移动电子商务是一种新型的商务运作模式，以下属于移动电子商务平台的是（　　）。

　　A. 敦煌网　　　B. 天猫国际　　　C. 速卖通　　　D. 蘑菇街

3. 与传统电商相比，社交电商以（　　）为核心。

　　A. 企业　　　B. 商品　　　C. 人　　　D. 物流

4. 下列选项中，（　　）是新零售的终极模式。

　　A. 线下实体店的内在变革　　　　B. 线上导流，线下消费

　　C. 线上、线下一体化　　　　　　D. 以上都不是

三、多项选择题

1. 跨境物流方式主要包括（　　）。

　　A. 邮政包裹　　　B. 国际快递　　　C. 专线物流　　　D. 境外仓储

2. 移动互联网包含（　　）等多个层面。

　　A. 终端层　　　B. 软件层　　　C. 应用层　　　D. 服务层

3. 移动电子商务的特点包括（　　）。

　　A. 开放性　　　B. 即时性　　　C. 便捷性　　　D. 连通性

4. 社交电商是建立在（　　　）这两大基础之上的。

    A. 熟人关系　　　B. 信任关系　　　C. 交易关系　　　D. 互动关系

5. 从平台运作上看，直播电商的商业形态包括（　　　）。

    A. 电商平台镶嵌直播模式　　　　B. 内容平台与电商平台互通模式

    C. 店铺直播模式　　　　　　　　D. 佣金合作模式

四、思考题

1. 近年来，"赋能"成为新零售领域的一个热词，那么什么是"赋能"呢？

2. 请谈谈跨境电子商务与传统外贸电子商务的区别。

3. 外贸企业或个人在选择跨境电子商务平台时应该从哪些方面进行考量？

4. 移动电子商务的应用领域有哪些？结合本章内容谈谈你对移动电子商务的看法。

5. 在移动互联网时代，为什么电子商务社交化是大势所趋？

6. 你是如何理解新零售的？新零售和 O2O 电子商务有何联系与区别？

7. 直播电商兴起的原因是什么？

五、技能实训题

1. 在亚马逊找到一件需要的商品并购买，了解跨境电子商务的买家操作流程。

2. 选择一个合适的跨境电子商务平台，注册为商家，掌握注册商家的流程。

3. 下载并安装天猫和京东 App，根据自己的观察和使用情况，从登录、退出、搜索、二维码扫描、拍照购买等方面对比这两个 App 的功能和体验。

4. 选择一个社交电商平台，为其写一个分析案例，分析平台的商业模式、优势和劣势等。

5. 分别在淘宝和抖音观看一场带货直播，分析两者的异同。

第 5 章　网络营销

【学习目标与要求】

◆ 了解并熟悉网络营销的相关知识。

◆ 掌握网络市场调查的方法。

◆ 掌握网络广告的相关知识。

◆ 熟悉网络营销的常用方法。

【案例导入】

爱奇艺"就地不将就"微博营销活动

2021年春节，很多在外地工作的人纷纷响应"就地过年"的号召，选择留在工作地过年。在此期间，爱奇艺发布"娱乐不将就""压岁钱不将就""年夜饭不将就""爱美不将就"系列海报，通过微博发起"就地不将就"新年活动，提倡大家保持"就地过年不将就"的态度。美团外卖、自如网、海马体照相馆等品牌也根据自身特色结合"就地不将就"的理念参与到了这场"就地不将就"的态度表达活动中，号召更多网友积极表达自己"就地不将就"的方式，以给这个不在家的特殊春节带来别样年味。活动话题"就地不将就"阅读量在短时间内破亿，超过25万人参与话题讨论并发表自己的不将就方式。经过网友投票，"就地年夜饭不将就"成为呼声最高的不将就方式。为了给网友一个表达"就地年夜饭不将就"方式的渠道，爱奇艺紧接着发起"就地年夜饭大赏"征集活动，该活动两天内参赛人数超过3000人，大家纷纷晒出自己的"不将就年夜饭"图片或视频。此外，爱奇艺也顺势将平台内影视剧、综艺、动漫等板块的优质内容精心筛选出来并编制成春节观影指南，为网友呈现视觉上的饕餮盛宴。

思考：

爱奇艺通过微博发起的"就地不将就"新年活动为何能得到网友的积极响应？开展微博营销如何扩大营销活动的影响力？

5.1 网络营销概述

网络营销既不是网上销售，也不是网站推广，它不限于网上，也不等同于电子商务，它是传统营销理论在互联网环境中的应用和发展。下面我们将对网络营销的相关基础知识进行介绍，包括网络营销的概念、优势和职能等内容。

5.1.1 网络营销的概念

网络营销是企业利用网络进行品牌宣传、商品或服务营销的一种策略活动，其最终目的在于吸引消费者进入目标网站并购买商品或服务。网络营销建立在互联网的基础上，借助互联网来满足消费者的需求，为消费者创造价值，它不是对某种方法或某个平台的应用，而是包括规划、实施、运营和管理等内容，贯穿企业开展网络活动的整个过程。图 5-1 所示为网络营销的内涵。

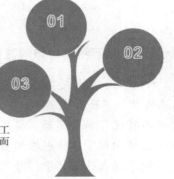

网络营销不等同于网络销售
网络营销不仅可以促进网络销售，还有助于提升企业的品牌价值、加强企业与消费者之间的沟通等。网络销售的推广手段除了网络营销，还有印发宣传册等传统方式。

网络营销不等同于电子商务
无论是传统企业还是互联网企业都需要网络营销，但网络营销本身并不是一个完整的商业交易过程。

网络营销是手段而不是目的
网络营销是综合利用各种网络营销方法、工具、条件并协调它们之间的相互关系，从而有效实现企业营销目标的手段。

图 5-1　网络营销的内涵

5.1.2 网络营销的优势

与传统市场营销相比，网络营销的优势表现在以下 6 个方面。

（1）网络营销有利于企业降低成本。首先，运用网络，企业可以与供应商形成一体化的信息传递和处理体系，简化采购程序，降低采购成本。其次，使用营销工具和方法的费用低，同时可节省打印、包装、存储和交通等传统营销费用。最后，企业可在网页上提供"商品注意事项""问题解答""使用程序"等资料，或通过各类通信软件及时与消费者交流，解决售后服务问题，从而极大地降低了售后服务成本，并提高了售后服务质量。

（2）网络营销的互动性更强。企业可以通过网站平台、线上讨论等方式进行消费者信息收集。消费者可通过互联网对企业及其商品进行关注与讨论，并对商品的设计、包装、定价和服务等发表意见。这种双向的沟通方式，不仅提高了消费者的参与度，还增强了企业营销策略的针对性，有助于实现企业的营销目标。

（3）网络营销的宣传范围更广。互联网是一个全球普及的网络平台。网络营销不再局限于某一地区或某一国家，而是将其宣传推广力度发展至全世界，使企业品牌能超越空间的限制进行传播。

（4）网络营销的持续时间更长。企业通过网络营销可将商品发布到互联网上，从而得以举办 24 小时不间断的"品牌秀"。

（5）网络营销的传播速度更快。网络营销的传播速度快是毋庸置疑的，这得益于网络上社交群体、朋友圈之间信息的高效传输。

（6）网络营销能够更加有效地服务于消费者。网络营销是一种以消费者为导向，强调个性化的营销模式。消费者可根据自己的个性需求，在全球范围内不受限制地寻找自己满意的商品。

5.1.3 网络营销的职能

总的来说，网络营销的职能主要有品牌推广、信息搜索、信息发布、促进销售、维护客户关系和网上调研。

1. 品牌推广

网络营销的重要任务之一就是在互联网上建立并推广企业的品牌。知名企业的线下品牌可以在网上得以延伸，一般企业则可以通过互联网快速树立品牌形象，并提升企业的整体形象。网络品牌建设以企业网站建设为基础，通过一系列的推广措施，取得消费者和公众对企业的认知和认可。

2. 信息搜索

网络营销能力的强弱可以通过信息的搜索功能反映出来。企业在营销活动中，需要获取各种商机、进行价格比较、了解竞争者的竞争态势，以及对商业情报等相关信息进行研究，这些信息的获取均可以通过多种信息搜索方法来完成。

如今的信息搜索功能已由单一化向集群化、智能化发展，网络搜索的商业价值得到了进一步提高。例如，消费者在百度搜索某本书，搜索结果链接到的不是某个网上商城的首页，而是这本书的专门页面。这个页面显示了书的价格、折扣、消费者评分、评价链接、编辑推荐等信息，并且该页面还会显示类似"购买本书的消费者还买过""看本书的消费者还阅读了"等栏目向消费者推荐其可能感兴趣的相同类型的其他书。

3. 信息发布

网络营销的基本思想就是通过各种网络营销模式，将企业的营销信息以高效的手段向目标消费者、合作伙伴和公众等群体传递。互联网作为一个开放的信息平台，使网络营销具备了强大的信息发布功能。通过网络营销发布信息后，企业可以主动进行跟踪，及时获得回复，也可以与消费者进行再交流和再沟通。

4. 促进销售

市场营销的最终目的是促进销售，网络营销也不例外，各种网络营销方法大都具有直接或间接促进销售的效果。事实上，网络营销对促进线下销售同样很有价值，这也是一些没有开展网络销售业务的企业同样有必要开展网络营销的原因。

5. 维护客户关系

互联网提供了更加方便的在线客户服务手段，包括形式最简单的常见问题解答（Frequently Asked Questions，FAQ）、邮件列表，以及聊天室和微信群等各种即时信息服务，以便企业维护客户关系。客户服务质量对网络营销效果具有十分重要的影响，良好的客户关系是网络营销取得成效的必要条件，企业通过增强网站的交互性和客户参与度等方式可以在开展客户服务的同时，增进与客户之间的关系。

6. 网上调研

通过在线问卷调查等方式，企业可以完成网上调研。相较于传统市场调查，网上调研具有高效率、低成本的特点。网上调研不仅能为制定网络营销策略提供支持，也是开展市场研究活动的辅助手段之一。

网络营销的职能是通过各种网络营销方法来实现的。要实现同一个职能，可能需要采用多种网络营销方法，而同一种网络营销方法也可能有助于网络营销的多个职能的实现。

5.1.4　传统市场营销与网络营销的融合

虽然电子商务环境下的网络营销给传统市场营销带来了巨大的影响，但这并不代表网络营销就可以完全取代传统市场营销。网络营销由于网络普及率不同、网络固有缺陷等还不能取代传统市场营销的主导地位。网络营销与传统市场营销是互相依赖、互相补充和互相配合的关系，二者充分整合逐渐走向融合，才是未来市场营销的发展方向。

鉴于传统市场营销与网络营销的特点，企业在进行营销时应该根据企业的经营目标和细分市场，整合网络营销和传统市场营销策略，以最低的营销成本实现最佳的营销效果。传统市场营销与网络营销的融合，就是将网络营销作为企业营销策略的一部分，用网络营销的优点来弥补传统市场营销的不足，使营销策略更加完善，实现以消费者为中心的统一传播和双向沟通，进而实现企业的营销目标。

5.2　网络市场调查

网络市场调查是基于互联网进行营销信息的收集、整理、分析和研究的过程，一定阶段、一定地区内的市场竞争状况、商品情况、消费者的需求和购买行为变化等都可以通过网络市场调查取得基础数据资料。企业通过对详细的网络市场调查数据进行分析，可以解决市场营销的难题，为企业制定营销目标和价格策略等提供科学依据。

5.2.1　网络市场调查的对象

网络市场调查的对象主要包括消费者、竞争者、合作者等相关人群。企业通过对目标人群进行调研，可以分析市场的营销机会，及时调整营销策略。

（1）消费者。不同的网络市场拥有不同的消费人群，不同的消费人群会体现出不同的特征和差异性。企业在进行网络市场调查时，应该通过网络跟踪目标消费人群的购买行为，调查其购买意向，收集其对企业、商品、服务、支付、配送、性价比等各方面的意见，综合整理这些意见后可将其作为以后制定营销策略的参考。

（2）竞争者。网络营销环境下的竞争者不仅包括目前有竞争关系的企业，还包括潜在竞争者、商品替代者等。企业应分析不同类型的竞争者带来的威胁，了解竞争者的营销动向、商品生产、企业管理等信息，结合消费者的反馈，分析出本企业的威胁和机会，并将其作为制定更加合理、有效的营销策略的依据。

（3）合作者等相关人群。企业的联盟企业、供应商、第三方代理等提供的行业评估信息也可以为企业的网络营销策略提供有价值的信息数据。

5.2.2 网络市场调查的步骤

网络市场调查具有一定的独特性，主要包括以下 5 个步骤。

1. 明确调查目标

网络市场调查的首要条件是明确调查目标，即弄清调查什么。企业会根据调查目标来确定调查的范围、内容和方法，制订详细的调查计划。一般来说，企业可以从以下 5 个角度来明确调查目标。

（1）谁最有可能在网上使用你的商品或服务？

（2）谁最有可能购买你提供的商品或服务？

（3）在同类型的企业中，哪家企业已经开展了网络营销业务，它们具体在做什么？

（4）你的目标消费者对竞争者的印象如何？竞争者对你的目标消费者的影响如何？

（5）企业的日常运作可能要受哪些法律、法规的约束？企业应如何依法运营？

2. 制订调查计划

明确调查目标后，企业即可根据调查目标制订有效的调查计划。调查计划是对调查本身的具体设计。传统市场调查计划主要包括调查的目的与要求、调查对象的范围与数量、调查样本的选择及抽样、调查项目与内容等。一般情况下，网络市场调查计划主要包括确定资料来源、调查方法、抽样方案和联系方法等内容。

（1）确定资料来源。市场调查的资料来源可能是一手资料也可能是二手资料。一手资料是调查人员通过现场实地调查，直接通过有关调查对象收集的资料；二手资料则是经过他人收集、记录和整理所积累的各种数据资料。只要保证资料来源的准确性与真实性，一手资料和二手资料都可以被采用。

（2）确定调查方法。网络市场调查的方法有很多，如网上搜索法、在线调查法和电子邮件调查法等，具体采用哪一种调查方法需要企业根据实际情况进行分析。

（3）确定抽样方案。抽样方案包括抽样方法、抽样数量和样本判断准则等内容。

（4）确定联系方法。网络市场调查一般通过电子邮件、QQ 等网上交流方式进行。

3. 收集信息

互联网不受时间和空间的限制，使得企业可以在全国甚至全球范围内收集信息。网络中的信息丰富且繁杂，企业需要采用合适的方法才能找到需要的信息，从而有效地将其用于网络市场调查。网上搜索、在线问卷调查等方法均可用于收集所需信息。

4. 分析信息

收集信息后，调查人员就需要分析信息，从繁杂的信息中提炼出与调查目标相关的信息，并将其作为开展后续工作的依据。分析信息需要借助一些数据分析技术，如交叉列表分析技术、概括技术、综合指标分析技术和动态分析技术等，或者采用 SPSS（Statistical Product and Service Solutions，统计产品与服务解决方案）、SAS（Statistical Analysis System，统计分析系统）

等分析软件。不管采用哪种方法进行分析，都要保证分析的速度、准确性与真实性，因为网络信息传播得非常迅速，如果竞争者比你更快地占据了市场，你可能会失去已有的优势。

> **知识链接**
>
> Excel 和 WPS 表格也可用于数据的分析与处理，但它们能够处理的数据比较简单，且部分数据需要手动处理。

5. 撰写调查报告

网络市场调查的最后一个步骤是撰写调查报告。这需要调查人员把调查情况与市场营销策略结合起来，以标准的书写格式，写出调查报告。

调查报告的内容主要包括标题、目录、引言、正文、结论、启示和建议，以及附录等。其中，正文的内容就是对本次网络市场调查的主要说明，如调查目的、调查方法，以及调查数据的统计和分析等。

5.2.3 网络市场调查的方法

企业在网上既可直接进行一手资料的收集，即进行网络市场直接调查，也可利用互联网的媒体功能与搜索引擎收集二手资料，进行网络市场间接调查。

1. 网络市场直接调查的方法

在互联网上收集原始资料的过程即网络市场直接调查。根据调查思路的不同，目前常用的网络市场直接调查的方法可细分为以下3种。

（1）网上观察法。网上观察法是指相关软件或人员记录网络浏览者浏览企业网页时所点击的内容等。

（2）在线问卷法。在线问卷法是指请求浏览网站的每个人通过填写在线调查问卷来参与企业的各种调查。除了自己设计问卷外，企业还可通过专业的问卷调查平台进行问卷设计和发布、收集和分析用户数据，如问卷星、91问问调查网等。企业在问卷调查平台可通过模板轻松创建在线调查问卷，然后通过邮件、QQ、微信群、朋友圈、二维码等多种渠道将问卷链接发给用户填写。同时，问卷调查平台会自动对调查结果进行统计、分析，企业可随时查看或下载问卷结果，以便收集和分析用户数据。

（3）网上实验法。网上实验法是指通过网络平台设计并发布几种具有不同内容和形式的广告，对比各个广告带来的效果，以收集市场行情资料。

2. 网络市场间接调查的方法

网络市场间接调查是指利用互联网收集与企业营销相关的二手资料信息，包括市场、竞争者、消费者和宏观环境等的相关信息，是企业应用最多的网络市场调查方法。目前，使用这种模式在网上收集信息主要有以下3种方法。

（1）利用搜索引擎。利用搜索引擎是指提供一个从互联网中搜索信息的入口，根据搜索者提供的关键词对互联网信息进行检索，筛选出与关键词相关的信息。

（2）访问专业网站。各种专题性或综合性市场调查网站都提供了一些特定的市场调查资料，企业若知道需要的资料可以从哪些网站获得，就可以直接访问这些网站。

（3）利用大数据平台。基于大数据平台（如百度指数、阿里指数），企业能够快速收集和抓取用户的社会属性、生活习惯和消费行为，如年龄、性别、品牌和商品偏好及购买水平等信息。大数据平台并不都是免费的，有的大数据平台需要企业付费才提供用于市场调查的数据资料。

5.3 网络广告

网络广告就是在网络平台上投放的广告，与传统媒体广告相比，网络广告更加符合互联网环境，是现代营销策略的重要组成部分。本节将重点介绍网络广告的相关知识，包括网络广告概述，网络广告的表现形式、投放方式和效果测定的标准等。

5.3.1 网络广告概述

网络广告是随着互联网的发展而逐渐兴起的，是指互联网信息服务提供者通过互联网在网页中以各种方式，如横幅、文本链接、视频等方式发布的广告。

1994 年 10 月 27 日，美国著名的《连线》杂志推出了网络版《热线》，该网页上有 MCI 等 14 个客户的横幅广告。这是首次以网络的形式呈现的广告，标志着网络广告的诞生。1997 年，我国第一个商业性网络广告出现，一直到 1998 年年初，我国的网络广告才稍有规模。经过多年的发展，我国网络广告行业逐渐变得成熟。

网络广告既具有传统媒体广告的优点，又具有传统媒体广告无法比拟的优势，不管是对中小企业还是对广泛开展国际业务的公司而言，都十分适用。网络广告具有覆盖面广、受众多、传播范围广、不受时间限制、方式灵活和互动性强等特点。

目前，我国网络广告已经占据了广告市场的主导地位。有关数据显示，2020 年我国广告市场规模超过 9000 亿元，其中网络广告规模近 5500 亿元。从网络广告的构成上看，2020 年，移动互联网广告占比为 89.2%，PC 端广告占比为 7%，OTT（主要是指通过流媒体电视服务进行投放的广告，如贴片广告等）及智能硬件广告占比为 3.8%，在这 3 个部分中，移动互联网广告占据了绝对的主导地位。从整个广告行业的发展趋势来看，未来几年，仍将保持较平稳的增速，2021—2025 年网络广告复合增长率保持在 6% 左右。

5.3.2 网络广告的表现形式

网络广告的表现形式多种多样，如横幅广告、文本链接广告、视频广告等都是目前较为常见的表现形式。

1. 横幅广告

横幅广告（Banner）又称旗帜广告，是最早的网络广告形式，主要是以 GIF、JPG 等格式建立的图像文件。横幅广告是横跨于网页上的矩形公告牌，当用户点击横幅广告时，即可直接链接到具体的广告页面。横幅广告根据表现形式的不同，可分为静态横幅广告、动态横幅广告和交互式横幅广告。

（1）静态横幅广告。静态横幅广告在网页中一般表现为一张固定的图片，图 5-2 所示为静态横幅广告，其是网络广告兴起时的常见表现形式。静态横幅广告不仅制作非常简单，而且能被众多网站接受，但内容较为呆板、枯燥，其点击率往往比其他类型的横幅广告低。

图 5-2　静态横幅广告

（2）动态横幅广告。动态横幅广告是将一连串图像连接起来形成的动画，其内容更丰富。动态横幅广告通过动态的画面给用户传递更多的信息、加深用户对广告的印象，以此来吸引用户点击，从而获取更多的流量。

（3）交互式横幅广告。交互式横幅广告通过 Java 等语言进行制作，表现形式多样，如下拉菜单、游戏和插播式等。交互式横幅广告包含的内容更多、更直接，其点击率比动态横幅广告高。

2. 文本链接广告

文本链接广告是以一排文字作为一个广告，用户点击文字可以进入相应的广告页面。文本链接广告以文字的形式链接具体的网页，对用户的干扰较少。

3. 视频广告

视频广告是指以数字视频为主要表现形式的新媒体广告。视频广告的表现形式有标准的视频形式、画中画形式和焦点视频形式，格式主要包括 FLV、WMV 和流媒体格式等。视频广告具有很强的视觉冲击力和交互性，并且用户在播放视频广告时，可以进行重播、音量控制、快进和暂停等操作。图 5-3 所示为微博网页端的视频广告。

图 5-3　微博网页端的视频广告

视频广告整合了网络媒体和电视媒体的双重优势，受众覆盖面广，目前较为流行的有移动视频广告。移动视频广告主要采用数码和 HTML 5 技术，充分融合了视频、音频、图像和动画等元素，在用户在移动设备（手机和平板电脑等）上操作应用的过程中插播视频，以进行营销。

4. 其他网络广告形式

除了以上 3 种网络广告形式外，还有一些其他形式的网络广告。

（1）插播式广告。插播式广告是指在两个网页互换间隙中插入的网页广告，其表现形式主要有弹出式广告和过渡插入式广告。

① 弹出式广告。弹出式广告是用户在请求登录网页时强制插入的广告页面或弹出的广告窗口，类似于电视广告。

② 过渡插入式广告。过渡插入式广告是一种在两个网页互换间隙中出现在浏览器主窗口中的插播式广告。当用户单击网页中的链接时，首先出现的是广告页面，等待一段时间（一般为 5 ～ 10 秒）后才会出现用户请求的目标页面。

插播式广告的尺寸并不固定,可以是全屏的,也可以是小窗口的;广告的内容可以是静态的,也可以是动态的。用户可以通过关闭窗口的方式来屏蔽广告,或采用插件屏蔽弹出式广告。

（2）游动式广告。游动式广告又称移动广告,它会随着网页的上下滚动而移动,也就是说,它会一直出现在屏幕上,只有当网页被关闭时才会消失。

（3）赞助式广告。赞助式广告主要包括内容赞助、节目赞助和节日赞助等形式。其中,内容赞助是最常见的形式,常以网页内容的形式出现。节目赞助指企业通过对自己感兴趣的内容或网站节目的赞助来达到广告营销的目的。节日赞助是指企业通过参与网站在特殊节日推出的网站推广活动来发布自己的广告。

5.3.3　网络广告的投放方式

扫码阅读

广告投放的
注意事项

要想使网络广告取得预期的效果,企业需要根据自身需求选择一种或多种方式投放网络广告。目前常见的网络广告的投放方式包括建立企业网站、借助搜索引擎、借助社交媒体平台、借助电商平台等。

（1）建立企业网站。建立企业网站是网络广告投放的基本方式,企业可通过主页进行商品或服务的宣传;主页地址也会像企业的名称、地址等一样成为独特的标识,是企业的一种无形资产。建立企业网站前,企业需要先明确建立网站的目的,并确定网站的功能、规模及预期的费用,进行市场分析,拟定建立网站的策划书,然后再开展网站的建设工作,如确定网站域名、空间和开发网站页面等。

（2）借助搜索引擎。搜索引擎是目前重要的广告投放平台,企业可根据自身的特点、产品的特色等确定相应的关键词,同时撰写相应的广告内容并在搜索引擎上进行投放。当用户搜索到企业确定的关键词时,相应的广告就会展示出来,搜索引擎会在用户点击广告后按照企业对该关键词的出价收费,无点击则不收费。

（3）借助社交媒体平台。社交媒体广告是电子商务零售商的营销组合中最有效的渠道之一。随着移动社交媒体的普遍使用及移动电子商务销量的增长,社交媒体广告已经成为销售转换的强大动力。用于网络广告投放的社交媒体平台有微博、微信、小红书等内容分享平台;网易新闻、腾讯新闻等新闻资讯类平台;抖音、快手等短视频平台。社交媒体平台广告多采用信息流广告(在发布的消息之间插入广告),与平常能够看到的内容原创形式相似,由文字、图片、视频信息共同构成,用户可以点赞、评论、查看朋友给出的评论,并形成互动。由于信息流广告被直接植入用户视觉焦点内容之中,因此其被用户忽略的可能性较低。

（4）借助电商平台。随着电商平台与短视频、社交等领域的融合,个性化场景的精准推荐与多样化的广告形式显著提高了广告到达率,带动了电商广告市场持续发展。电商广告主更加追求广告投放的导流效果,且网络广告投放形式多样,广告位需求量较大。

其他的网络广告投放方式还有借助大型门户网站、借助专业网站等。大型门户网站,如新浪、搜狐等具有访问量大、用户多等优点,企业在这些网站投放网络广告能获得更多的访问量。专业网站用于提供某类专门的服务,其用户大多是相关领域的专业人士或爱好者,用户群体比较固定,针对性强。例如,蜂鸟网在为广大摄影用户提供专业、丰富的摄影资讯的同时,也为器材厂商和经销商提供卓越有效的互联网营销方案,摄影类企业在该网站投放产品广告的效果就比较好。

5.3.4 网络广告效果测定的标准

网络广告效果是指网络广告传播之后所产生的影响，或受众对网络广告的反应。对网络广告效果进行测定，可以帮助企业更好地总结经验，便于企业对广告的设计和制作进行改进。根据《中国网络营销（广告）效果评估准则》，我们主要从广告展示量、广告点击量、广告到达率、广告二跳率和广告转化率 5 个方面来对网络广告效果进行测定。

1. 广告展示量

广告每显示一次称为一次展示。广告展示量可以按照不同的时间周期来统计，如小时、天、周和月等，它还可以反映广告所在媒体的访问热度。

2. 广告点击量

广告点击量指用户点击广告的次数。通过对广告点击量进行统计，企业可以查看广告的投放效果。将广告点击量与产生点击的用户数（以网页 Cookie 统计为准）进行对比，可以反映广告是否存在虚假点击的情况。用广告点击量除以广告展示量所得到的结果，即广告点击率，可以反映广告对用户的吸引程度。

3. 广告到达率

广告到达率指用户通过点击广告进入被推广网站的比例。广告到达率可以反映广告点击量的质量和广告着陆页的加载效率。其计算方法为广告到达率 = 广告到达量 ÷ 广告点击量。其中，广告到达量是指用户通过点击广告进入被推广网站的次数。

4. 广告二跳率

广告带来的用户在着陆页上产生的第一次有效点击称为二跳，二跳的次数即二跳量。广告二跳率指通过点击广告进入被推广网站的用户，在网站上产生有效点击的比例。广告二跳率既可以反映广告带来的流量是否有效，也可以反映着陆页对用户的吸引程度。其计算方法为广告二跳率 = 广告二跳量 ÷ 广告到达量。

5. 广告转化率

广告转化率指通过点击广告进入被推广网站的用户形成转化的比例，常用来反映广告的直接收益。判断用户形成转化的标志是用户到达了一些特定的页面，如注册成功页、购买成功页和下载成功页等，此时用户从普通的浏览者转变为注册用户、购买用户、下载用户等。广告转化率的计算方法为广告转化率 = 用户转化量 ÷ 广告到达量。

5.4 网络营销的常用方法

要想取得良好的营销效果，企业应选择合适的网络营销方法。网络营销的方法多种多样，目前常见的方法包括搜索引擎营销、微博营销、微信营销、社群营销、软文营销、直播营销、短视频营销等。

5.4.1 搜索引擎营销

搜索引擎营销（Search Engine Marketing，SEM）是以搜索引擎平台为基础的网络营销，其表现为用户在使用搜索引擎时，企业的营销信息将自动出现在搜索结果中。该方法能有效地将营销信息传递给目标用户，是目前主要的网络营销手段之一。搜索引擎营销的主要方法包括关键词竞价排名、分类目录登录和搜索引擎优化。

1. 关键词竞价排名

扫码阅读

百度竞价排名

关键词竞价排名是企业为自己的网站购买关键词排名，并按点击次数付费的一种营销模式。付费后网站就能被搜索引擎收录，并按单次点击付费最高者排名靠前的原则进行排列，付费越高排名可能越靠前。常见的搜索引擎有百度、搜狗和 360 等。在这些搜索引擎中，企业可以通过调整每次点击付费的价格，控制自己的网站在特定关键词搜索结果中的排名，并设置不同的关键词来捕捉不同类型的目标用户。图 5-4 所示为在百度搜索"扫地机器人"的关键词竞价排名结果示例。

2. 分类目录登录

分类目录登录是一种比较常用的网站推广手段，企业通常可以免费向搜索引擎申请将网站收入分类目录，以获得更高的曝光度和被搜索引擎抓取的概率。图 5-5 所示为百度分类目录登录申请界面，在该界面中，企业可以添加站点并分析站点的流量和网页抓取信息。

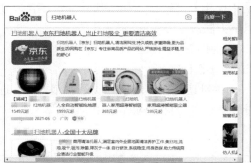

图 5-4　在百度搜索"扫地机器人"的关键
　　　　词竞价排名结果示例

图 5-5　百度分类目录登录申请界面

登录分类目录前，企业需要先确定自己的网站的类别，从而找到最合适的目录。企业可以通过查询各种主题分类的方法来确定类别，也可搜索竞争者并研究他们的目录分类，然后再提交，并填写网站的详细资料。提交完成时需注意以下事项。

（1）提交的频率不能太高，可保持 2～3 个月一次的频率，切忌重复提交。

（2）网站分类信息一定要认真填写，不能存在虚假信息。

（3）网站描述信息尽量简洁、明确，最好根据网站的关键字展开描述，突出重点。

（4）关键字不能太多，保持 3～4 个字比较合适。

（5）网站收录的时间可能较长，应保持良好的心态，耐心等待并做好站内优化。

3. 搜索引擎优化

搜索引擎优化（Search Engine Optimization，SEO）是指通过提高网站的质量，使网站各项基本要素符合搜索引擎的检索原则，从而更容易被搜索引擎收录及优先排序。搜索引擎优化主要包括站内搜索引擎优化和站外搜索引擎优化。

（1）站内搜索引擎优化。站内搜索引擎优化主要可以通过 META 标签优化、内部链接优化和网站内容优化来实现。

① META 标签优化。META 标签是网页 HTML 源代码中用来描述网页文档属性的标签，包括网页标题（Title）、关键字（Keywords）、描述（Description）、作者（Author）等内容。图 5-6 所示为"汽车之家"网站的部分 META 标签信息。在浏览器中的网页空白处单击鼠标右键，在弹出的菜单中选择"查看网页源代码"或"源文件"等即可查看 META 标签。META 标签中最重要的内容是关键字和描述，因此企业一定要保证这两部分内容完整，这样才能让搜索引擎准确地发现自己的网站，从而吸引更多用户访问。设置关键字时，尽量不要使用太笼统的词汇，要保证关键字精准且密度合理。

```
<title>汽车之家_我的汽车网站, 我的汽车之家</title>
<meta name="keywords" content="汽车,汽车之家,汽车网,汽车报价,汽车图片,新闻,评测,社区,俱乐部"/>
<meta name="description" content="汽车之家为您提供最新汽车报价,汽车图片,汽车价格大全,最精彩的汽车新闻、行情、评测、导购内容,是提供信息最快最全的中国汽车网站。"/>
```

图 5-6　"汽车之家"网站的部分 META 标签信息

② 内部链接优化。内部链接主要是网站中的相关性链接（tag 标签）、导航链接和图片链接。企业要优化这些链接，保证这些链接的指向正确且有效。

③ 网站内容优化。网站内容优化即对网站内容进行优化，主要是保持内容的更新。

（2）站外搜索引擎优化。站外搜索引擎优化是指优化外部链接，如增加外部链接，以使链接真实自然并合理递增。增加外部链接可以采取以下方法。

① 增加外部链接类别，如贴吧、博客和新闻等，使链接更加丰富多样。

② 每天增加一定数量的外部链接，保证关键词排名稳定上升。

站外搜索引擎优化并不意味着站外链接越多越好，关键还是在于链接的质量和相关性。选择链接时最好进行筛选，以保证链接的网站整体质量较高，且与自己网站的内容联系紧密。

5.4.2　微博营销

微博营销是基于粉丝进行的营销。对企业而言，微博上的每一个活跃粉丝都可能是潜在营销对象。企业要想使微博营销取得良好的效果，一方面要拥有更多的粉丝，另一方面要有有效的粉丝流量。如果粉丝只是关注你的微博，而不参与信息传播、交流互动，粉丝的价值将大打折扣。因此，在微博营销的实际操作过程中，企业需要注意一些营销技巧，以获得更多的有效流量。

扫码看视频

微博营销

1. 积累粉丝

在微博上，企业的粉丝数量决定其影响力，粉丝数量越多，企业发布的微博才能被越多的人看到，才能引导更多的人进行互动，因此企业要积极增加自己的粉丝数量。除了采用运营微博账号、持续发布优质的微博内容等方法，企业还可采用图 5-7 所示的 4 种常用方法积累粉丝。

2. 保证微博更新的频率

微博是一个能快速分享与传播信息的平台，企业如果长时间不发布微博，不仅不能吸引新的粉丝，还会造成粉丝流失。因此，企业要保证微博的更新频率。一般来说，每天发布微博的数量可以控制在 5 ～ 13 条，避免造成"刷屏"现象以引起粉丝的反感。而且发布微博的时间间隔不能太短，因为粉丝往往只会看到最近发布的一两条信息，如果发布微博的时间间隔太短，那么部分微博就很容易被粉丝直接忽略。

01 与同类人群互粉
在微博创建初期，与同一个领域、有共同或相似爱好的群体互相关注。

02 外部引流
将在直播、问答、微信、QQ等平台已有的粉丝引入微博中。

03 开展或参与活动
通过转发抽奖、发起或参与热点话题讨论等形式，引导粉丝转发微博，吸引非粉丝用户的关注。

04 与其他微博合作
与有影响力的微博博主，或邀请网络"大V"互动合作，利用双方或多方的影响力，扩大宣传范围。

图 5-7　积累粉丝的 4 种常用方法

3. 提高微博的质量

微博是一个个性化的信息分享平台，用户可以在上面发表自己的看法和意见，也可以对其他人的言论进行评论。但企业发布的内容质量如果不高，往往会造成粉丝流失。特别是在前期需要增加粉丝数量时，企业更要注意微博的质量，多发布一些原创、实用性强和有价值的内容，只有这样才可以引起用户的共鸣，提高微博的转发率和传播率。

4. 积极与粉丝互动

微博是一个即时传播信息的平台，企业发布的微博可以瞬间引起粉丝的关注和转发。因此，企业一定要经常与粉丝互动，只有这样才能增强粉丝的黏性。与粉丝互动的方法有很多，下面介绍 3 种常用的方法。

（1）在微博直接提问，吸引粉丝参与讨论与回复，并积极参与其中。

（2）发起讨论、投票和有奖竞猜等互动活动，从不同的角度进行分析，在活跃气氛的同时完善自己的微博，了解粉丝的想法与行为。

（3）多关注留言、评论，特别是粉丝的反馈，要及时做出合适的回应，以保证粉丝的忠诚度。

 案例阅读

淘宝"螺蛳粉自由"话题营销

2018 年，柳州螺蛳粉风靡大江南北，其网上店铺超过 1 万家。2020 年，大量网友在居家期间将螺蛳粉频频"推上"微博热搜，淘宝便抓住了这一营销机会。2020 年 2 月 21 日上午，淘宝借势发起"螺蛳粉自由"话题，且设定关注并转发可参与抽奖，淘宝发布的"螺蛳粉自由"话题微博如图 5-8 所示。在"螺蛳粉自由"话题发布后，淘宝利用自身的影响力，带动阿里巴巴商业体系下的盒马、支付宝、饿了么，以及螺蛳粉产业链企业跟进，不断为话题造势，最终顺利将螺蛳粉打造为热门美食。截至开奖前，该微博转发量近 4.7 万次，评论量超过 7 万次。

淘宝 V
2020-2-21 11:16 来自 微博

听说你们馋螺蛳粉？突然好想满足你们吃螺蛳粉的愿望，帮你实现#螺蛳粉自由#。这样吧，关注我并转发，本微博每转发10次，就送1份螺蛳粉，且不封顶。下周五，全部送给1个人，让你一次吃个够！（准备100份可能就够了，机智如我😊）

图 5-8　淘宝发布的"螺蛳粉自由"话题微博

微博是国内较大的网络舆论阵地，是众多企业重要的营销阵地。企业利用自身的影响力，借助热点事件或话题开展微博抽奖活动是当前微博营销的一种热门方式，并且往往能取得良好的营销效果。

5.4.3 微信营销

随着互联网、电子商务和手机 App 的快速发展，微信作为当今主流的移动互联网平台之一，无疑是企业进行营销的理想选择。企业无论采用哪种微信营销模式，在营销过程中都可结合使用以下 6 个技巧。

扫码看视频

微信营销

1. 精准定位

选择目标用户群体，通过精准定位策划公众号的运营内容，设计目标用户群体喜欢的风格、特色和服务，以此来塑造清晰的公众号形象，有利于企业后期发展精准用户，最后逐渐形成品牌效应，并通过寻找营利点来达到营销的目的。例如，常见的公众号定位方式有按地域、风格、行业、产品及功能等进行定位，无论采用哪种定位方式，实现营利的思路都包括直接售卖产品或提供服务，以及通过分享知识与经验引导购买这两种方式。

2. 打造品牌公众号

在使用微信公众号进行营销前，企业要先注册微信公众号，进而打造品牌公众号。注册微信公众号时要注意，名字是用户对企业的第一印象，因此要取容易记住的名字，可以选用与行业相关的关键词。完成微信公众号的注册后，需要对微信公众号的头像、签名和自动回复等内容进行设置，建议将头像设置为企业的 Logo。最后，最核心的是微信公众号发布的文章，建议写作前先搭建内容的整体框架，结合企业的特点，从为用户服务的角度出发进行写作，最好在文章的结尾设置原文链接，以进行商品或服务的推广。另外，企业可以在文章末尾设置原文链接，如链接原文、活动页面或其他网站等。

3. 提供有价值的营销信息

在任何时候，企业都应该传播有价值、有意义的内容。企业只有提供有价值的营销信息，才能让用户产生阅读的兴趣，才能持续提高用户的忠诚度，让其主动参与营销活动。例如，一个电影院的微信公众号可以发布最近即将上映的电影的相关信息或新闻；为了进一步吸引用户的关注，还可通过发放折扣券的方式来激励用户积极参与互动。

4. 掌握营销信息的发布时机，注重营销信息的美观性

为了保证微信公众号文章的推广效果，企业可以分析目标用户在微信朋友圈的活跃时间，在目标用户查看微信朋友圈的高峰期发布营销信息以进行推广。据统计，一般最佳发布时间是 8:00—9:30、11:30—13:00、17:00—18:30、20:00—24:00 这 4 个时间段，这是多数用户休息、空闲的时间段，用户会在这些时间段浏览微信朋友圈以消磨时间或分享信息。

发布营销信息，还要注重其在排版上的美观性。一个有吸引力的标题能够激发用户的好奇心，图文并茂、段落清晰的内容编排方式则会给用户带来更好的阅读体验。

5. 线上、线下同步营销

除了线上营销，线下实体店也是可以充分发挥微信营销的作用的重要场所。企业可以通过在商品的包装、宣传册、海报和展架中添加二维码并采用会员制或给予优惠的手段，吸引用户扫码并关注微信公众号。这样可以为企业的微信公众号增加粉丝，且这部分粉丝的定位十分精准，从而为后期的营销宣传打下坚实的基础。

6. 好友互动

好友互动是微信营销的一种常用方式，营销效果的好与坏在很大程度上取决于企业与其用户的关系如何。关系需要经营，而最重要的经营方式就是互动，互动会不断拉近企业与其用户的关系。微信好友互动主要有以下 3 种类型。

（1）日常互动。日常互动包括节日问候、问题咨询，以及提供一些关于优惠活动等的信息。

（2）朋友圈互动。朋友圈互动是指发布一些互动式的文案来提高好友在朋友圈的活跃度。

（3）微信群互动。微信群互动一般指通过发布话题来提高群成员的活跃度和群成员之间的熟悉度。在微信群中互动慎用语音，虽然目前微信支持语音转文字，但显然使用文字更明了、直观。

5.4.4　社群营销

近年来，许多社群随着微信群的应用而逐渐兴起和发展起来。个人或群体通过微信等网络平台聚集特征相似的目标用户，为目标用户群打造长期沟通渠道，这样不仅能满足用户不同层次的个人需求，还能通过社群口碑将品牌和商品推广出去，从而使营销优势逐渐扩大。

将一群有共同兴趣、爱好、价值观的用户聚集起来并不难，但要让社群成功运营、持续发展、顺利营销，则需要掌握一定的运营思维，其营销方法与微信营销相似，主要包括以下 4 个方面的内容。

（1）清晰的社群定位。社群定位能够充分体现企业的核心价值定位，如小米手机的社群吸引的是追求高科技与前卫的人群，罗辑思维的社群吸引的是"贴有独立思考标签"的人群，豆瓣的社群吸引的是追求文艺和有情怀的人群。只有当社群有了精准的定位之后，企业才能推出契合成员兴趣的活动和内容，不断强化社群的兴趣标签，让社群成员与企业产生共鸣。

（2）持续输出价值。社群的群主或管理员每次分享时都应该全力投入，不做保留。在很多社群中，分享者并没有将所有的内容分享出来，有的是因为自身知识有限，有的则是因为害怕其他成员超越自己，造成成员流失。其实这是一个误区，要让社群发展壮大、长久生存，分享者应当将所有内容分享出来，让其他成员有所收获，以此得到他们的认可和信任，这样成员之间的黏性才会更强。

（3）提高成员活跃度。对于社群运营而言，能否建立更加紧密的成员关系直接影响着社群最终的发展，因此，成员活跃度也是衡量社群价值的一个重要指标。现在大多数运营成功的社群已经从线上延伸到线下，从线上输出共享资源信息、为社群成员提供福利（如物质福利、现金福利、学习福利等），到线下组织社群成员聚会和开展活动，目的都是增强社群的凝聚力，提高社群成员活跃度。

（4）打造良好的社群口碑。口碑是社群最好的宣传工具，良好的社群口碑必须依靠好内容、好服务，并经过不断的积累和沉淀才能逐渐形成。一个社群要打造良好的口碑，必须先从基础做起，抓好社群服务，为成员提供价值；然后逐渐形成口碑，带动成员自发传播社群，逐步建立以社群为基点的圈子，推动社群发展壮大。

需要注意的是，不管怎样管理和维护，大多数社群都有一个生命周期。到了社群的衰退期，企业不宜再过度投入或执着地维持关系，最好制订一个在社群生命周期结束前就能完成的营销计划。

5.4.5　软文营销

软文营销主要以软文（本书中特指营销软文）的形式对产品、品牌进行推广，以促进销售。软文是一种技巧性很强的广告形式，相对于宣传产品的硬性广告而言，软文的精妙之处在于一个"软"字，它巧妙地植入广告，用产品故事、人物生活等对广告进行包装，内容引人入胜，可达到"润物细无声"的传播效果。一篇好的软文使读者读完文章后才恍然大悟"我看的是广告"，或者使读者即使一开始就知道这是一则广告，也同样饶有兴致地读下去。时至今日，软文仍然是电子商务企业运营中强有力的营销手段。

1. 软文的类型

软文的表现形式丰富多样，既可以是记叙文、议论文和说明文等，也可以是诗歌、小说、戏剧和散文等，这就给了文案编辑广阔的创作空间。根据内容特点的不同，软文可分为新闻类、故事类和科普类等。软文题材则包括品牌故事、企业文化、新产品上市、企业或行业重大事件、企业领导人创业故事或访谈等。

在文章中植入企业产品信息或品牌信息，该文章就成了为企业营销服务的软文。

2. 撰写软文的技巧

撰写一篇好的软文，并不一定要求作者有较好的文笔。作者需要通过练习来增强自身撰写软文的能力。同时，撰写软文也有"套路"可寻，掌握一定的技巧将会事半功倍。

（1）设计具有吸引力的标题。设计一个有吸引力的标题是软文营销的基础，只有标题引起了读者的阅读兴趣，读者才会阅读软文，才有可能达到营销目的。设计具有吸引力的标题就是为了刺激读者的阅读欲望。设计具有吸引力的标题的方法很多，如手机品牌的软文《商人在机场弄丢68万元天价手机》，标题采用了新闻式的夸张手法；某巧克力品牌的软文《青春不散场，我们的故事未完待续》采用了情感式的标题。这些软文都取得了不错的营销效果，其标题要么引起了读者的好奇心，要么引起了读者的情感共鸣。

（2）找到有关注度的切入点。撰写软文需要作者具备敏锐的洞察力，能够觉察到有关注度的写作切入点。最常见的就是以热门新闻、热点话题为切入点撰写软文。热门新闻、热点话题通常能吸引大量人群的关注，为产品推广或销售提供大量的目标受众。对于电商而言，有受众就有了软文的传播基础，软文在第一时间敏锐地抓住热门新闻、热点话题的传播点，就能够在软文营销中拔得头筹。

（3）自然植入广告。纵观网上传播甚广的软文，其商业气息都不是很重，读者阅读后还会觉得受益匪浅，认为该软文为他提供了不少帮助，如帮助他体验了情感、增长了见闻、加深了对产品的认知等。一般而言，软文之后的广告内容篇幅不应太长，并应将广告内容放在文章中间靠后的位置，因为如果位置靠前，读者就会产生排斥心理，不愿意继续阅读下去；而如果位置放在最后，且内容不够吸引人，那么读者可能不等读完就会关闭网页。

（4）内容符合目标用户的特征。软文是服务于企业的目标用户的，因此软文的内容、写作风格、词汇用语等都要符合目标用户的特征。例如，如果目标用户是年轻群体，软文可通过使用网络流行语增强趣味性；如果目标用户是科技产品爱好者，软文可融入新奇的科技元素；等等。

素养提升

目前，自媒体盛行，网络文章的写作门槛较低，几乎任何人都可以注册自媒体账号，将自己的文章上传到网上，文章质量因此参差不齐。文章作者切记不可为了哗众取宠，或者为了实现商业目标，传播颠倒黑白、扭曲事实真相、与优秀的价值观背道而驰的内容，以免造成不良影响。维护干净、纯粹的网络环境，人人有责。

案例阅读

快手品牌广告片《在快手 点赞可爱中国》

扫码阅读

《在快手 点赞可爱中国》文案内容

2020 年 1 月 4 日晚间，《新闻联播》结束后，中央电视台罕见地播出了一支由快手投放的品牌广告片《在快手 点赞可爱中国》，致敬那些真正热爱生活的人。

广告片围绕"可爱"二字展开，用 7 个具有代表性的故事体现普通人平凡生活中的闪耀时刻，总结了当今人们生活态度的转变。故事之外，广告片里还有由 40 位快手作者剪辑的"彩蛋"，他们通过展示自己在平凡生活中寻找精彩瞬间的经历，鼓励大家在生活中寻找"可爱"。

为了配合不同媒体的宣传，针对同一支广告片，快手推出了央视版和网络版两种不同的广告文案。央视版广告文案让观众看到了人们的自信、有趣；网络版广告文案聚焦普通人生活中的"难"，表现普通人"倔强的可爱"。两个不同版本的广告文案都十分具有震撼力。

如今，大多数企业在营销时都很注重传递情感，聚焦普通人的生活，传播积极向上的态度，以引起广大受众的共鸣，从而使受众对企业产生好感。

5.4.6 直播营销

直播营销是以直播平台为载体，以视频、音频为手段，在现场随着营销事件的发生、发展，同时制作和播出节目的视频营销模式。与图文相比，视频具有更加直观的场景表现力，特别是在视频直播中，企业可以与观众进行实时互动，从而快速引起观众的情感共鸣。

与电商直播强调"直播带货"不同，直播营销的应用场景还有企业发布会、企业日常记录、企业访谈、企业活动、企业广告植入等。

企业在明确直播营销的目的、目标人群的基础上，即可策划专门的营销活动执行方案，并根据计划来执行方案。一般来说，直播营销活动可以分为直播开场、直播过程、直播结尾 3 个阶段，每个阶段的内容安排与营销技巧均不同。

（1）直播开场。开场的目的是让观众了解直播的内容、形式和组织者等信息，给观众留下良好的第一印象，以使观众判断该直播是否具有可看性。企业一般可借助热点事件开场以快速吸引观众；也可通过讲趣味性、传奇性的故事开场以快速引发观众的讨论与共鸣，为直播活动营造良好的氛围；还可通过提出问题开场以引发观众思考，与观众互动。专业性较强的直播则可以通过展示数据的方式开场，以提高直播的可信度。

（2）直播过程。直播过程主要是对直播内容的详细展示，企业除了要全方位、详细地展示信息，还可设计一些互动活动，如抽奖、赠送礼物、发放红包等，以增加观众对直播的兴趣。

（3）直播结尾。直播从开始到结束，观众的数量一直在发生变化，到结尾时还在的观众，在一定程度上都是本次营销活动的潜在目标消费人群。因此，企业一定要注重直播结尾，尽力引导直播结束时的剩余流量，实现企业商品与品牌的宣传与销售转化。简而言之，企业在这一阶段要做的事主要包括以下3个方面的内容。

① 引导关注。企业将自媒体账号和关注方式告知观众，引导观众关注，使其成为自己的粉丝，便于后期的粉丝维护。

② 邀请报名。企业告知观众加入粉丝平台的方式，并邀请其报名。一般来说，加入粉丝平台的这部分观众对直播内容的认可度较高，能够快速参与直播互动，具有转化为忠实粉丝的潜力。

③ 销售转化。企业告知观众进入其官方网站或网店的方法，促进销售转化。建议向观众提供一些与他们利益相关的信息或营造紧迫感，如打折或限量销售等。

📖 **案例阅读**

中国银联"诗歌长河"公益直播

2020年8月，中国银联携手央视新闻和中国宋庆龄基金会，在湖南张家界举办了一场名为"诗歌长河"的公益直播，践行"让山里孩子的才华被看见"的承诺。在线下，中国银联将历朝历代的古诗名句和山区孩子创作的诗句做成百米长卷艺术装置，并将其垂挂于悬崖峭壁之上，打造了一条"诗歌长河"，再现了诗句"飞流直下三千尺，疑是银河落九天"中的意境，让观众直观地感受到诗歌源远流长的韵味。为了进一步扩大"诗歌长河"活动的影响，中国银联还跨界联合农夫山泉推出"诗歌瓶"，让山区孩子写的诗句登上农夫山泉的瓶身，释放了更多的公益能量。此次公益直播获得了央视新闻微博、抖音、快手官方账号及央视新闻客户端四大平台的共同支持，吸引了近3000万网友观看。

中国银联将传统文化与公益直播相结合的做法本身颇具创意，同时跨界联合央视新闻、中国宋庆龄基金会、农夫山泉等，连接了不同领域、不同圈层，更广泛地传播了公益能量，塑造出了一个有责任感的品牌形象。

5.4.7 短视频营销

在移动互联网环境下，视频成为主流内容形式，简洁、轻量的视频成了热门的内容体裁，并衍生出了短视频这种内容形式。2018年，短视频迎来爆发式增长，众多短视频媒体涌现，目前主流的短视频平台有快手、抖音、西瓜视频、皮皮虾、梨视频等。总体上，短视频的男女用户比例较为均衡，用户整体呈现出明显的年轻化特征，35岁以下的用户占比近80%。短视频营销是指借助短视频，向目标用户传播有价值的内容，吸引目标用户了解企业品牌和产品，从而促进销售。短视频的时长一般以秒计，营销类短视频多为时长为 1 ~ 15 分钟的视频，且有一定的拍摄、剪辑要求。

短视频营销方法较多，常见的有以下 5 种。

（1）"短视频 + 电商"营销。企业可将短视频与电商平台结合，实现更加直接的盈利。用户可以边看短视频，边购买产品，因为用户可以通过短视频直观地了解产品的特征和功能。这种方法的营销效率较高。

（2）广告植入。广告植入是最简单的短视频营销方法之一，由于短视频平台采用算法推荐机制，所以企业容易实现精准营销。一般的做法是依托短视频"达人"的高人气，以贴片广告、主播口播等形式植入广告。

（3）"短视频 + 线下活动"营销。"短视频 + 线下活动"营销也是一种简单、高效的营销方法，即通过邀请短视频"达人"出席企业的线下活动，除了对活动进行现场直播，还要针对直播内容或者线下活动的内容进行剪辑，形成一段精彩的短视频在线上进行二次传播。

（4）短视频粉丝互动营销。短视频粉丝互动营销通常是指由企业发起某一活动，借助短视频平台和短视频"达人"的粉丝影响力，带动粉丝参与活动，并实现短视频的快速传播。

（5）短视频创意定制营销。短视频创意定制营销指短视频内容采用专业生产内容（Professional Generated Content，PGC）和用户生产内容（User Generated Content，UGC）等形式，按企业的要求进行内容定制。创意定制的短视频可以最大限度地体现内容的价值，让营销信息植入得更加自然。由于这类短视频更具真实性，所以其很容易引起其他用户的关注和讨论。

5.5 案例分析——江小白网络营销分析

江小白创立于 2012 年，是重庆江小白酒业有限公司旗下江记酒庄打造的高粱酒品牌。近年来，江小白实现逆势增长，成为白酒行业的"黑马"。江小白的异军突起与其精准的市场定位和网络营销策略密不可分。

5.5.1 江小白的市场定位

作为一个火遍大江南北的"白酒小生"，江小白成功的原因在于其不满足于仅仅做一家酿酒的企业，更力争成为一个能代表年轻人生活态度的文化 IP 品牌。

1. 江小白的目标消费者定位

近年来，在传统白酒市场中，茅台独占鳌头，五粮液、泸州老窖、郎酒、洋河等品牌依靠各种营销战术也占据着不少的市场份额。但年轻人的白酒市场几乎是一片空白，发展空间巨大。

从市场反应来看，老一辈消费群体更加偏爱传统白酒，而现在的年轻一代消费群体却不是特别喜爱传统白酒。江小白将目标消费者锁定为传统白酒巨头较少关注的"80 后""90 后"，而这类人恰恰是未来社会的主流力量。相较于一些大型白酒企业以白酒的历史文化为宣传重点，以高端、大气、显赫、尊贵为营销重点，江小白则是为年轻人量身定做的一款白酒。江小白根据年轻人追求时尚与个性的消费思想和简单、轻松的生活态度，提出"青春新白酒"的品牌理念，并且将其融入品牌的各个接触点，形成一致且连贯的品牌体验。

2. 江小白的产品定位

大多数年轻人认为，白酒通常意味着度数高、重口味，因而不敢轻易尝试。江小白为此推出了一个解决方案——酿造年轻人更容易接受的度数低、口味清新的白酒，其特点是入口更顺、不上头、微醺但不大醉。

基于喝酒的场景需求，江小白的产品主要适用于4种场景："小聚""小饮""小时刻""小心情"。"小聚"是指三五个同事之间、朋友之间、同学之间的非商务应酬；"小饮"讲究日常生活中适度饮酒；"小时刻"是指饮酒的经常性与偶然性；"小心情"是指饮酒与情绪相关，而不仅仅是一种功能性需求。针对这几种消费场景，江小白都有对应的产品战略。例如，为同学、朋友小聚而打造的小瓶装产品，就可以满足消费者一般的社交需求；江小白的表达瓶则可以满足消费者情绪表达方面的需求。

3. 江小白的品牌定位

江小白的品牌定位非常清晰，其在品牌发展之路上一直将"我是江小白，生活很简单"的品牌主张贯穿始终。一句"我是江小白，生活很简单"的品牌标语，虽然看似普通，但对比传统白酒那种"端着架子"的文化路线，这种简单、直接的表述恰恰更能打动年轻消费者的心。

5.5.2 江小白的网络营销策略

正是基于清晰的目标消费者定位、产品定位和品牌定位，江小白的网络营销策略才有了明确的方向和针对性。江小白很少用传统的营销模式，用得最多的是受到年轻群体喜欢的社交媒体。

1. 微博营销

作为互动性非常强的社交媒体，微博是江小白非常重要的营销阵地。江小白的微博营销有以下4个鲜明的特点。

（1）植入"走心"的文案。江小白善于在微博上植入"走心"的文案，尤其是使"江小白体"语录"病毒"式地在网络上被转发、讨论和模仿，如"我们总是老得太快，却聪明得太晚""大道理人人都懂，小情绪难以自控"……部分刚进入社会的年轻群体由于生活的压力、对社会的不适应及工作上的烦心事，时常会觉得喘不过气来。江小白的文字总能让那些在奋斗的人产生情感共鸣，获得一丝温暖的力量。正是这些"走心"的文案，表达了对年轻人的理解，使江小白在各地获得了一批批忠实粉丝。可以说，在江小白的品牌发展之路上，"走心"的文案起着至关重要的作用。

（2）借势营销。借助热点事件进行品牌推广是江小白常用的微博营销方法之一，几乎一切与年轻人相关的事物、话题和热点新闻，都会出现在江小白的微博话题里。

（3）互动抽奖。作为微博品牌推广最有效的手段之一，互动抽奖也是江小白经常使用的微博营销方法。

（4）组织线下活动。江小白以微博互动为线上工具，组织线下活动，并使其与线上活动形成呼应，以增强粉丝黏性。例如，江小白开展了"同城约酒大会""江小白YOLO音乐现场"等文化活动，传递了"我是江小白，生活很简单"的品牌主张。

2. 微信营销

除了微博，微信也是江小白的主要营销渠道之一。其主要采用的营销策略如下：首先，针对年轻群体推送优质的长文案；其次，提供贴近年轻群体生活的互动话题，邀请粉丝参与互动，培养与粉丝之间的感情；最后，发布有奖活动信息，增强粉丝黏性。另外，粉丝也可以在江小白的微信公众号中定制自己的私人语录，并将其分享到朋友圈中。

除了上述营销策略，江小白还在《从你的全世界路过》《北上广依然相信爱情》《好先生》等热门影视剧中植入了广告，这些题材的影视剧都与年轻人喜爱的文艺、爱情、生活元素息息相关，这使得江小白的品牌形象更好地深入年轻一代消费群体的内心。

思考：

根据上述材料并结合你对江小白的认识分析以下问题。

（1）江小白取得成功的原因是什么？

（2）江小白的网络营销主要采取了哪些方式？

（3）结合当下的环境，分析江小白营销策略的优势与不足？如果要进行改进，可采取什么办法？

实践训练

为了更好地理解网络营销的概念，并掌握相关的基础知识，下面我们将通过一系列实践训练来加以练习。

【实训目标】

（1）熟悉网络市场调查的步骤，掌握网络市场调查的常用方法。

（2）熟悉网络营销的常用方法。

（3）学会撰写软文。

（4）掌握直播营销活动各阶段的内容和短视频营销的常见方法。

【实训内容】

（1）在网上收集至少 3 家网络市场调查公司的资料，并分析其调查方法。

（2）收集 5 个网络营销成功的案例，分析其成功的原因；收集 5 个网络营销失败的案例，分析其失败的原因。

（3）现有一款大容量（1000 毫升、800 毫升可选）真空保温杯，采用 304 真空不锈钢材质内胆，内胆有防粘涂层；食品级 PP 材质杯盖（可拆洗），0.03 毫米超薄杯壁；24 小时超长保温保冷，装热水不会出现漏水的问题。请为该产品撰写软文。

（4）在抖音上注册账号，开通直播功能，以自己的专业知识或其他技能为基础开展一次直播。

（5）通过抖音拍摄一条短视频，可以记录自己的日常生活，也可以与其他同学合作拍摄创意视频。

知识巩固与技能训练

一、名词解释

1. 网络营销   2. 网络市场调查   3. 微博营销   4. 短视频营销

二、单项选择题

1. 下面不属于网络营销的主要内容的是（　　　）。
   A. 进行网上促销与发布网络广告　　B. 使用微信公众号推送营销信息
   C. 设计并制作网页　　　　　　　　D. 网上消费者行为分析

2. 与传统市场营销的理念不同，网络营销以（　　　）为中心。
   A. 企业　　　　B. 商品　　　　C. 价格　　　　D. 消费者

3. 下列属于网络市场间接调查的方法的是（　　　）。
   A. 利用搜索引擎　　　　　　　　　B. 在线问卷法
   C. 网上实验法　　　　　　　　　　D. 网上观察法

4. 下面关于网络营销和传统市场营销的说法正确的是（　　　）。
   A. 网络营销的实现还有诸多困难，目前还是以传统市场营销为主
   B. 网络营销不能和传统市场营销相比，传统市场营销将继续占据主导地位
   C. 网络营销已经完全取代了传统市场营销的地位
   D. 未来的市场营销将是网络营销与传统市场营销的结合

5. 网络广告是较为常见的一种网络营销模式，下面的（　　　）不是常见的网络广告。
   A. 横幅广告　　　　　　　　　　　B. 文本链接广告
   C. 音频广告　　　　　　　　　　　D. 视频广告

6. （　　　）一般使用 JPG 或 GIF 格式的图像文件，横跨于网页上，以快速吸引浏览者的注意。
   A. 游动式广告　　　　　　　　　　B. 视频广告
   C. 旗帜广告　　　　　　　　　　　D. 弹出式广告

三、多项选择题

1. 与传统营销手段相比，网络营销的优势包括（　　　）。
   A. 互动性更强　　　　　　　　　　B. 宣传范围更广
   C. 持续时间更长　　　　　　　　　D. 传播速度更快

2. 下面属于网络广告的投放形式的是（　　　）。
   A. 网易首页图片广告　　　　　　　B. 爱奇艺视频网站贴片广告
   C. 百度搜索推广　　　　　　　　　D. 春晚赞助广告

3. 网络营销能够达到的效果包括（　　　）。
   A. 品牌推广　　　　　　　　　　　B. 促进销售
   C. 信息发布　　　　　　　　　　　D. 研发新产品

4. 网络市场调查的步骤主要包括（　　　）。
   A. 明确调查目标　　　　　　　　　B. 制订调查计划
   C. 收集与分析信息　　　　　　　　D. 撰写调查报告

5. 做好社群营销需要掌握的运营思维和方法有（　　　）。
   A. 清晰的社群定位　　　　　　　　B. 持续输出价值
   C. 提高成员活跃度　　　　　　　　D. 打造良好的社群口碑

6. 直播活动的开场设计的常用方法有（　　　）。
   A. 提出问题　　　　　　　　　　　B. 展示数据
   C. 讲故事　　　　　　　　　　　　D. 借助热点事件

四、思考题

1. 网络营销的特点是什么？它与传统市场营销有什么区别？
2. 网络市场调查的方法有哪些？
3. 网络营销的常用方法有哪些？列举 1 ～ 3 个实例说明。
4. 网络广告的表现形式主要有哪些？
5. 微博营销需要注意哪些事项？
6. 一个美食类微信公众号如何才能有效地增加粉丝？

五、技能实训题

1. 设计一份商品满意度调查问卷，将其上传到网上，并邀请用户填写调查问卷。
2. 在微博发布一条营销信息，并发动粉丝进行传播。
3. 注册微信公众号后推送一条营销信息，并以二维码的形式邀请用户关注。
4. 加入一个直播平台，通过微博、微信等发布直播信息，为直播造势。到达约定时间后开始直播，并在直播过程中与观众互动。
5. 现有一款茶叶，它是产自海拔 1000 米以上的高山的茶叶。每日较长的日照时间和适宜的温度与湿度，有利于茶叶成长为更具营养成分的高山茶叶。请根据上述内容提取该茶叶的卖点并撰写软文。

第6章　网店的建设与运营

【学习目标与要求】

◆ 掌握网店的定位。

◆ 了解并掌握网店的建设。

◆ 掌握网店的数据分析的相关知识。

◆ 熟悉网店代运营的相关知识。

【案例导入】

一名电子商务专业学生的淘宝开店之旅

王玉是一名电子商务专业的学生，很早就发现了淘宝开店蕴藏的商机，经过两年对专业知识的学习后开始创业。他选择了自己比较了解的灯具作为网店的主营类目。作为新手商家，他把网店的商品定位为靠低价吸引消费者的二、三线品牌。

王玉对自己有足够的信心，他的商品由厂家直供，网店存货充足、信用度高。为了让消费者熟悉他的网店，他将一款外形比较别致的室内照明天花灯作为主推商品，再搭配一些配件，其余的商品暂不上架，待网店有了一定的人气后再丰富产品线。

然后，王玉开始进行网店的装修。为此，王玉拍摄了厂家生产灯具的过程和商品图片，并设计了专业、美观的店招和海报，再按照商品的类别依次陈列商品，使消费者一进店就能看到整洁、大方的页面布局和醒目、诱人的主推商品，以刺激消费者的浏览欲望。当然，他也没有忽略商品详情页的设计，他针对天花灯的特点，对其大小、材质、颜色、光源、包装、安装、售后等方面进行了详细说明。

这还不够，王玉知道自己的竞争者很多，因此他制定了一些促销策略：向首次收藏、关注网店的消费者发放5元的红包，发放满减优惠券，开展限时打折活动等。这些促销策略极大地激发了消费者的热情，为网店带来了很多流量和订单。

有了这些准备，王玉的灯具店有条不紊地运营起来，生意蒸蒸日上。回忆开店的历程，他认为开店成功的关键是自己有一个清晰的规划，做好了网店和商品的定位以及网店的美化工作，当然，恰当的促销策略也是必不可少的。

思考：

在电子商务高速发展的背景下，几乎任何个人或企业都可以开设自己的网店。要使网店在众多的同类竞争者中脱颖而出，有哪些需要注意的事项？

6.1 网店的定位

企业进行市场定位可以更好地发现市场机会，有效地定位目标消费人群，从而使企业以较少的经营费用取得较大的经营效益。受网络技术和实现途径等的影响，电子商务市场的消费者购买行为与传统实体市场有较大差异，因此对网店进行定位是十分有必要的，它可以帮助企业更好地了解不同消费者群体的需求情况。

6.1.1 网店的市场定位

企业在开设网店前需要先进行网店的市场定位，分析行业、网店商品、消费者群体和竞争者等信息，从而更好地熟悉当前行业的情况，制定出更有效的网店发展策略。

1. 行业分析

行业分析是指对某行业的热门程度、发展前景、竞争力和市场等进行分析。正确分析一个行业的前景，有助于企业对网店的发展方向、发展水平等进行预测和规划。在分析过程中，企业可以结合当前的社会热点、人们的生活方式和经营者的商业行为等，分析行业在未来的发展趋势、供求变换，预测市场的走向，以提前做出决策，更好地抓住商机。

📖 **案例阅读**

选对服务商助力网店快速发展

小陈想开设销售跨境电商方面的商品的网店，但苦于毫无经验，只得向一个从事电商行业超过 10 年的朋友取经。这位朋友以自己的经验告诉他，要从事电商行业，首先要选对商品类目。如果想销售跨境电商方面的商品，可以先看看整个市场内的其他跨境电商热衷哪些类目。例如，如果发现"服饰箱包"和"美妆护肤"是跨境电商最热衷的商品，就可以优先选择这些商品，而没有必要选择市场需求量不高的商品。

另外，既然是跨境电商，商品的来源就会很多，不同国家或地区的商品受欢迎的程度也不相同。通过对市场数据的分析，我们可以发现韩国的美妆护肤商品较受欢迎；服饰箱包就显得更为分散，日韩、欧美的服饰箱包都有一定的市场，但都不是绝对的主力商品。从市场需求和商品受欢迎的程度来看，可以尝试销售韩国的美妆护肤商品。

上述案例通过对跨境电商市场进行简单分析，找到了市场上热门的商品类目。如果没有进行分析，仅凭自己的主观臆想来选择行业或商品类目，成功的门槛就可能变得很高。

2. 网店商品分析

选择具有良好发展前景和较强竞争力的商品，是网店成功的重要条件。近年来，随着网店数量的快速增加，网店类型越来越多样化，电商平台的商品也更加丰富，同一种类的商品成千上万，其销量也存在很大差异，因此不能以某一种类商品的销量来衡量其总体发展前景。与线下市场一样，有计划地制定和实现目标，不断增强自身竞争力才是网店得以发展的关键所在。因此，在进行商品分析时必须全面并有一定的市场敏感度，明确到底是选择热门行业的商品参与竞争，还是选择非热门行业的商品来打造自己的特色。企业要找准自身的定位，避免因盲目选择商品而为网店的后期发展带来隐患。

3. 消费者群体分析

消费者群体是网店定位中非常重要的一个因素，网店必须拥有较稳定的消费者群体，才能有更大的发展空间。同时，不同的消费者具有不同的消费观念和消费行为，分析消费者群体可以帮助企业更好地进行商品定位。研究表明，在目前的电子商务环境下，18～35岁的年轻消费者正逐步成为消费主力军，且预计其消费能力在未来还将持续增强。但这并不是说，其他年龄段的消费者就不具有消费能力。其实，消费者的消费能力与年龄段有一定的关系，但也与行业和商品有关，不能以单一的因素进行衡量。企业在进行消费者群体分析时，要结合多方面的因素，如年龄、地域、行业、经济和文化教育等特征来综合考量，以了解消费者的购买动机，从而激发消费者的消费欲望。

4. 竞争者分析

企业通过对竞争者进行分析可以发现市场的空缺，以及自己网店与竞争者网店的区别，找出自己的竞争优势。竞争者分析主要包括了解竞争者的优点，以及竞争者商品的特点、数量、分布和营销策略等，企业应根据分析结果制定适合自己商品发展的策略，决定是选择与竞争者共享市场，还是选择避开竞争者而单独开辟自己的市场。

6.1.2 网店的主题定位

网店的主题即网店的内容。开设网店要先明确网店的主题，对于个人或小型企业来说，在刚开始开设网店时，建议主题定位要小而精，不要设立一个宽泛的范围；当网店规模发展壮大后，主题定位的范围就可以适当扩大。

在进行网店的主题定位前，还需要先确定网店的界面，规划好网店的内容结构，尽量去除与网店主题无关的栏目，将最有价值的内容以导航菜单的形式列出来；尽量从访问者的角度来设计网店的内容结构，使网店内容清晰且便于识别，从而增加点击量。

如果网店有多个主题，要注意主题之间应保持相对独立，主题下的板块要围绕主题设置。图6-1所示为361°在天猫商城中的网店首页。

图6-1　361°在天猫商城中的网店首页

由图6-1可知，除了鞋子这种主要商品外，361°网店还出售服装、配件等，因此网店首页将主题划分为"男鞋""女鞋""男装""女装"等，从商品类型和消费者的性别两个方面来综合考虑，再将每个主题进行细分，使网店结构清晰、主题明确。可见，只有结合市场分析结果选择正确的经营策略，并在主题上打造出自己的特色，才能使网店持续发展下去。

6.1.3 网店的功能定位

网店的功能定位主要是进行网店的结构、内容设计和风格等的定位，是开设网店前最基本、最主要的工作。每个企业由于经营理念、经营策略和服务对象有所不同，在网店的功能定位上也应有所区别。在淘宝、天猫和京东等电子商务平台开设网店的企业，可以在这些平台提供的装修模板的基础上对网店的结构、内容设计和风格等进行修改和定位。对需要单独开设网店的企业来说，要进行网店的功能定位，就需要考虑以下内容。

（1）企业概况。企业概况主要用于介绍企业，可以包括企业的背景、发展历史、主要业绩和重要人员等内容。这些基本信息可以让消费者对企业有基本的了解，是不可缺少的一部分。

（2）商品目录。商品目录主要用于列出企业的商品和服务，以便消费者查看。商品目录的内容可根据需求来确定详略程度，除了文字介绍，也可搭配图片、视频和音频等资料进行说明，以丰富内容的表现形式，为消费者带来不同的体验。

（3）企业动态。企业动态用于展示企业最近的发展动向，可以是未来的战略方向、运营信息和宣传广告等内容，能在加深消费者对企业的印象的同时，取得宣传企业品牌和形象的效果。

（4）商品搜索。搜索功能是网店比较重要的功能，特别是商品较多的网店，一定要提供商品搜索功能，以便消费者找到需要的商品。

（5）商品价格。商品价格是消费者最希望了解的内容之一，对于能够明确定价的商品，企业都应该标明其价格。可以制作一个商品价格表，将商品价格分类标识；也可以设计一个商品价格搜索条，消费者在搜索商品时即可看到对应的价格。

（6）网上订单与支付系统。任何一个网店都需要完善的网上订单与支付系统，消费者可以通过该系统选购心仪的商品，并通过网络下单和支付，达到足不出户就完成购物的目的。

（7）售后服务。在网店经营的过程中，售后服务所占的比重越来越大。商品的质量保证条款、售后服务措施及售后服务联系方式等信息，都应该在网店中有明确的指示，这样既能方便消费者进行售后操作，又能避免与消费者因交流不当而产生摩擦。

（8）联系信息。网店中除了要有企业的地址、联系电话、传真和电子邮件地址等基本信息，还要详细地列出业务合作伙伴的相关信息。如果有分支机构，还应留下分支机构的联系方式，以在方便消费者查看的同时起到宣传的作用。

（9）辅助信息。除了以上信息，有助于企业宣传、推广商品的其他辅助信息，如经销商的相关新闻、商品保养知识和商品效果展示等，都可以加入网店，这样不仅可以丰富网店的内容，还能吸引感兴趣的消费者来查看。

每个网店由于定位与设计风格不同，并不是所有内容都要涉及，企业可根据实际需要从中选择部分内容，或添加其他必要的内容。

6.2 网店的建设

扫码看视频

网店的建设

在完成网店的定位后，企业即可着手进行网店的建设。建设网店前需要先选择域名与服务器，然后进行网店页面的设计，保证网店功能齐全，最后再发布网站，使其能够在互联网上运行。

6.2.1 域名与服务器的选择

对自建网站的企业来说，域名与服务器至关重要。一个好的域名能够让消费者快速记住并留下深刻的印象，而服务器则是连接域名与网站的桥梁。企业要将网站的内容放到网上吸引消费者访问，就需要先将网站的内容放到服务器中，这样消费者才能通过域名来访问企业的网站。

1. 域名的选择

域名是企业在网络中的标志，是消费者对网站的第一印象，因此域名要选择容易让消费者记住的名字。域名的选择遵循"先申请先注册"的原则，每一个域名都是独一无二的，因此域名是一种相对有限的资源，若心仪的域名已被他人使用，企业可通过购买域名的方式来获得该心仪的域名。

一个好的域名要与企业和商品贴合，并方便消费者记忆，这样才能既给网店带来效益，又便于后期优化。在选择域名时，企业可以从以下 5 个方面来考虑。

（1）域名建议与企业的中文名或英文名结合，以在域名中凸显企业的名称或商品，方便消费者通过网址与企业联系。

（2）域名要便于消费者输入，不要使用特殊的符号，也不要将域名设置得太长，这样不方便消费者输入且消费者不容易记住。建议注册的域名尽量不要超过 6 个字符，如果企业有实力，还可购买更短的、可以突出品牌的域名。

（3）某些地域性很强的企业可以在域名中添加代表地区的内容，如很多中文企业网站就将地区的第一个字母或区号添加到域名的开始字符处，以表示地区特点。

（4）若选择直接购买域名，要注意域名服务商是否可靠。建议通过正规的渠道购买域名，这样才能保证域名过户、续费或其他业务的正常开展，避免造成经济上的损失。

（5）域名后缀建议首选 .com，其次可选择 .cn 或 .cc。.com 是目前全球流行的通用域名后缀；.cn 代表中国，是具有中国独特标识的域名，当前 .cn 域名在全球具有较大的市场；.cc 是国际顶级域名，便于识别和记忆，很受互联网用户的欢迎，发展潜力巨大。

2. 服务器的选择

网站能够被消费者正常访问，除了需要域名，还需要服务器。合适的服务器对企业网站来说至关重要，建议企业在选择时要从服务器的稳定性、访问速度和功能支持 3 个方面进行考虑。

（1）稳定性。稳定的服务器对网站来说非常重要，如果消费者在访问网站时经常打不开或者发生错误，这样不仅会影响消费者对网站的印象，还会让网站不被搜索引擎信任，减少搜索引擎对网站的收录。因此，企业在选择服务器时，一定要考虑服务器的稳定性与口碑，最好能够试用。

（2）访问速度。使用国内的服务器都要进行网站备案，为了避免这一繁杂的操作，一些企业会选择使用境外的服务器，但这些境外服务器由于质量不佳，在国内打开的速度很慢，会严重影响消费者的访问体验，导致其直接关闭网站页面，提高网站的跳出率。因此，企业一定要选择访问速度快的优质服务器，这样才能保证消费者在浏览网站页面时不受阻碍。

（3）功能支持。功能支持主要是指服务器功能的完善程度，比如能够支持 URL 静态化、301 跳转、404 页面和服务器日志等功能。这些功能服务器并不一定要全部都有，但企业选择具有部分或完整功能的服务器可以让网站运行得更加稳定。

总体来说，服务器对网站的影响非常大，企业不可贪图便宜，向一些不知名的服务商购买服务器。企业应当通过多方对比，了解服务器的市场行情，然后在可以接受的价格范围内，选择几家知名的服务商，综合考虑服务器的稳定性、访问速度、功能支持等因素，最终选择一个适合企业网站运行的服务器。

选对服务器服务商能助力网店快速发展

王先生是一家食品企业的负责人，在当前互联网和电子商务快速发展的大环境下，为了宣传品牌并扩大店铺的规模，王先生决定开设网店。了解了在网上开店的诸多事宜后，王先生没有选择在淘宝、京东等电子商务平台开店，而是想打造一个在这些平台之外的、独具特色的食品网店。为此，王先生专门聘请了设计团队进行网店页面和功能的设计。这时，一家服务器服务商找到王先生，向王先生推荐自己的服务器，并以低廉的价格出售。王先生有些心动，但没有急于购买这款服务器，因为他从朋友那里了解到，购买服务器一定要找那些知名度较高、口碑较好的服务器服务商，以低价出售服务器是某些服务商的推广手段，这些服务器在运行时可能出现诸多问题，比如网站网页打开速度慢、图片显示不完整等。经过反复比较，王先生最后选择了一家排名靠前的知名服务器服务商。网站发布后，消费者购物体验良好，网店收益逐年上涨。王先生现在非常庆幸当初没有选错服务器服务商。

6.2.2 网店的购物流程建设

网店的购物流程要根据消费者的购物习惯来进行建设，通过考察大部分的网店可以发现，网店购物流程主要包括以下 5 个步骤。

（1）注册会员。消费者在第一次访问网站并进行购物时，应注册成为该网站的会员。

（2）浏览商品。消费者根据需要在网站中搜索商品，并查询与浏览信息。

（3）选购商品。消费者在找到满意的商品后可将商品放入购物车，在确定购买前还会查看、修改或删除购物车中的商品。

（4）支付货款。消费者可以选择网上支付或货到付款等多种支付货款的方式。

（5）货物配送。订单提交成功后，网站管理人员即可根据订单进行货物配送。

根据网店购物的步骤，可以得到网店购物的主要功能模块，在此基础上进行页面的设计与开发，保证消费者能够按照图 6-2 所示的流程进行购物，这一过程可被称为成功的网店购物流程建设。

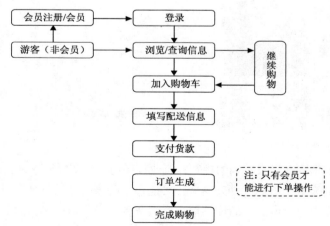

图 6-2 网店的购物流程建设

6.2.3　网店的购物流程建设

电子商务中的商品列表页也称为商品聚合页，是为了方便消费者购物、为消费者提供更完善的商品种类选择而建设的。商品列表页的内容丰富、信息量大，主要包括商品的名称、价格、图片、简介和商品比较等内容。因此，企业在建设商品列表页时应做到结构清晰、布局合理和内容完整。

不同网店的商品列表页不同，但都是以全方位展示商品并方便消费者购买为目的而建设的。目前，国内电商网站的商品列表页有3种常见的表现形式，它们分别是行列排列、瀑布流和特别款突出。

（1）行列排列。行列排列适用于种类、数量较多的商品，常以整齐的排列方式呈现商品，以方便消费者查看，图6-3所示为行列排列。

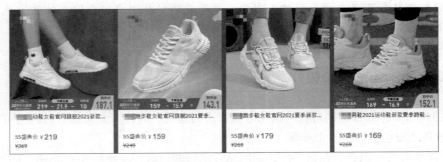

图6-3　行列排列

（2）瀑布流。瀑布流在流行、时尚领域的网店中经常被使用，常以不规则的排列方式呈现商品，具有一定的设计感，图6-4所示为瀑布流。

（3）特别款突出。特别款突出常在一些节日、庆典活动的宣传促销专题页中出现，页面中某件商品会以突出的方式显示，以引起消费者的关注，图6-5所示为特别款突出。

图6-4　瀑布流

图6-5　特别款突出

对于这3种表现形式并没有特别的规定，企业按照商品的实际需求进行选择即可。

消费者在商品列表页中看到某件商品后，可能想了解该商品的具体信息，此时，系统还应能够按照消费者的需求显示该商品的详细信息。消费者一般可通过单击商品图片、价格或文字信息等跳转到详细信息页面。详细信息页面主要包括以下4个方面的内容。

（1）商品图片。商品图片有小、中等和大 3 种规格。小图片用于在列表中展示商品；中等图片用于展示商品的放大效果；大图片用于展示关键细节。另外，商品图片还应尽量丰富，应能够展示商品的材质、用途、规格和颜色等。

（2）详情说明。详情说明即对商品的信息进行详细说明，企业需根据不同商品的特点来提供，如针对服装商品可提供面料、风格、颜色和尺码等说明。

（3）相关商品链接。相关商品链接是指向消费者推荐与当前商品相关的商品，可以是配套的商品、互补的商品，用于引起可能感兴趣的消费者的关注。

（4）第三方评价。提供其他消费者的良好购物体验评价、媒体正面评价和报道、权威机构认证等，有助于建立消费者对企业的信任感，促使其做出购买决策。

6.2.4　网店的会员服务页面建设

会员服务页面主要用于为会员提供服务，是网店建设中的重要内容，该页面应该具有以下 4 项基本功能。

（1）会员注册。网店应该提供一个注册页面，以供新会员填写个人基本信息。

（2）会员信息修改。会员若发现信息有误或需要更新信息，可登录会员服务页面进行修改。

（3）会员特殊服务。与普通消费者不同，会员可以享受更多优惠和特殊的服务，如优惠折扣、生日特权和先试后买等。

（4）积分兑换。会员在网店中购买商品后，网店应向会员返回一定的积分，这部分积分可用于抽奖、抵现等，以激发会员持续购物的欲望。

会员服务页面的内容，企业可以根据实际需要来进行建设，并不一定要与上述内容完全一致。图 6-6 所示为天猫的会员服务页面。

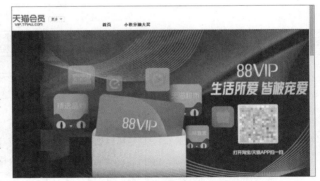

图 6-6　天猫的会员服务页面

6.2.5　网店的交付结算建设

网店必须具备交付结算功能才能使交易正常进行。因此，企业在进行交付结算建设时需要在订单页面中提供付款按钮，使消费者通过单击付款按钮跳转到支付页面，在支付页面中即可选择支付方式。目前的网店一般支持第三方交易平台和网上银行两种在线交易方式。图 6-7 所示为部分网上银行，企业可根据需要选择合作的银行，建议尽量多选一些，以方便消费者选择。

中国工商银行	中国农业银行	中国银行	中国建设银行
交通银行	上海银行	招商银行	平安银行
中国民生银行	中信银行	中国光大银行	浦发银行
广发银行	兴业银行	杭州银行	宁波银行
富滇银行	北京农商银行	中国邮政储蓄银行	北京银行

图 6-7　部分网上银行

随着移动互联网的快速发展，移动支付方式也逐渐开始流行，企业在进行交付结算建设时可考虑在付款页面添加移动付款标识，让需要以移动支付方式付款的消费者跳转到移动支付页面。此外，企业还要注意交付结算的安全性。网络交易完全通过互联网进行，系统漏洞、黑客入侵和网络诈骗等都可能导致交付结算出现异常，使企业或消费者的利益受到损害，因此企业要选择安全的方式，并定期检测，以保障交易双方的利益。

6.2.6　网站的备案与发布

企业在完成网站的设计、制作后，即可将网站发布到互联网上试运营。但在发布网站前，企业还需要进行网站的备案——ICP 备案。ICP 备案是指网站在工业和信息化部提交网站信息进行官方认证，一般在主机购买成功后即可开始，备案所需时间一般为 20 天。不管任何网站，只要以营利为目的，都需要进行 ICP 备案。对于没有合法备案的非经营性网站或没有取得 ICP 许可证的经营性网站，将根据网站性质予以罚款，严重的将关闭网站，以此来保障网络安全，打击一切利用网络资源进行不法活动的犯罪行为。

ICP 备案的流程如图 6-8 所示。

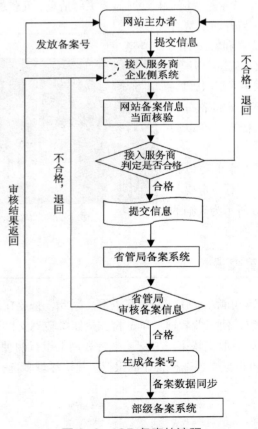

图 6-8　ICP 备案的流程

网站备案后，企业即可将域名与服务器绑定在一起，然后通过网站上传工具将网站内容上传到服务器中，测试网站运行没有问题后，消费者即可通过域名访问该网站。

6.3 网店的数据分析

通过对网店数据进行分析，企业可以监测网店运营情况，对网店的不足之处加以改进，从而更好地实施网站经营决策。进行网店数据分析应该尽量采用网络信息技术，以提高数据分析结果的准确性。下面我们将对网店数据分析的相关知识进行介绍。

6.3.1 网店数据分析的概念

网店数据分析是指针对已经上线的网店进行运营数据和服务器流量数据的统计、分析，从而对网站的效益、营销策略、访客特性和购买行为等进行评估。

网店数据分析需要关注的内容很多，主要包括服务器每天的访问量、不同地区和不同时段访问量的变化情况、网店中各个商品页面的点击情况等。通过对这些数据进行统计、分析，企业要不断地对网站的页面结构和内容、网店的布局和质量进行改善，对网站的交易行为进行追踪，并以报告的形式直观地展示网站的运营情况，找到有益于网站运营的规律，以获得更高的效益。

6.3.2 网店基本流量分析

从网店经营管理的角度来进行定义，网店基本流量分析就是指在获得网站访问量等基本数据的情况下，对有关数据进行统计、分析，有关数据主要包括独立访问数、页面访问量、总访问次数、访问量、IP 数、消费者来源、消费者停留时间、关键词、浏览路径、着陆页和不同时段流量等。各数据的含义如下。

（1）独立访问数（Unique Visitor，UV）。独立访问数只对唯一 IP 地址的访问数量进行统计，一天内同一访客多次访问网站只计算为一个访客。独立访问数等同于访问网站的消费者数量。

（2）页面访问量（Page View，PV）。消费者每打开网站上的一个页面就会被统计工具记录一次页面访问量。消费者多次打开同一页面，则对页面访问量进行累计，就算刷新页面，该页面的访问量也会增加一次。

（3）总访问次数。总访问次数是指网站从上线运行至今被访问的次数，用于评估网站的人气。

（4）访问量。访问量是指消费者从进入网站到离开网站的过程中浏览的页面总数量。

（5）IP 数。IP 数是指一天内访问网站的独立 IP 地址数量。一天内使用相同 IP 地址的消费者多次访问网站只计算为一次。

（6）消费者来源。消费者来源是指消费者进入网站的途径，如来自百度、搜狐等搜索引擎，来自其他网站或直接访问等。借助这一数据，企业可以了解网页通过哪种途径被打开的次数最多，从而对消费者进入网站的途径进行优化。

（7）消费者停留时间。消费者停留时间包括页面停留时间和网店停留时间两个部分。页面停留时间是指消费者从打开页面到离开页面的时间间隔，只有在消费者点击了下一个页面时才会被记录下来。网店停留时间是指每个消费者在网站的停留时间，是一次访问从开始到结束的时间。

（8）关键词。关键词是指消费者是通过哪些关键词进入网站的。

（9）浏览路径。浏览路径是指消费者在网站的浏览路径，如浏览了什么网页、在某网页停留的时间及从什么网页离开等。

（10）着陆页。着陆页即消费者进入网站的第一个页面，可据此统计出消费者的进入数量和比例。

（11）不同时段流量。不同时段流量是指在日、周等时间范围内分析不同时段的网站流量变化。

企业应对以上数据进行统计、分析，以发现消费者访问网站的规律，并将这些规律与网络营销策略等相结合，从而发现目前网络营销活动中可能存在的问题，并为修正或重新制定网络营销策略提供依据。

6.3.3　网店基础数据分析

在网店运营过程中，对流量来源、关键词、访客地区、流量分布、访客退出率、着陆页质量、不同时段的流量变化等数据进行分析，可以帮助网店找到运营方向。

扫码看视频

网店基础数据
分析

（1）流量来源。分析流量来源可以帮助网店了解流量的效果，即哪些流量可以给网店带来更大的收益。此外，对不同来源的流量进行单独分析，能够方便网店对不同推广渠道进行跟踪，并通过跟踪结果开展合适的推广活动。

（2）关键词。对不同搜索引擎的关键词流量进行分析，可以使网店了解不同搜索引擎带来的关键词流量情况，同时为搜索引擎推广方案提供准确的数据参考。

（3）访客地区。了解访客地区，有助于企业做出正确的营销决策，如分析高流量地区的访客特征，可以帮助企业更好地寻找目标消费者，企业可向高流量地区的目标消费者提供部分优惠，以进一步扩大该地区的市场。同时，企业还可以对新、老消费者进行区分，回访老消费者，维护新消费者，协同会员管理、邮件营销和自媒体营销等方式制定更有效的营销策略，从而取得更好的营销效果。

（4）流量分布。企业分析网站中不同网页的流量情况，能了解网店中的热门页面，并将此作为网店打造热销款的依据之一，从而更精准地将营销费用用在合适的商品推广中。

（5）访客退出率。分析访客退出率，即对消费者离开网店的原因进行分析。企业可根据访客退出率，了解网店的劣势，以便进行修正。

（6）着陆页质量。分析着陆页质量即对着陆页商品的销售情况进行分析，着陆页效果不仅是推广效果的一种体现，也是商品转化率的一种展示。

（7）不同时段的流量变化。对不同时段的流量变化进行分析，可以帮助企业了解网店销售的活跃期，从而更合理地安排商品的上、下架时间，以及运营人员的工作时间，以提高网店的工作效率。

6.3.4　网店重点数据分析

除了上面介绍的数据，在网店经营过程中，企业还需要对退出率、跳出率、转化率和购物车等重点数据进行分析，这些数据从不同的侧面反映了商品存在的各种问题，下面将分别对这些数据进行介绍。

（1）退出率。退出率是从该网页离开网站的次数占该网页总浏览次数的比例，分析退出率就是对直接从该网页离开网站的流量数据进行分析。退出率是一项综合衡量消费者离开网站的行为的重要指标，对网店而言，退出率高的网页是存在问题的网页，需要重点关注。此外，网店还应分析导致消费者退出的原因。

扫码看视频

网店重点数据分析

（2）跳出率。跳出率是当网站页面被打开后，仅浏览了该页面就离开网站的消费者占所有消费者的比例。跳出率高对网店而言非常不利，企业需要及时找到跳出原因。影响网店跳出率的因素有很多，如目标消费者群体定位不准确、访问页面内容吸引力不强、页面访问存在问题、广告与访问页不符等都可能导致跳出率偏高。

（3）转化率。转化率是在网店产生购买行为的人数与到店人数的比例，直接体现为营销效果。转化率的分析需要结合多个渠道的因素进行，如在结合商品页面进行分析时，适合观察热门商品、热门品牌和商品分类等的转化效果，并针对转化率低的页面进行调整和完善；当结合入口页面进行分析时，适合观察着陆页对网店销售的影响力，并可根据转化率评估相关促销活动的实际效果。

（4）购物车。购物车是反映商品情况的重要指标，购物车不仅可以反映消费者选购商品的动向，还可以从侧面体现商品的受欢迎程度。同时，将购物车信息与商品页面分析结合起来，还可以判断商品的转化情况。但是如果最终的实际转化率偏低，说明商品在价格和描述等方面可能存在问题，企业需要对描述页或价格进行优化。

6.3.5　网店数据分析的技术

网店数据分析需要借助一定的技术才能实现，常用的技术有数据仓库、数据挖掘和商业智能等。

1. 数据仓库

传统的数据分析是指以单一的数据库为中心进行事务的处理、批处理和决策分析等数据处理工作。而随着企业业务量的增长，数据量慢慢累积到一定程度后，只靠单一的数据库无法满足更加精细、多样化的数据分析要求，在这种情况下，数据仓库应运而生。

数据仓库是一个面向主题的、集成的、相对稳定的、反映历史变化的数据集合，用于支持经营管理决策，并提供直观、易懂的查询结果。与传统数据库面向应用不同，数据仓库中的数据面向主题，主题是数据归类的标准，每一个主题对应一个宏观的分析领域，是在较高层次上将企业信息系统中的数据进行综合、归纳和分析利用的抽象概念，如消费者、商品、订单、财务或其他某项事务或活动就是一个分析领域，即主题。数据仓库的集成性是指在数据进入数据仓库前，必须将所需数据从原来的数据中抽取出来，经历数据加工与集成。数据仓库的稳定性是指数据仓库反映的历史数据的内容，不是日常事务处理产生的数据，数据经加工和集成等进入数据仓库后是极少修改或根本不修改的。数据仓库反映历史变化是指数据仓库是不同时间的数据集合，它要求数据仓库中的数据保存时限能够满足进行决策分析的需要，且数据仓库中的数据都要标明该数据的历史时期。

数据仓库是一个过程，是数据库技术的一种新的应用，其任务是将信息加以整理、归纳和重组，以及时提供给相关的管理决策人员。企业在建设数据仓库时，应该以现有企业业务系统和大量业务数据为基础。企业建设数据仓库的步骤如下。

（1）收集和分析业务需求。

（2）建立数据模型和数据仓库。

（3）定义数据源。

（4）选择数据仓库技术和平台。

（5）从操作型数据库中抽取、净化和转换数据到数据仓库。

（6）选择访问和报表工具。

（7）选择数据库连接软件。

（8）选择数据分析和数据展示软件。

（9）更新数据仓库。

知识链接

常用的数据库主要有 MySQL、Oracle 和 SQL Server。常用的数据仓库主要有 AWS Redshift、Greenplum 和 Hive 等。

2. 数据挖掘

数据挖掘就是采用自动或半自动的建模算法，寻找隐藏在海量数据中的、事先未知但又有用的信息和知识（如趋势、模式及相关性等）的过程。

数据挖掘可以被看作一类深层次的数据分析方法，主要用于对商业数据库中的大量数据进行抽取、转换、分析和其他模型化处理，以帮助企业进行商业决策。常用的数据挖掘技术主要包括决策树、神经网络、回归分析、粗集、遗传算法和模糊集等。从数据本身的角度考虑，数据挖掘包括信息收集、数据集成、数据规约、数据清理、数据变换、数据实施过程、模式评估和知识表示 8 个步骤。

（1）信息收集。根据确定的数据分析对象得出需要的特征信息，然后选择合适的信息收集方法将这些信息存入数据库。

（2）数据集成。把不同来源、格式和特性的数据在逻辑或物理上有机地集中，从而为企业提供全面的数据。

（3）数据规约。由于商业运营数据量非常大，因此需要采用数据规约技术对得到的数据集进行规约表示。规约后的数据集中的数据量要小得多，但其仍会保持原数据的完整性，并且规约后执行数据挖掘的结果与规约前的执行结果相同或几乎相同。

（4）数据清理。数据库中有一些不完整、不正确、不一致的数据，对这些数据要进行清理，将完整、正确、一致的数据信息存入数据库中。

（5）数据变换。通过各种方法（如平滑聚集、数据概化和规范化等）将数据转换成适用于数据挖掘的形式。

（6）数据实施过程。根据数据库中的数据信息，选择合适的分析工具，应用统计方法、事例推理、决策树、规则推理、模糊集、神经网络和遗传算法等方法处理信息，从而得出有用的分析信息。

（7）模式评估。从商业角度，由行业专家来验证数据挖掘结果的正确性。

（8）知识表示。将通过数据挖掘得到的分析信息以可视化的方式进行呈现，或作为新的知识存放在知识库中，供其他应用程序使用。

数据挖掘是一个不断循环的过程，其中的任意一个步骤没有实现预期目标，都会使操作过程返回前面的步骤，经重新调整后再次执行。当然，并不是每项数据挖掘工作都需要包括以上所有步骤，企业根据实际需要选取部分步骤即可。例如，当不存在多个数据源时，数据集成的步骤便可省略。

3. 商业智能

商业智能是对商业信息进行收集、管理和分析的过程，以使企业各级决策者获得知识或洞察力，做出对企业更有益的决策。其基本体系结构包括数据仓库、联机分析处理和数据挖掘等技术。其中，联机分析处理是使分析人员、管理人员或执行人员能够从多个角度对从原始数据中转化出来的、能够真正为消费者所理解的，并真实反映企业多维特性的信息进行快速、一致和交互式的存取，从而获得对数据的更深入了解的一类软件技术。它还是一种多维数据分析工具的集合，其目的是满足决策支持或多维环境下的查询和报表需求。

商业智能常被理解成一种解决方案，其操作流程如下：从企业现有的数据中提取出有用的数据并进行清理，以保证数据的正确性，然后经过抽取、转换和装载，将其合并到企业级的数据仓库中，在此基础上通过查询和分析工具、数据挖掘工具等进行分析、处理，将数据转换成便于识别的知识，从而为企业管理者提供决策支持。这个过程涉及的数据，既包括来自企业业务系统的订单、库存、交易账目、消费者和供应商等的相关数据，也包括企业所处行业和竞争者的相关数据，以及其他外部环境中的各种数据。

6.4　网店代运营

网店建设成功后，企业即可进行网店的运营与管理，但对很多传统企业或中小企业来说，由于技术、人员、经验等的不足，它们可能会在网店运营过程中遇到一些问题。因此，网店代运营应运而生。下面我们将对网店代运营的相关知识进行介绍。

6.4.1　网店代运营的概念

网店代运营是在企业对电子商务的需求上衍生出来的一种商业服务，可帮助企业以更专业的手段进行网店的管理与运营，从而提高工作效率、降低成本，满足企业对实施电子商务战略的需求。

电子商务代运营是指传统品牌企业以合同的方式委托专业电子商务服务商为企业提供部分或全部电子商务运营服务或网络营销服务，其内容主要包括电子商务战略咨询、电子商务渠道规划、电子商务平台设计与建设、电子商务网站推广、电子商务营销策划、数据分析、客户关系管理、商品管理等在内的电子商务运营托管、企业网络营销策划等方面。

6.4.2　网店代运营的模式

网店代运营主要帮助一些希望开展电子商务业务的企业进行网店营销。对企业来说，找到一种合适的代运营模式是网店运营成功的关键。目前，网店代运营的模式主要有以下 4 种。

1. 加盟收费合作模式

加盟收费合作模式需要企业缴纳一笔加盟费，这样企业就可以享受代运营服务商提供的网店装修、推广和售后等一系列服务。这种模式一般会按照加盟费和企业对业务的需求，对企业进行级别划分，不同的级别享受的服务不同。一般来说，加盟费越多，企业能够享受到的服务越多。

2. 免费代运营模式

免费代运营模式不需要企业缴纳加盟费，代运营服务商通过销售额提成来获取收益。这种模式因为不需要任何费用，吸引了大量的企业，但一般代运营服务商享受的提成偏高，企业能够获得的利润较少，二者持续合作的时间较短。

3. 免费代运营，收取保证金模式

这种模式允诺代运营服务商先免费代运营，再收取低额保证金，但代运营服务商前期往往只提供简单的服务，待有一定成效、收取服务费后，代运营服务商便将重心转移到开发其他客户上，导致企业的权益无法得到保障。因此，这种模式实际上是一种模糊企业"视线"的模式，建议尽量不要采用。

4. 基础服务费和销售额提成模式

基础服务费是前期用于运营团队组建、店铺装修、品牌策划和推广活动等业务的费用。企业通过支付一定的基础服务费来维持运营团队的正常运转，以保证网店的良好运作，从而达到提高销售额的目的。然后，代运营服务商获得销售额提成，以实现合作共赢。

6.4.3 网店代运营的服务流程

了解网店代运营的服务流程，可以使企业更好地进行网店代运营的工作。网店代运营的服务流程如下。

（1）确定合作意向。企业与代运营服务商商讨，了解彼此的情况，达成合作意向。

（2）品牌商品调研。代运营服务商对企业的商品进行调研，明确品牌特色，找准品牌定位。

（3）确定营运方案。代运营服务商根据确定的品牌定位逐步确定营运方案。

（4）网店建设或入驻申请。代运营服务商建立独立的电子商务网站或在淘宝、天猫和京东等大型电子商务平台申请开店。

（5）网店装修与产品设计。代运营服务商根据品牌和产品定位确定网店的风格，并进行网店装修与产品设计。

（6）商品销售。代运营服务商上架商品，并制定商品销售模式。

（7）客服营销和售后处理。随着商品销售成功，客服营销和售后处理服务应运而生。

（8）活动策划与营销推广。代运营服务商进行商品与活动的策划与推广，以促进网店商品的销售，树立良好的品牌形象，并吸引更多的消费者。

（9）数据报表的列报。网店经营一段时间后，会产生相应的订单数据，代运营服务商应对数据进行统计与报告。

（10）财务结算。代运营服务商以月为单位进行进账、出账结算，分析企业的盈利情况。

6.4.4 代运营服务商的选择

代运营服务商对企业代运营的效果有着直接的影响，企业只有确定自身情况适合开展电子商务业务，并选择合适的代运营服务商才能正常开展电子商务业务。其实，企业可以将代运营服务商视为一种商品，以挑选商品的眼光来进行选择，坚持货比三家，通过对不同的代运营服务商进

行考察，确定最终的合作对象。一般情况下，我们可从以下 4 个方面对代运营服务商进行考察。

1. 代运营服务商的发展背景

代运营服务商的发展背景主要包括发展经历、从业背景、企业文化和服务理念等方面的内容。这些要素决定了代运营服务商的基本条件，企业尤其要关注代运营服务商与企业产品层次、市场占有状况、固有营销模式的结合情况，考察代运营服务商是否具有帮助企业建立网络品牌体系的能力，是否具有良好的理解能力、服务能力。

2. 代运营服务商的规模

代运营服务商要具备代运营的资格，应该有最基本的技术条件、专业技术水平和能力，如网站建设、设备配置、技术管理、营销渠道和品牌建设等能力。这就要求代运营服务商要有一定的规模，一般来说，规模较大的代运营服务商的专业技术能力更强，管理、技术等更加规范，企业选择这种代运营服务商一般能够享受到较好的服务。因此，建议企业选择具有一定发展历史、专业技术过硬、员工队伍团结的代运营服务商。

3. 代运营服务商的整合能力

整合能力是指代运营服务商对电子商务业务的驾驭能力。代运营服务商除了要有电子商务基本建设和管理能力，还要能对企业的业务渠道、营销市场进行整合，以实现企业网络品牌的推广。此外，代运营服务商还要具备较强的线上、线下业务的协调能力。建议企业在选择代运营服务商时，着重考察其业绩，查看其是否有典型的成功案例。

4. 代运营服务商的信誉度

信誉度决定了代运营服务商的服务质量、服务水平和综合实力。一般来说，得到客户或同行好评的代运营服务商信誉度较高，具备基本的为服务对象着想的精神，其诚信度也较高。因此，企业在选择代运营服务商时，要对其资质、信誉度进行考察，了解其与现有合作对象的和谐程度，是否能够与企业形成友好、协调的合作关系，是否能够信守承诺，是否能为企业网店的运营尽心尽力。

6.4.5 代运营的风险控制

并不是所有的代运营都能使企业获益，代运营服务商提供的服务质量、采取的运营手段不同，都会导致不同的运营结果。因此，代运营是一项具有风险的活动，企业要降低代运营的风险，可以从以下 3 个方面进行风险控制。

1. 建立有效的管理机制

管理机制是企业进行管理的依据和基础，特别是在进行电子商务代运营业务的管理时，企业更要保证其执行过程的有效性，以保障企业的基本利益。企业可以从下面两个方面来建立有效的管理机制。

（1）成立专门的电子商务管理部门，全程监督、控制电子商务代运营的实施进度和过程，包括代运营战略的制定、业务的确定、服务商的选择、运营过程和运营效果评估等环节。从代运营的第一步开始跟踪，进行实时全程风险控制。电子商务管理部门的人员组成应包含高层管理人员、电子商务专业人员和法律专家等。

（2）制定相应的电子商务代运营的管理制度，对代运营的全过程、各类活动的程序和双方的责任进行规范，并确保该制度被执行。

2. 加强对与代运营服务商的合作关系的管理

电子商务代运营是一个双向的过程，需要企业与代运营服务商保持良好的合作关系，以减少外包的风险。

（1）企业应充分考虑代运营服务商的利益，树立双赢的合作理念，并积极支持代运营服务商的工作，向其提供必要的帮助。

（2）企业应充分信任自己选择的代运营服务商，给予代运营服务商充分的权限，与之建立互相信任的合作关系。

（3）企业应该与代运营服务商保持充分的沟通，建立高效的信息沟通渠道，防止因沟通不顺畅而造成工作失误。

3. 建立合理的激励机制

为了保证电子商务代运营业务的顺利开展和代运营服务商有积极向上的工作态度，以及使网店获得良性的可持续发展，企业可对代运营服务商进行必要的激励。企业可以针对代运营服务商建立绩效评价机制与监督机制，在此基础上，根据企业的运营情况和代运营服务商的业绩来实施一系列合理的激励机制，如根据代运营服务商的业绩给予其相应的奖励，鼓励其保持热情、提升工作业绩。

6.5 案例分析——数据分析工具：生意参谋

生意参谋是阿里巴巴打造的商家大数据产品平台，向淘宝网和天猫商城全体商家提供一站式、个性化、可定制的商务决策体验。生意参谋集成了海量数据及店铺经营思路，不仅可以更好地为商家提供流量、商品、交易等店铺经营全链路的数据披露、分析、解读、预测等功能，还可以更好地指导商家的数据化运营。

用户登录淘宝网，单击网页上方的"千牛卖家中心"超链接，进入卖家中心管理后台后，在左侧导航栏的"数据中心"栏目中单击"生意参谋"超链接即可打开生意参谋，进入生意参谋的首页，如图6-9所示。生意参谋标准版供商家免费使用，部分高级功能如竞争情报、市场行情、数据作战室等为收费功能，商家可以在生意参谋中付费订购。

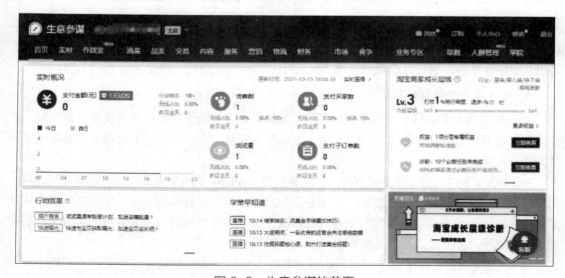

图6-9　生意参谋的首页

根据图 6-9，我们可以将生意参谋的功能板块归纳为"首页""实时""作战室""经营分析""市场与竞争"和"其他板块"。

1．首页

生意参谋的首页是生意参谋常见功能板块的聚合入口。在生意参谋的首页，店铺的关键数据一目了然，包括店铺的实时概况数据、销售数据、流量数据、推广数据等。商家通过首页就能了解自己店铺的大体经营情况。例如，在"实时概况"功能板块中，商家能够直观地看到店铺当天实时的支付金额、访客数、浏览量、支付买家数、支付子订单数等。

2．实时

生意参谋的"实时"功能板块即"实时直播"功能板块，包括实时概况、实时来源、实时榜单、实时访客、实时催付宝 5 个数据分析板块，如图 6-10 所示。

图 6-10　"实时直播"功能板块

（1）实时概况。实时概况包括实时总览和实时趋势。在实时总览栏目中，商家可查看店铺实时访客数、浏览量、支付金额、支付子订单数、支付买家数，以及店铺主营行业和行业排名情况等。实时趋势用于显示今日和对比日的支付金额、访客数、支付买家数、支付子订单数的对比趋势图。

（2）实时来源。实时来源显示访客数的 PC 端、移动端来源分布和地域分布情况。

（3）实时榜单。实时榜单显示商品访客数 TOP50 及支付金额 TOP50，包括的指标有浏览量、访客数、支付金额、支付买家数、支付转化率等数据。

（4）实时访客。实时访客显示访客的访问时间、入店来源、访客位置、访客编号及店铺被访页面等数据。

（5）实时催付宝。实时催付宝显示在本店铺下单但尚未支付的消费者信息、潜力指数、潜力订单、订单状态等数据。

3．作战室

商家需要付费订购后才能使用"作战室"功能板块。作战室是围绕商家日常监控、活动营销、大促作战三大场景打造的实时数据分析平台，主要提供作战大屏（可视化动态数据）、活动分析、竞店（与自己店铺竞争的店铺）监控等数据服务。作战大屏可实时追踪经营动态，彰显企业数字化形象；活动分析可沉淀历史活动数据，深度分析聚划算、"双 11""双 12"等多种活动的效果；竞店监控可密切关注竞店的情况。

4. 经营分析

经营分析包括"流量""品类""交易""内容""服务""营销""物流"和"财务"等分析项目，可对经营的各个环节进行分析、诊断、建议、优化、预测。在生意参谋上方导航栏中单击功能选项即可进入对应的数据分析页面，然后利用页面左侧选项卡中的各选项即可查看对应的数据内容。

例如，在流量分析页面左侧单击"店铺来源"选项卡，在打开的页面中即可查看店铺的流量来源构成，如图 6-11 所示。

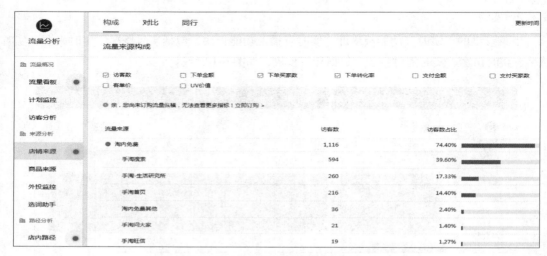

图 6-11　店铺的流量来源构成

"流量来源构成"栏中列出了各项数据指标，单击并选中数据指标前的复选框，可查看对应的数据。默认情况下，生意参谋只对访客数、下单买家数和下单转化率 3 个数据指标的流量来源进行分析，商家若要查看更多的数据，需要订购生意参谋的"流量纵横"功能。

单击"店铺来源"页面上方的"对比"选项卡，打开"流量来源对比"页面，单击"添加"按钮，在弹出的下拉列表中可选择"我的淘宝""直接访问""购物车""淘宝客""直通车"共 5 个来源渠道选项。图 6-12 所示为某店铺的流量来源对比图，将鼠标指针放在图表中的某个时间点上，可查看该时间点的数据指标情况。

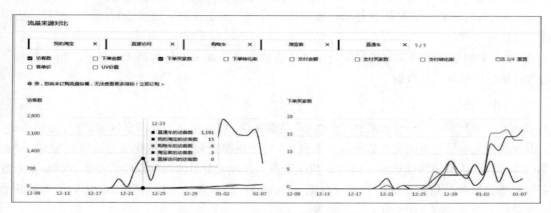

图 6-12　某店铺的流量来源对比

5. 市场与竞争

生意参谋的"市场与竞争"功能板块主要用于查看市场行情和竞店的数据，商家可以根据需要选择是否订购这些功能板块或功能板块中的部分功能。其中，"市场"功能板块提供行业大盘、品牌分析、产品分析、属性分析、商品店铺榜、买卖家画像等分析功能；"竞争"功能板块可分析竞店数据、竞品数据、品牌数据等数据信息。

6. 其他板块

其他板块主要包括"取数""人群管理""学院"等功能板块。其中，"取数"功能板块是生意参谋提供给商家的自由提取数据的工具，进入"取数分析"页面后，在左侧单击"新建报表"选项卡，设置报表名称及维度、时间、指标，单击"生成报表"按钮即可创建报表，如图6-13所示。"人群管理"是一款消费者运营工具，可围绕店铺、单品、内容、服务等维度，一键圈选潜力人群，并通过钻展广告、短信、优惠券等渠道进行精准运营。"学院"是生意参谋的学习互动平台，通过提供不同的培训课程，帮助商家快速了解生意参谋的产品功能，理解数据意义，从而增强数据化运营能力。

图 6-13 "生成报表"页面

思考：

根据上述材料并结合你对数据分析与运营的了解分析以下问题。

（1）电子商务面对的数据有什么特点？

（2）网店数据分析的主要内容有哪些？生意参谋可以对哪些数据进行分析？

（3）数据分析对网店的经营有何作用？

实践训练

为了更好地熟悉网店的建设与运营的相关知识，下面我们通过在各大电子商务平台进行实践训练来加以巩固。

【实训目标】

（1）熟悉网店的基本内容和功能组成。

（2）掌握网店的开店流程。

（3）掌握网店数据分析的工具的使用。

【实训内容】

（1）查看几个主流的电子商务平台，如淘宝、京东、天猫和当当等，观察其基本内容组成，并体验网站的购物功能、支付功能和客户服务功能。在体验其功能后，以文档的形式对所体验的电子商务平台进行总结，分析其运营的流程及优缺点。

（2）选择一个可以免费开店的电子商务平台（如淘宝网、拼多多）开设网店，并进行店铺的装修、设计。在开设网店前，先了解各个平台的开店规则，并准备好相应的资料。

（3）通过网店后台的数据分析工具，查看流量、商品和交易的数据概况，大体说明目前店铺的经营状况。

知识巩固与技能训练

一、名词解释

1．域名　　2．UV　　3．PV　　4．转化率　　5．数据挖掘

二、单项选择题

1．下面有关企业域名的说法错误的是（　　　）。

A．域名最好与企业的名称联系起来，以突出企业的名称或商品

B．域名对字符没有要求，企业可以选择任何自己喜欢的内容进行组合

C．域名的长度要适中，尽量不超过 6 个字符

D．某些地域性很强的企业可以在域名中添加代表地区的内容

2．下面有关网店建设的说法错误的是（　　　）。

A．建设网店必须具备域名与服务器

B．商品列表页的内容只要丰富就行了

C．会员服务建设要保证会员的基本利益

D．网店支持的在线交易方式一般有网上银行和第三方交易平台

3．独立访问数只对唯一 IP 地址的访问数量进行统计，其英文缩写为（　　　）。

A．UV　　　　　B．PV　　　　　C．TV　　　　　D．NV

4. 下面关于代运营的说法正确的是（　　　）。

    A. 代运营服务商负责网店的一切事务

    B. 代运营服务商的规模比实力更重要

    C. 选择代运营服务商时应对其发展背景、整合能力、信誉度等进行综合考察

    D. 代运营具有一定的风险，企业可以通过宏观调控来避免

三、多项选择题

1. 选择服务器时，要从（　　　）方面进行考虑。

    A. 稳定性　　　　　　　　　　　B. 访问速度

    C. 功能支持　　　　　　　　　　D. 价格

2. 网店的市场定位主要从（　　　）方面进行分析。

    A. 行业　　　　　　　　　　　　B. 网店商品

    C. 消费者群体　　　　　　　　　D. 竞争者

3. 下面关于网店数据分析的说法正确的是（　　　）。

    A. 消费者每打开网站上的一个页面就会被统计工具记录一次页面访问量，当多次打开同一页面时，页面访问量不会累计，仍然统计为一次

    B. 一天内使用相同的 IP 地址多次访问网站只计算为一个 IP 数

    C. 页面停留时间是指消费者从打开页面到离开页面的时间间隔，只有在消费者点击了下一个页面时才会被记录下来

    D. 着陆页用于记录消费者进入网站的第一个页面，可据此统计出消费者的进入数量和比例

4. 网店数据分析的技术主要包括（　　　）。

    A. 数据仓库　　　　　　　　　　B. 数据挖掘

    C. 商业智能　　　　　　　　　　D. 数据存储

四、思考题

1. 企业开设网店前需要做哪些准备工作？

2. 简述网店的购物流程建设，并画出其流程图。

3. 企业通过哪些方法可以有效地控制代运营的风险？

五、技能实训题

1. 进入华为商城的官方网站，观察其基本内容。

2. 在淘宝网上开设自己的店铺，并寻找一些货源进行网上创业，写出你的创业计划。

3. 参照淘宝网中"三只松鼠旗舰店"的装修风格（配色可根据当前网店的商品类型和风格修改，如售卖棉麻制品，在配色上可以白色和蓝色为主；如售卖食品，在配色上可以橙色为主等）、布局方式，打造自己的店铺。

4. 选择一种方式来宣传、推广店铺，提高店铺的知名度。在推广店铺时，建议制订一个完整的方案，并以书面形式呈现。

第 7 章　物流与供应链

【学习目标与要求】

◆ 熟悉电子商务环境下的物流模式和物流配送。

◆ 了解智慧物流的技术基础和发展趋势。

◆ 了解并掌握供应链管理。

【案例导入】

天猫超市的物流配送

天猫超市是阿里巴巴旗下的网上超市，依托于淘宝网强大的电子商务管理系统，为广大消费者提供丰富的商品，如食品饮料、粮油副食、美容洗护、家居用品、家庭清洁和母婴用品等。天猫超市为了保证消费者能够及时收到所购商品，建立了专业的仓储物流中心，通过整合上海、广东和浙江等地的仓储资源和物流配送资源，采用统一的商品包装，已经实现次日送达，并推出"半日达"和"1 小时达"配送业务。消费者在天猫超市采购后，订单将实时显示到天猫超市的仓库作业管理软件系统上，并被打印出来。同时，系统将以打印的这张订单为参照物，自动挑选类似的订单来优化组合，即将类似的订单优化成一张合并装箱单，通过择优组合、切单合单的方式来加快处理商品的速度。同时，系统还会自动测算商品的体积和匹配度，以规划出商品需要的包装材料和包装箱的尺寸。这一系列的操作听起来复杂，实际所需时间却不到一分钟。

天猫超市的仓库中摆满了大大的货架，各种各样的商品陈列在货架上，方便了分拣员挑选货物。与一般仓库按照商品种类分类的方式不同，天猫超市依托自己研发的 WMS 仓库作业管理软件系统，将仓库"切割"成无数个虚拟的格子，然后将各种商品按销量摆放进格子中。摆放规则是越畅销的商品被分配到越靠近通道的位置，这样分拣员就能在最短的时间内找到需要的商品，提高了配货的速度。商品在分拣完成后还需要经过验货、封箱和装车等流程，然后再被运送到消费者订单上的目的地。

思考：

天猫超市的物流配送有什么优势？其还可在哪些方面进行改进？

7.1　物流概述

电子商务的任何一笔完整交易都包含信息流、资金流、商流和物流。物流作为电子商务不可缺少的重要一环，主要指物质实体的流动过程，如商品的储存、保管、运输、配送和信息管理等活动。

7.1.1　物流的概念

在人类社会进行经济活动的初期就已经存在的物质实体的物理运动，这就是物流的雏形。然而，人们对物流形成系统的认识与研究大概始于 20 世纪 30 年代。物流的概念起源于美国，原意为"实物分配"或"货物配送"，后被日本引进并加以研究和不断创新。随着人们对物流实践的理解的深入和对物流理论的不断研究，物流的概念在不同层面和角度上产生了差异，主要包括以下 4 种解释。

（1）物流是指为了满足消费者的需求，以最低的成本，通过运输、保管和配送等方式，实现物品（包括原材料、半成品、成品、服务或信息）由产地到消费地的计划、实施和管理的全过程。它主要包括物体的运输、储存、装卸、搬运、包装、流通加工、配送及相关的物流信息处理等环节。

（2）根据《中华人民共和国国家标准·物流术语》，物流是物品从供应地到接收地的实体流动过程，根据实际需要，将运输、储存、装卸、搬运、包装、流通加工、配送、回收和信息处理等基本功能实现有机结合。

（3）物流中的"物"是指一切拥有经济意义的物质实体，如物资、货物和商品等；"流"是一种物理性运动，可以是同一地域、同一环境中的微观运动，也可以是地理性的大范围中的运动。"物"和"流"的组合为物流，即物品从供应地向接收地的实体运动。

（4）现代物流是以满足消费者的需求为目标，把制造、运输和销售等市场情况统一起来考虑的一种战略措施。

7.1.2　电子商务环境下的物流模式

不同的电子商务企业，可根据自身的条件选择不同的物流方式。总体来说，目前电子商务环境下的物流主要包括自营物流、第三方物流、物流联盟和众包物流等模式。

1. 自营物流

自营物流是指电子商务企业自身经营物流业务，通过组建全资或控股的物流公司来完成本企业的物流配送业务。如果企业自营物流，其主要经济来源不在于物流，原因在于其有能力自身承担物流业务并且从中获利。

目前，我国采用自营物流这一模式的电子商务企业主要有两类：第一类是资金实力雄厚且业务规模较大的电子商务企业（如京东），这些企业有足够的资金用来自建物流配送体系，以提供比国内第三方物流更优质的物流服务；第二类是传统的大型制造企业或批发企业（如海尔）经营的电子商务网站，这些企业由于自身长期在传统商务中已经建立起有一定规模的营销网络和物流配送体系，在开展电子商务时只需对其加以改进、完善，即可满足电子商务模式下消费者对物流配送的要求。

自营物流有利于企业监控物流运营过程，并利用原有的资源降低交易成本，提高企业品牌价值，推进消费者关系管理，给消费者带来个性化的、优质的物流配送体验。但是，自营物流并不适合小型的电子商务企业，这是由自营物流本身的弊端决定的。自营物流有以下 3 个弊端。

（1）投资成本大。企业为了实现对物流的直接组织和管理，需要投入较多的资金、配备相应的人员，这就增加了企业的投资负担，同时削弱了企业抵御市场风险的能力。

（2）分散企业主业。自营物流需要很大一部分员工来进行物流操作，企业把资金投入物流操作中，不利于企业集中人力、物力和财力发展主业。

（3）不利于企业的柔性化。企业有一整套自己的物流设施及物流技术，这样既有可能造成资源闲置又有可能无法满足消费者的需求。

2. 第三方物流

第三方物流又称外协物流或合同物流，是发货人与收货人之外的提供物流服务的第三方企业。第三方物流是相对于自营物流而言的，其前身一般是从事运输业、仓储业等提供物流服务及相关服务的企业。现在第三方物流一般有两类：一类是由以邮政、铁路和航空为主体的国有企业发展而来的公司；另一类是由民营小型速递公司、仓储公司发展而来的公司。第三方物流拥有以下两个特点。

（1）提供以合同为导向的一系列物流服务。第三方物流有别于传统的外协公司，传统的外协公司只具有一项或一系列分散的物流功能，如运输公司提供运输服务、仓储公司提供仓储服务；第三方物流则根据合同条款的规定，提供多功能、全方位的物流服务。

（2）建立在现代电子信息技术的基础上。第三方物流采用现代电子信息技术，提高了仓库管理、装卸、运输、采购、订货、配送发运、订单处理的自动化水平，使订货、包装、保管、运输、流通加工实现一体化；同时，计算机软件技术的飞速发展，既能使混杂在其他业务中的物流活动的成本被精确地计算出来，也能帮助企业有效地管理物流渠道中的商流，这就使企业有可能把原来需在内部完成的作业交由第三方物流完成。

3. 物流联盟

物流联盟是指两个或多个企业之间，为了实现自己的物流战略目标，通过各种协议、契约而结成的优势互补、风险共担、利益共享的网络组织。参加物流联盟的企业汇集、交换或统一物流资源以谋求共同利益；同时，合作企业仍保持各自的独立性。中小企业为了提高物流服务水平，可通过参加物流联盟的方式来弥补自身能力的不足。大型企业为了保持其核心竞争力，可通过参加物流联盟的方式把物流外包给一个或几个第三方物流企业。

对电子商务企业而言，建立物流联盟最明显的效果就是在物流合作伙伴之间减少了相关交易费用，有效地维持了物流联盟的稳定性，有助于建立完善的物流服务体系。与自营物流相比，物流联盟的专业化程度更高，但物流的可控性稍弱；相较于第三方物流，物流联盟的消费者关系管理质量更好，但专业化程度相对降低。

全物流生态链——菜鸟网络科技有限公司

菜鸟网络科技有限公司（以下简称"菜鸟"）成立于 2013 年 5 月 28 日，由阿里巴巴集团、银泰集团联合复星集团、富春控股、"三通一达"（申通、圆通、中通、韵达）以及相关金融机构共同组建。

菜鸟是一家互联网科技公司，专注于提供智慧供应链服务。通过大数据、智能技术和高效协同，菜鸟与合作伙伴一起搭建全球性物流网络，提高物流效率，加快商家库存周转速度，降低社会物流成本，提升消费者的物流体验。

菜鸟的商业逻辑是搭建平台，让物流供应链上的不同商家和消费者可以实现高效连接，从而提高物流效率和服务品质，降低物流成本。通过菜鸟与合作伙伴的努力，2019 年，菜鸟旗下业务品牌菜鸟裹裹年寄件用户破亿，天猫"双 11"当天物流订单量达到 12.92 亿，菜鸟协同物流伙伴仅用一周时间处理了 18.8 亿个包裹。2020 年 12 月，菜鸟裹裹与中国邮政速递物流达成战略合作，在城乡共建 5 万个寄件点。

菜鸟采用的是一种竞争合作思维，将所有的物流企业放到自己的平台上统一运营。这种方式优势明显：大规模、集约化的配送方式将显著降低物流成本；分工更明确，能有效提高配送效率；大大提高了现有仓储设施的使用效率，降低了空仓率，杜绝了仓储分配不均；提高了运输货物的集中度，有利于调度现有的运输资源，降低车辆空置率。

菜鸟和阿里巴巴集团之前的战略布局一样，定位于服务平台，其推出的"合作伙伴分层营运计划"，实质是根据物流企业的服务质量由菜鸟来分配与其合作的电商，意图制定"高服务、高质量的物流企业可以获得更多高质量、业务量大的电商客户"的规则，激励物流企业主动提升自身品质，进而使阿里巴巴电商的整体物流服务升级。

从资源整合的角度看，菜鸟将成为我国最大的"快递联合体"，进入菜鸟网络体系的物流企业将成为其子公司。而阿里巴巴通过掌握智能仓储技术和快递资源，实现了上、下游产业的整合，顺理成章地成为大赢家。

4. 众包物流

众包物流就是基于互联网平台，将原本由企业专职工作人员负责的配送工作转包给企业之外的非专业群体来做。

众包物流作为一种新兴的第三方配送模式，源于移动互联网时代各类 O2O 行业的兴起与上门服务的流行。同时，电子商务的高速发展印证了当前的物流难以满足配送需求，特别是遇到促销日，众包物流的出现则有效解决了突增性的物流需求。目前，众包物流的代表性企业有达达、人人快递、闪送等，一些类似于美团外卖的电商平台等也采用了众包物流的配送模式。

众包物流的主要流程是由各类 O2O 商户发单，配送员抢单后将商品送到消费者手中。众包物流有利于整合社会上的闲置资源（如配送员多是根据自身情况自愿兼职的人），降低了人力资源成本，缩短了配送时间。同时，众包物流采取的上门取货和送货到家的服务，减少了取件、派件的时间。

7.2　电子商务环境下的物流配送

电子商务环境下的物流配送可以简单地称为电子商务配送，就是以信息化、现代化和社会化的方式来进行物流的配送，具体而言，是指在进行电子商务活

扫码看视频

物流配送流程

动时，快递公司通过计算机、互联网及相关的物流系统，按消费者的要求进行商品的分类、编配、整理、分工和配货等工作，然后将商品交给指定的消费者。

7.2.1　电子商务环境下物流配送的作业流程

要完成一项电子商务活动，需要 4 个角色：供应商、物流配送中心、快递公司和消费者。一般电子商务物流配送的作业流程如图 7-1 所示。其中，实线表示货物实体流动，虚线表示物流信息流动。

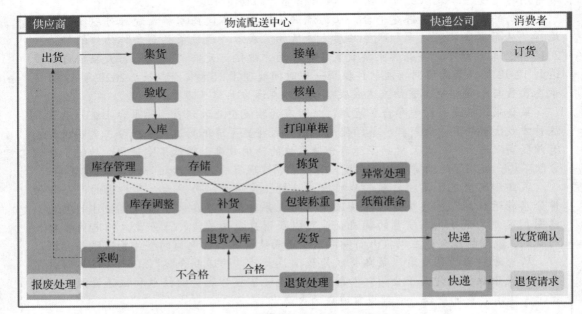

图 7-1　一般电子商务物流配送的作业流程

从图 7-1 可见，物流作业从供应商将物品送达配送中心开始，具体操作步骤如下。

（1）经过集货与验收作业确认物品后将物品入库。

（2）当接到消费者订单后，先将订单依其性质做订单处理，包括核单和打印单据等。在核单过程中，如果消费者提交订单后发现错误需要修改订单时，开展电子商务的企业一般允许消费者通过备注进行订单内容的补充或修改，因此需要核单员根据订单备注修改订单，以满足消费者的需求。

（3）按订单信息将消费者需求的物品从分拣区取出进行出库拣货。

（4）拣货完成后如发现拣货区所剩的存量过低，则必须由储存区来补货；若整个储存区的存量也低于标准，便应向上游供应商采购进货。

（5）分拣出的物品经整理包装称重后准备发货。

（6）等发货作业完成后，快递公司安排车辆上门取货，并将其配送到消费者手中，让消费者确认收货。当消费者发起退货请求后，物品经快递公司返回物流配送中心做退货处理，物品经检验合格可重新入库，若物品经检验不合格则做报废处理。

7.2.2　电子商务物流配送中心

电子商务物流配送中心是指从事物流活动的场所或组织。物流配送中心把商流、资金流、信息流、物流融为一体，成为企业之间的中介。一个合格的物流配送中心应该符合以下条件。

（1）主要为特定的用户服务。

（2）配送功能健全。

（3）具有完善的信息网络。

（4）辐射范围小。

（5）多品种、小批量。

（6）以配送为主、储存为辅。

物流配送中心能够直接与厂商建立业务合作关系，以获得迅速、有效的信息反馈，减少交易次数与流通环节，并尽量减少库存。物流配送中心是电子商务活动能够正常开展的技术基础，根据不同的标准，物流配送中心可以被分成不同类型。

1. 按专业程度划分

按照物流配送中心的专业程度的不同，物流配送中心可以分为专业物流配送中心、柔性物流配送中心和综合物流配送中心。

（1）专业物流配送中心。专业物流配送中心的含义有两种：一是指配送的对象、技术属于某一特定的专业范畴，如为汽车制造厂提供汽车零配件的产前配送服务的物流配送中心、为超市等连锁企业提供配送服务的生鲜商品物流配送中心等；二是以配送为专业化职能，不从事经营的服务型物流配送中心，这种类型的物流配送中心在国外十分普遍。

专业型物流配送中心应针对所配送的商品特性，体现出处理专项商品的技术与服务的特色，因此，在物流配送中心规划建设中必须配备专用的商品处理设施。

（2）柔性物流配送中心。柔性物流配送中心是一种与专业物流配送中心相对立的物流配送中心。这种物流配送中心不固定供需关系，它能够根据消费者的需求来进行调整，具有很强的适应性。

（3）综合物流配送中心。综合物流配送中心是指那些配送多种货物或商品的物流配送中心，如日用工业品、生鲜食品和副食品等齐聚的物流配送中心。综合物流配送中心一般为满足处理多品种的商品需要而建立。

2. 按运营主体划分

按照运营主体的不同，电子商务物流配送中心可以分为以生产厂商为主的物流配送中心、以批发商为主的物流配送中心、以零售商为主的物流配送中心和以物流企业为主的物流配送中心。

（1）以生产厂商为主的物流配送中心。一些流通管理能力较强的生产厂商，一般会自建物流中心来存储自己的商品。这种方式可以让生产厂商快速地向消费者配送商品，具有成本低、中间环节少的特点。但对于零售商来说，这种物流配送中心的商品种类过于单一，不能满足销售的需要。

（2）以批发商为主的物流配送中心。这种物流配送中心，其商品来自于各个批发商，批发商集中多个生产厂商的商品，并提供给有需要的零售商，商品种类一般比较丰富，适合没有独立销售路线的厂商或本身不能集齐各种商品的零售店。

（3）以零售商为主的物流配送中心。规模发展到一定程度后，零售商可以考虑自己构建物流配送中心，以向其他需要商品的对象服务，如超市、百货商场、粮油食品商店等。为了保证商品的供应，零售商需要有足够大的仓库来存放商品，并保持商品能够不间断地进行配送，这样才能在节约库存面积的同时减轻库存的压力。

（4）以物流企业为主的物流配送中心。以物流企业为主的物流配送中心具有很强的运输配送能力，能够为制造商或供应商提供存储商品的仓库，这些商品的所有权属于制造商或供应商，物流配送中心只进行商品的仓储管理与配送服务。与企业自建物流配送中心相比，这种方式具有物流设施现代化程度高、利用率高、成本低和服务范围广泛等特点。

3. 按内部特性进行划分

按照物流配送中心的内部特性的不同，物流配送中心可以分为储存型物流配送中心、流通型物流配送中心和加工型物流配送中心。

（1）储存型物流配送中心。不管是买方市场还是卖方市场，成品与企业的原材料、零部件都需要有较大的仓库来存储，而储存型物流配送中心具有较强的储存功能，能够储存大量商品。

（2）流通型物流配送中心。这种物流配送中心不能进行货物的长期存储，只能以暂存或随进随出的方式进行配货、送货，货物在物流配送中心只做稍许停滞。

（3）加工型物流配送中心。这种类型的物流配送中心能够根据消费者或市场的需要对货物进行加工后再配送，如分装、包装、初级加工和组装产品等。世界著名的连锁服务企业肯德基和麦当劳的物流配送中心就是其典型代表。

7.3 智慧物流

电子商务的热潮虽然给物流行业带来了巨大的商机，但电子商务的蓬勃发展也对物流行业的服务效率和服务质量提出了更高的标准、更严的要求。企业为了降低物流成本，提高企业利润，促进物流产业的发展，使消费者在轻松、放心地购物的同时能节约购物成本，依赖人力的物流行业正努力从劳动密集型向技术密集型转变，从传统模式向智慧物流升级。

7.3.1 智慧物流的概念

物流行业是最早接触物联网、最早应用物联网技术的行业之一。智慧物流即以物联网、云计算、大数据为技术支撑，以物流产业自动化基础设施、智能化业务运营、信息系统辅助决策和关键配套资源为基础，通过物流各环节、各企业的信息系统集成，实现物流全过程可自动感知识别、可跟踪溯源、可实时应对、可智能化决策的物流业务组织形态。

其实，智慧物流就是在现有物流运营基础上提升物流系统的自动化、网络化、智能化水平，强调信息流与物流快速、高效、通畅地运转，从而保证物流上游的生产、下游的销售业务高效开展。智慧物流时代的到来，用互联网思维和物联网技术改变传统的运作模式，助力物流行业在实现智慧物流的同时更好地提高资源利用率与经营管理水平。

7.3.2　智慧物流的技术基础

智慧物流涉及多个环节，这里将主要环节大致归纳为 4 个，即仓储、运输、配送、终端，以此说明智慧物流的技术基础。

（1）仓储。仓储是指通过仓库对货品进行储存与保管。目前，国内外智能仓储系统的智能化程度较高，机器人与自动化分拣技术已相对成熟并得到广泛应用。例如，自动导引运输车、无人仓、无人叉车、分拣机器人、码垛机器人等，主要用于搬运、上架、分拣等环节。

（2）运输。运输指干线运输，主要涉及无人卡车技术。无人卡车将改变干线运输的现有格局，目前已取得阶段性成果，正在进行小范围的商用。

（3）配送。配送是指实现物流"最后一公里"的服务环节，涉及无人机与 3D 打印两大技术的应用。无人机技术相对成熟，目前京东、顺丰、DHL 等国内外多家物流企业已开始进行商用测试，预计未来将成为特定区域末端配送的重要方式。3D 打印技术尚处于研发阶段，目前仅有亚马逊、UPS 等针对其进行技术储备。

（4）终端。目前实现商用的终端技术主要是智能快递柜，此技术已经在我国一、二线城市得到推广，相关企业有蜂巢、速递易等。但当前智能快递柜的便利性、智能化程度和使用率仍有待提高，且使用成本较高。

智慧物流的每个环节都各自对应了不同的使用场景和硬件设备，各设备采集数据，并将数据通过物联网互联互通，再采用大数据和人工智能技术计算好线路、动作等，就形成了从仓库到"最后一公里"的、一个完整的智慧物流系统。

7.3.3　我国智慧物流的发展趋势

以互联网、云计算、大数据等为代表的智能技术已经在我国得到了比较广泛的应用，并在众多领域已经显现成效。而由于受各种因素的影响，物流行业在我国仍然是智能技术应用的"洼地"，总体上，我国的智慧物流尚处于初级阶段。但随着国家相关政策和技术的进一步推动，智慧物流的应用存在着巨大的发展空间。我国智慧物流的发展趋势将体现在以下几个方面。

（1）市场规模扩张。随着我国工业转型升级，工业降本增效日益迫切，社会发展对物流服务提出了更高的要求，从而推动物流行业向智慧化、信息化、高效化方向转型，智慧物流的市场规模将随之扩张。

（2）物流链接升级。随着物联网、云计算、大数据等新一代信息技术将进入成熟阶段，物流人员、设备和货物将完全连接到互联网，呈现指数增长趋势，形成"万物互联"的局面，促进了智慧物流的发展。

（3）数据处理升级。随着信息系统的建设、数据对接协作和手持终端的普及，物流数据将做到完全可收集、可记录、可转移和可分析，未来物流的数字化程度将得到显著提升，有助于打破行业信息不对称的现象。同时，信息透明强化了智慧物流的基础。

（4）经营模式创新。物流众包、众筹和共享等合作方式将得到广泛应用，有利于打破传统的分工制度，重建业务流程和经营模式。在未来，"创新驱动"将成为智慧物流的主要力量。

7.4　供应链管理

供应链是围绕核心企业，通过对商流、信息流、物流和资金流的控制，从采购原材料到制成中间产品及最终产品，最后由销售网络把产品送到消费者手中的一个由供应商、制造商、分销商、零售商和最终消费者组成的整体功能网链结构。图 7-2 所示为企业的供应链。

供应链管理（Supply Chain Management，SCM）就是借助信息技术和电子商务，把整个供应链上的业务伙伴的业务流程相互集成，从而有效地管理从原材料采购、产品制造、分销到交付给最终消费者的全过程。供应链管理可以对传统的企业内部各业务部门间及企业之间的职能在整个供应链上进行系统的、战略性的协调，以此提高供应链及每个企业的长期绩效，从而取得提高客户的满意度、降低企业成本、提高效益的效果。

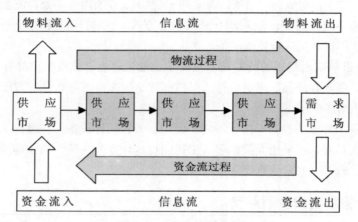

图 7-2　企业的供应链

7.4.1　供应链管理的产生与概念

在全球经济一体化趋势越来越明显的当今社会，跨国经营已经越来越普遍。就制造业而言，一个产品在设计、原料采购、生产和销售等环节所处的地点可能完全不一致，并且在这个过程中可能有相当多的企业参与了产品的制作。不同的地理位置、生产水平、管理能力，导致了产品生产供应链的复杂性。这种复杂的供应链需要一个统一的、功能完善的管理系统来统筹管理，以保证整个供应链的正常运行和价值产出。

20 世纪 80 年代末，供应链的概念被提出，这一概念是企业生产活动的延伸，是从扩展的商城概念发展而来的。随着经济与全球制造业的发展，供应链逐渐受到企业重视并成为一种新的管理模式。但目前国际上还没有公认的供应链管理的准确定义，不同的学者对供应链管理的看法也不同，下面是 6 种比较典型的供应链管理的含义。

（1）1990 年，学者库伯认为：供应链管理是对从供应商到最终使用者的流通渠道的全面管理。学者斯蒂芬认为：供应链管理是从供应商开始，经附加价值（生产）过程或流通渠道到顾客的整个过程中对物质流动的管理。

（2）1991 年，学者兰勒和霍尔科姆认为：供应链管理是为提供能够最终为消费者带来最高价值的产品或服务，而开展的渠道成员间的互相合作。

（3）1993 年，学者特纳认为：供应链管理是从原材料供应商开始，经生产、保管和流通等各种手段，到最终顾客的整个过程的连接。学者埃尔拉姆认为：供应链管理是在从供应商到最终用户的过程中，用于计划和控制物资流动的集成的管理方法。

（4）1994 年，学者约翰·蒙认为：供应链管理是为了进行商品调运而使用的手段，这种手段追求的是供应链参与者向其他参与者提供恰当的信息。

（5）1995 年，学者法默认为：供应链管理这个概念更应该用无缝隙性需求整合来取代。

（6）根据《中华人民共和国国家标准·物流术语》，供应链管理是利用计算机网络技术全面规划供应链中的商流、物流、信息流和资金流等并进行计划、组织、协调与控制。

综上所述，我们认为：供应链管理其实是一种集成的管理思想和方法，通过把不同企业集成在一起以提高整个供应链的效率，它更注重企业之间的合作。供应链最早出现时，是作为一种平衡有限的生产能力和用户需求变化的缓冲手段而存在的，其重点主要放在了库存上。而随着经济和电子商务的快速发展，现在的供应链管理则把供应链上的各个企业作为一个不可分割的整体，使供应链上各企业分担的采购、生产和销售等职能成为一个协调发展的有机体。在这些企业中，有一个企业处于核心地位，该企业对供应链上的信息流、资金流和物流进行调度和协调，以更好地维持供应链的正常运行。

7.4.2　供应链管理的内容

供应链管理主要涉及 5 个领域，包括需求（Demand）、计划（Plan）、物流（Logistics）、供应（Sourcing）和回流（Return），图 7-3 所示为供应链管理主要涉及的领域。

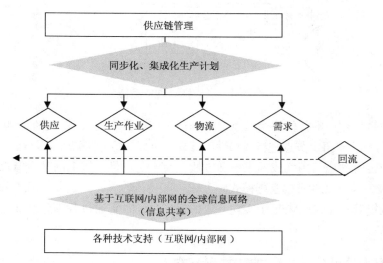

图 7-3　供应链管理主要涉及的领域

从图 7-3 可以看出，供应链管理以同步化、集成化生产计划为指导，以各种技术为支持手段，围绕供应、生产作业、物流（主要指制造过程）和需求来展开，以达到提高用户服务水平和降低总的交易成本的目的。

以供应链管理涉及的 5 个领域为基础，我们可以将供应链管理按照职能划分为基本职能领域和辅助职能领域。

（1）基本职能领域。基本职能领域主要包括产品工程、产品技术保证、采购、生产控制、库存控制、仓储管理和分销管理等。

（2）辅助职能领域。辅助职能领域主要包括客户服务、制造、设计工程、会计核算、人力资源和市场营销等。

> **知识链接**
>
> 除了以上内容，供应链管理还包括战略性供应商和用户合作伙伴关系管理、供应链产品需求预测和计划、供应链的设计、企业内部与企业之间物料供应与需求管理、基于供应链的产品和服务管理、企业之间的资金流管理等内容。

供应链管理的重点是供应链各项职能活动的协调和结合，特别是物流成本与用户服务水平之间的关系，以最大限度地发挥供应链的作用，使企业的管理水平和利润得到提高。

7.4.3　供应链管理的特点

供应链管理是在传统物流体制的基础上发展起来的，其特点主要体现在以下 4 个方面。

（1）供应链管理是一个整体的协作过程，涵盖从供应商到最终消费者的采购、制造、分销和零售的所有过程，只有保证这些环节都正常运行，商务活动才能正常开展。图 7-4 所示为供应链管理的范围。

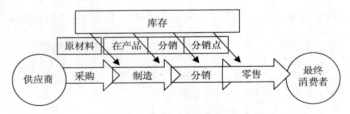

图 7-4　供应链管理的范围

（2）供应链管理中的任何两个节点之间都是供应与需求的关系，它们影响了整个供应链的成本和市场份额。对每个节点进行战略性的管理，可以更好地提高企业效益。

（3）供应链管理应采用集成的思想和方法，而不是对供应链上的某个节点的企业和技术进行管理，它是一个集成的思维管理模式。

（4）供应链管理不仅仅满足于实现一定的市场目标，它通过管理库存和合作关系来追求更高的管理水平。

7.5　案例分析——京东物流

提到自营物流，京东的自建物流体系几乎家喻户晓。京东采用自营物流的模式为消费者提供了高质量、高效率的物流服务体验，在"最后一公里"中以高效、优质的服务赢得了消费者的信赖，从而成功地树立了良好的品牌形象。京东从 2004 年成立至今，在更新、发展迅速的电商行业中持续保持活力，其物流模式功不可没。

7.5.1　京东物流发展概况

出于对国内第三方物流企业规模小、服务功能单一，缺少必要的物流管理信息系统，缺乏规范性等的考虑，京东于 2007 年便开始筹划自营物流。2009 年年初，京东开始在多个城市建立一级物流中心和二级物流中心，这些城市的消费者是京东的消费主力。以华东物流中心——上海为例，物流中心每日能正常处理 2.5 万个订单，日订单极限处理能力达到 5 万单。2011 年，京东上海"亚洲一号"物流中心开始投入建设，2014 年正式运营，图 7-5 所示为京东上海"亚洲一号"物流中心（2020 年年底，京东物流运营的"亚洲一号"大型智能物流中心已达 32 座，是亚洲范围内 B2C 行业内建筑规模最大、自动化程度最高的现代化物流中心之一）。从 2016 年年底开始，京东的物流基础设施、经验和价值向全社会开放，服务我国商业社会，帮助数以百万计的商家降低供应链成本，提高运营效率。

图 7-5　京东上海"亚洲一号"物流中心

2017 年，京东物流进入更新阶段，2017 年"6·18"期间，其无人配送车在中国人民大学首次完成无人配送任务。2020 年，亚洲首个全流程智能柔性生产物流园——京东物流北斗新仓建成投用，该仓库可以说是目前为止行业中屈指可数的智能柔性生产物流园。另外，在生鲜冷链物流方面，京东从仓储、分拣、运输到终端配送，建立了一套完善、成熟的生鲜全冷链物流体系，实现了生鲜商品的急速送达。

7.5.2　京东仓储体系分类

京东根据商品属性和大小的不同，进行了细致的仓储体系分类，以满足消费者对不同商品品类的需求。按商品属性分类，京东仓储体系分为百货仓、服装仓、食品母婴仓、3C 仓、家电仓、图书音像仓和生鲜仓等。按商品大小分类，京东仓储体系分为中小件仓和大件仓。单一销售、外包装最长边小于 100 厘米，且重量小于 30 千克的商品，放在中小件仓管理；单一销售、外包装最长边大于 100 厘米，或重量大于 30 千克的商品，放在大件仓管理。

7.5.3　京东物流配送模式

为了满足不同消费者的送货需求，京东物流提供了不同的配送模式供消费者选择，除了次日送达的常规配送服务，还提供在两个小时内将商品送达的"极速达"；在消费者指定的时间段内将商品送达的"京准达"；针对购买高端商品的消费者推出的可享受专人、专车、专线配送的"京尊达"等个性化付费增值服务。

思考：

根据上述材料并结合你对物流的认识分析以下问题。

（1）京东物流配送模式有哪些优势？

（2）京东物流对外开放有何意义？

（3）京东建成的全流程智能柔性生产物流园投入使用对京东物流运营有何意义？

实践训练

为了更好地理解物流和供应链管理的概念，并掌握相关的基础知识，下面我们将通过一系列实践训练来加以练习。

【实训目标】

（1）分析主流电子商务平台的物流模式及配送流程。

（2）对智慧物流在我国的应用和发展有较深入的认识。

（3）掌握供应链管理的相关知识。

【实训内容】

（1）查询京东和淘宝网等电子商务平台的物流模式，并在平台上进行购物体验，试比较其异同。同时，查询以上电子商务平台是否存在物流配送中心，若存在，试着了解并进行分析。

（2）在网上收集京东和菜鸟为建设智慧物流系统采取的重要举措（如京东成立 X、Y 事业部，菜鸟成立 ET. 物流实验室），并说明当前京东和菜鸟的智慧物流系统的特点。

（3）在网上搜索联想或海尔，首先了解联想或海尔的发展历史并对其在不同发展阶段的特点进行归纳，然后分析并掌握联想或海尔的供应链管理系统的运作方式。

知识巩固与技能训练

一、名词解释

1. 第三方物流　　2. 快递　　3. 智慧物流　　4. 供应链管理

二、单项选择题

1. 下面关于物流中的"物"的说法正确的是（　　　　）。

    A. 人们生活所需的生活物资　　　　B. 进行生产活动所需的劳动资源

    C. 一切拥有经济意义的物质实体　　D. 用于社会生产和消费的自然资源

2. 下面不属于物流的基本功能的是（　　　）。
    A. 运输　　　　B. 配送　　　　　　C. 储存　　　　D. 制造

3. 物流在电子商务环境中的地位越来越重要。一些大型的电子商务平台为了使消费者有更好的购物体验，保证商品的物流配送时间及配送品质，会选择（　　　）模式。
    A. 外包物流　　B. 自营物流　　　C. 第三方物流　D. 仓储物流

4. 下列描述错误的是（　　　）。
    A. 智慧物流能降低企业物流运营成本
    B. 智慧物流能提高物流自动化和智能化水平
    C. 智慧物流不能让利于消费者
    D. 智慧物流以物联网、大数据等技术为支撑

三、多项选择题

1. 要完成一项电子商务活动，需要的角色包括（　　　）。
    A. 供应商　　　　　　　　　　B. 物流配送中心
    C. 快递公司　　　　　　　　　D. 消费者

2. 商品入库有两种作业方式，下面属于这两种作业方式的有（　　　）。
    A. 商品入库上架　　　　　　　B. 直接入库
    C. 中转入库　　　　　　　　　D. 分配入库

3. 智慧物流的应用主要涉及哪些环节（　　　）。
    A. 仓储　　　　B. 运输　　　　　C. 配送　　　　D. 终端

4. 下列选项描述正确的是（　　　）。
    A. 供应链需要对商流、信息流、物流和资金流进行控制
    B. 供应链管理是一种集成的管理思想和方法
    C. 供应链管理分割了供应链上的各个企业
    D. 供应链管理以同步化、集成化生产计划为指导

四、思考题

1. 电子商务环境下的物流模式主要有哪些？
2. 电子商务环境下的物流配送作业流程是怎样的？试着绘制出来。
3. 智慧物流有哪些特征？
4. 如何创建智能物流系统？说明关键环节即可。
5. 供应链管理涉及哪些领域的内容？

五、技能实训题

1. 在网络上搜索第三方物流的相关知识，了解其最新发展动态。
2. 杨女士最近在淘宝网上开了一家服装店，通过淘宝系统能够完成发货和配送等一系列电子商务活动。但杨女士发现最近多了许多退货申请，经了解、分析后，杨女士发现大部分退货都是物流运输速度太慢导致的。现在请你为杨女士设计一个解决方案，并说明其实施方法。
3. 从戴尔、IBM 和丰田汽车等公司中任选一家，了解其供应链管理的现状，并分析其供应链管理成功的原因。

第8章　电子商务支付

【学习目标与要求】

◆ 了解电子支付的相关知识。

◆ 掌握网上银行的概念与功能。

◆ 熟悉第三方支付的相关知识。

◆ 掌握移动支付的相关知识。

【案例导入】

无处不在的电子支付

刘女士是一名普通的在职员工，很喜欢到商场购物。但一到节假日，商场的人流量就非常大，还不能随身携带大量现金，这让刘女士觉得非常不方便。自从能够网上购物后，刘女士只要在网店中选购好商品，再利用网上银行或第三方支付工具就能非常方便地付款，既不用再支付现金，也不用再到商场中挑选商品了，十分省心。

不仅如此，刘女士还说，除了能网上购物，她还能在网上进行车票预订，水费、电费、气费缴纳，话费充值，转账和个人理财等多种活动。以前必须到实体店中才能进行的商务活动，现在几乎都能在网上完成，非常方便。并且随着智能手机的出现，现在还能直接通过手机进行购物和支付，在超市、餐厅等场所付款时，直接用手机扫描二维码即可，完全不用担心现金不够。

电子支付为刘女士的生活带来了极大的便利，对大多数人来说也是如此。可以说，电子支付已经成为人们的主流生活方式，未来其覆盖和应用范围会越来越广。

思考：

现阶段，人们常用的电子支付方式有哪些？与传统的支付方式相比，电子支付具有什么优势？

8.1　电子商务中的电子支付

电子商务活动的正常开展离不开电子支付，如网上银行转账、在线支付等。无论是电子商务企业或消费者，还是银行等金融机构，都需要通过电子支付完成电子商务活动，从而为整个活动画上完美的句号。而随着网络技术的不断发展，电子支付的方式正在朝多样化的方向发展，电子支付的发展前景也非常乐观。

8.1.1　电子支付的概念

电子支付（Electronic Payment，E-Payment）是指电子交易的当事人，包括消费者、厂商和金融机构等，使用安全的电子支付手段，通过网络进行的货币支付或资金流转。它在普通的电子商务中可以理解为消费者、商家、中间机构和银行等通过互联网进行的资金流转，其实现方式有很多，如信用卡、电子支票和电子钱包等。

最早的电子支付是银行间的业务结算方式，在此基础上不断发展和演变，形成了如今的网络支付。电子支付的发展阶段和主要功能如图 8-1 所示。

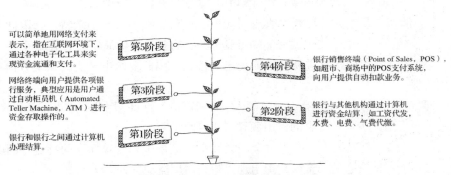

图 8-1　电子支付的发展阶段和主要功能

电子支付的应用需要功能完整的电子支付系统，如验证消息、银行转账对账、电子证券和交易处理等全方位的金融服务和金融管理信息系统，以保证参与者之间的金融活动正常进行。

📖 案例阅读 --

电子支付与传统支付方式的区别

电子支付是在传统支付方式的基础上逐渐发展起来的，两者之间的主要区别如下。

（1）电子支付采用先进的技术手段，通过数字化方式来完成相关支付信息的传输。而传统支付方式则是通过现金、票据或银行汇兑等方式来实现资金的流转。

（2）电子支付基于互联网环境——一种开放、方便的环境，其覆盖面非常广。而传统支付方式的环境则比较封闭，如信用卡只能在某些特定的经销商处使用。

（3）电子支付不仅应用了先进的通信手段，并且对软、硬件设施的要求很高，以保证交易的安全性。而传统支付方式在这两方面则略逊色。

（4）电子支付的使用条件相对简单，只需要一台能上网的计算机或能联网的手机就可以随时随地完成整个支付过程。而传统支付方式则需要较长的时间才能完成支付过程。

8.1.2　电子支付系统的主要参与者

电子支付系统的主要参与者包括直接参与者、间接参与者和特许参与者 3 种。

（1）直接参与者。直接参与者是中国人民银行地市以上中心支行（库）、在中国人民银行开设清算账户的银行和非银行金融机构，与支付系统城市处理中心直接连接。

（2）间接参与者。间接参与者是中国人民银行县（市）支行（库）、未在中国人民银行开设清算账户而委托直接参与者办理资金清算业务的银行和经中国人民银行批准经营支付结算业务的非银行金融机构，不与支付系统城市处理中心直接连接，其将支付业务提交给帮其清算资金的直接参与者，由该直接参与者提交支付系统处理。

（3）特许参与者。特许参与者是经中国人民银行批准，通过支付系统办理特定业务的机构，在中国人民银行当地支行开设特许账户，与支付系统当地城市处理中心连接。

8.1.3　参与者对电子支付系统的要求

电子支付系统为参与电子商务活动的各方提供电子支付服务，不同的参与者对电子支付系统的要求不同，下面以参与者为出发点简述对其电子支付系统的要求。

（1）个人消费者。个人消费者具有支付频繁、支付金额不大等消费特点，因此对电子支付系统的要求比较简单，电子支付系统能满足其方便、有效和使用简便的需求即可。

（2）零售商。零售商常常进行货款的支出和接收，因此要求电子支付系统方便、灵活，且具有信用担保。

（3）工商企业。工商企业具有支付金额大、时间紧迫等特点，因此要求电子支付系统快速、安全，能最大限度地减少流动资金的占用额和占用时间。

（4）金融机构。金融机构具有支付金额大、支付笔数少和时效性高的特点，因此要求电子支付系统必须能保证资金的安全，避免出现风险和占用流动资金。

不管参与者是谁，电子支付系统都需要满足参与者最基本、最关键的要求——安全。这是因为电子支付主要依靠互联网进行，计算机安全、网络安全问题的存在造成了电子支付的安全隐患。电子支付系统的安全要求主要包括有效性、真实性、保密性、数据完整性和不可否认性等。

素养提升

电子商务从业者有义务和责任保障消费者的个人信息不被泄露，更不能利用消费者的个人信息从事非法活动。而消费者通过电子支付手段进行购物支付、资金转移时，要有自我保护意识，防止支付密码、银行卡号码等信息遭泄露。

案例阅读

网络支付风险案例

网络支付基于互联网进行，可能由于支付系统漏洞、账户信息泄露等问题导致支付风险，使用户的利益受损。以下为部分摘取自《第一财经日报》的网络支付风险案例。

1. 利用黑客手段盗取支付宝用户资金

一伙不法分子通过在网上购买他人提供的账号、密码等信息，使用扫号软件批量测试其是否与支付机构的支付账号、密码一致，比对成功后即使用这些信息进行盗窃。据统计，这伙人的计算机硬盘中存储了各类公民个人信息 40 多亿条，涉及支付宝、京东和 PayPal 等支付账户达 1 000 多万个，初步估算账户涉及资金近 10 亿元。

2. 网络融资平台用户资金被盗

不法分子通过购买某银行 600 余万条账户信息，将储户账户绑定到某金融资产交易市场股份有限公司所运营的融资交易平台，并通过该平台将资金转移到虚假开立的同名银行账户中，再通过支付机构以购物退款的方式将资金转移到被控制的银行网络账户中，以盗取资金。

不法分子能够成功盗取资金主要有以下 3 个方面的原因。

（1）绑定账户时，交易平台存在无需提供密码且可一人同时绑定多个账户的漏洞。

（2）银行违反账户管理规定和实名审核要求，开立假名账户。

（3）支付机构账户实名制落实不到位，对特约商户管理不严。

3. 网店店主利用某支付公司的漏洞制作营业执照盗取资金

张某、刘某是一家网店的店主，二人在经营过程中发现，修改网店的支付账户的用户名和密码，只需在网上向某支付公司客服提交电子版营业执照即可。由于手续简单、可操作性强，二人通过软件伪造其他公司的电子版营业执照，修改其支付账户的密码，进而控制账户并盗窃资金共 20 余万元。

4. 快捷支付验证不足导致用户资金被盗

由于业务需要，李先生托人代办信用卡，将预留手机号码、身份证与储蓄卡的照片都泄露给了对方，不料 3 日后卡内现金全部被盗。经查，李先生卡内的账款是通过快捷支付扣除的，但李先生并未收到任何验证信息。这是因为开通快捷支付的操作十分简单，只需在支付机构开通快捷支付的页面提供本人姓名、身份证号码、银行卡号等有效个人信息即可；并且后期支付时不需要经过原有银行卡的支付密码验证，只需在支付页面上输入支付密码或关联银行卡信息即可完成资金交易。

安全隐患通常是用户在进行网络支付时担心的首要问题。保障用户的支付安全，不仅需要国家相关政策的监管，也需要支付平台和用户的积极参与，共同维护良好的支付环境。

8.1.4　电子支付的方式

现金支付是主要的传统支付方式，具有交易金额小和交易笔数多等特点。而随着电子支付的广泛应用，用户可以通过越来越多的电子支付工具进行支付，如电子现金、电子钱包、银行卡和电子支票等。

扫码看视频

电子支付的方式

1. 电子现金

电子现金是现实货币的电子化或数字模拟，以数字信息的形式在互联网中流通。它将现金的数值转换为一系列加密序列数，然后用这些序列数来表示各种金额的币值，以实现电子支付。

电子现金兼有纸币和数字化的优势，具有安全、方便和经济等特点，在使用过程中涉及商家、用户和银行 3 个主体，需要经过提取、支付和存入 3 个过程。下面进行具体介绍。

（1）通过执行提款协议，用户可以从自己的银行账户中提取电子现金，以便进行商务活动。提款协议需要保证用户在匿名提取电子现金的前提下获得带有银行签名的合法电子现金，同时用户还将与银行交互执行盲签名协议。在这个过程中，银行必须确保电子现金上包含必要的用户身份信息。

（2）支付协议用于实现用户使用电子现金在商店中购物的活动。在这个过程中，需要验证电子现金的签名，以确保电子现金的合法性，同时还要通过知识泄露协议来防止商家滥用电子现金。

（3）商家将电子现金存入自己的银行账户。在这个过程中，银行将检查存入的电子现金是否被合法使用，如果使用不合法，银行将使用检测协议跟踪非法用户的身份，并对其进行惩罚。

2. 电子钱包

电子钱包是一种支付结算的工具，可以看作一个由持有人在线进行电子交易和储存交易记录的软件，是一种用于网上购物的新型"钱包"。电子钱包不仅具有普通钱包的功能，能够存放电子现金、信用卡等，还能进行电子安全证书的申请、存储和删除等管理操作，存储电子商务网站中收款台上所需的其他信息、存放地址簿，以及保存用户交易的信息记录，以便日后查询。

在电子商务活动中，用户在使用电子钱包时需要基于电子钱包服务系统，在此基础上既可以使用与自己银行账号连接的电子商务系统服务器上的电子钱包软件，也可以使用互联网上的其他电子钱包软件，这些软件一般都是免费的。

3. 银行卡

银行卡支付是电子商务发展过程中使用频率一直比较高的一种支付方式，在 B2C、C2C 和小额的 B2B 电子商务活动中，银行卡的使用很广泛。

（1）银行卡的分类。随着电子支付的发展，银行卡的种类逐渐丰富起来，但不同银行卡的结算方式、使用权限和使用范围等都有所不同。通常，按照银行卡的结算方式进行分类，我们可将银行卡分为信用卡、借记卡和复合卡 3 种。

① 信用卡是最早出现的一种银行卡，也叫贷记卡。它是银行等金融机构发放给持卡人为其提供自我借款权的一种银行信用方式。信用卡由银行或专门的信用卡公司签发，持卡人凭卡可以在银行规定的信用额度内消费或支取现金。信用卡根据持卡人的资信等级，设有不同的信用额度，一般资信等级越高信用额度越高。信用卡要求持卡人在规定的期限内结清余额，否则将支付多余的利息。

② 借记卡是在信用卡的基础上推出的，它要求持卡人必须在发卡行有存款。借记卡主要用于消费和 ATM 存取，是目前使用较多的一种银行卡。

③ 复合卡是一种兼具信用卡和借记卡功能的银行卡，它要求持卡人必须事先在发卡行缴存一定金额的备用金，当备用金不足时，可以透支复合卡内一定信用额度的资金。

（2）银行卡的应用领域。银行卡的广泛使用不仅推动了 EFT（Electronic Funds Transfer，电子资金转账）系统和电子银行的建立和发展，也推动了社会信息化和经济全球化的进程。银行卡主要应用于以下领域。

① 持卡人不用携带现金就能购物，直接通过 EFT 或 POS 系统即可进行资金的转移。

② 持卡人可以通过 ATM 系统进行存取款、转账和查询等操作，也可使用信用卡预支现金。

③ 不同对象可以与银行的主机系统联机。例如，企事业单位可以与银行的主机系统联机，联机后即可使用单位内部的终端系统与银行进行电子商务交易活动；个人可以通过个人计算机与银行的主机系统联机，以进行查询、转账和投资理财等电子商务活动。

④ 持卡人在互联网中进行各种电子商务活动时，可以通过银行卡账户来实现资金消费或转移。

4. 电子支票

电子支票是纸质支票的电子化，是通过借鉴纸质支票转移支付的优点，将其改变为带有数字签名的电子报文，使资金以数字的形式从一个账户转移到另一个账户的一种电子支付方式。电子支票必须保证其合法性，目前一般通过专用网络、设备、软件及一套完整的用户识别、标准报文和数据验证等规范化协议完成数据传输。

电子支票的支付过程包括开具电子支票、电子支票付款和资金清算 3 个方面。用户先要在提供电子支票服务的银行注册，获得电子支票，然后才能使用电子支票向商家支付，最后商家根据自己的需要定期将电子支票存到银行，进行资金清算。

8.2 网上银行

随着电子商务的快速发展，1995 年 10 月，全球第一家纯网上银行安全第一网上银行（Security First Network Bank，SFNB）在美国诞生，它的出现对传统金融业产生了巨大的冲击，由此开启了网上银行快速发展的时代。目前，网上银行已经融入人们的日常生活，使人们足不出户就能安全、便捷地办理各项金融业务。

8.2.1 网上银行的概念

网上银行又称网络银行、虚拟银行或在线银行，是指金融机构利用网络技术在互联网上开设的银行。网上银行实质上是传统银行业务在网络中的延伸，它采用互联网数字通信技术，以互联网作为基础的交易平台和服务渠道，为用户提供开户、销户、查询、对账、转账、信贷、网上证券交易和投资理财等全方位的服务。

网上银行也可以理解为传统银行柜台的网络化，它不用像传统银行柜台那样设置众多的分支机构，只用建立一个统一的网上银行网站，用户就能通过互联网在任何地点、任何时间获得银行提供的个性化的全方位服务。网上银行的快速发展和推广应用，极大地降低了银行的经营成本，提高了资金的周转速度。同时，网上银行支付也是目前主流的电子支付方式。

> **知识链接**
>
> 网上银行通过互联网上的虚拟银行来代替银行大厅和营业网点，其本质还是银行作为信用中介和支付中介在起作用。

8.2.2 网上银行的特点

与传统银行柜台相比，网上银行具有以下 4 个特点，如图 8-2 所示。

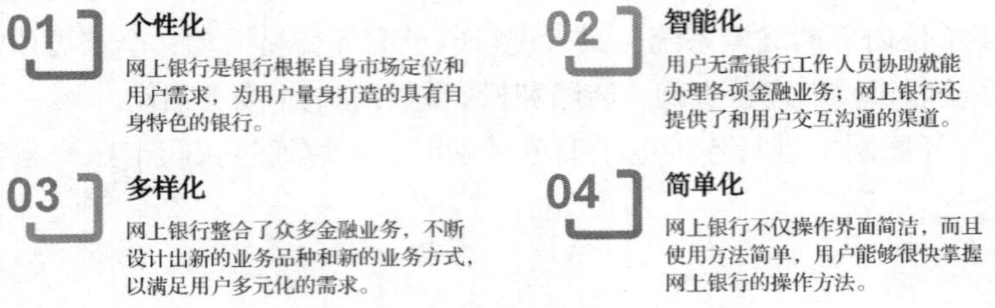

图 8-2　网上银行的特点

8.2.3　网上银行的分类

按照不同的标准，我们可以将网上银行分为不同的类型，下面分别进行介绍。

1. 按服务对象分类

按服务对象分类，我们可以将网上银行分为个人网上银行和企业网上银行。

个人网上银行主要用于为个人提供网上银行服务，如账户查询、投资理财和在线支付等，使个人用户足不出户就能安全、便捷地办理各项金融服务。个人用户使用网上银行需要持本人身份证、银行卡到开卡银行申请开通个人网上银行，等到获得电子证书后方可成功安装个人网上银行 App。

企业网上银行主要为企业、政府部门等企事业单位服务。企事业单位通过企业网上银行可以了解自己的财务运作情况，进行内部资金调配、账户管理、收付款、贷款和投资理财等金融活动。

2. 按经营组织形式分类

按照经营组织形式，网上银行可以分为分支型网上银行和纯网上银行两类。

（1）分支型网上银行。分支型网上银行指现有的传统银行将互联网作为新的服务手段，为建立银行站点、提供在线服务而设立的网上银行。这种类型的网上银行可以看作传统银行的一个特殊分支机构或营业点，又称为网上分行、网上柜台或网上分理处等。

分支型网上银行不仅可以独立开展金融业务，主要包括财务查询、转账和在线支付等，还能为其他非网上机构提供辅助服务。并且，随着互联网技术和电子商务的快速发展，网上银行和电子支付工具已经逐渐被人们所熟知并熟练使用，分支型网上银行的业务也随之更加丰富。目前，分支型网上银行除了不能实现现金的存取，其他的业务基本都能实现，如网上开户、网上贷款、电子支付，以及资产、证券交易等。分支型网上银行已经成为一种十分常见的网上银行。

（2）纯网上银行。纯网上银行又称虚拟银行，是指仅以互联网为依托提供服务的网上银行。它本身就是一家银行，除了后台处理中心，一般只有一个具体的办公场所，没有具体的分支机构、营业柜台和营业人员，所有的业务都通过网络来完成。SFNB 就是完全依赖互联网发展起来的世界上第一家纯网上银行，用户进入该网站后即可选择所需办理的业务。腾讯的微众银行是我国第一家正式获准开业的纯网上银行，主要为用户提供消费金融、财富管理和平台金融 3 个方面的服务。

8.2.4　网上银行的功能

网上银行的功能随着互联网技术的发展与用户需求的变化而不断发展与创新，不同银行的网上银行的功能有所不同，但综合来看，网上银行一般都具有下面 6 项功能。

1. 提供信息类服务

网上银行是传统银行的网络化，其表现形式一般为网站、手机 App 等。为了让用户了解网上银行的相关业务和服务，网上银行一般会在网站上提供基本的信息，主要包括银行的历史背景、企业文化、经营范围、网点分布、业务品质、经营状况，以及最新的国内外金融新闻和企业资讯。这些信息不仅能让用户深入了解银行的相关业务和服务，还能起到宣传、推广银行的作用，帮助银行树立良好的形象，加深银行在用户心中的印象。

2. 提供决策咨询类服务

网上银行与传统银行一样可以为用户提供决策咨询类服务。一般情况下，网上银行会以电子邮件或电子公告的形式提供银行业务的疑难咨询及投诉服务。这些都是建立在网上银行的市场动态分析反馈系统的基础上的，通过该系统，网上银行可进行信息的收集、整理、归纳和分析，从而及时提供问题的解决方案，同时对市场动向进行关注和分析，以便为银行决策层提供新的经营方式和业务品种决策的依据，进一步为用户提供更加完善和周到的服务。

3. 提供账务管理类服务

网上银行能够提供完善的账务管理类服务，包括账户状态、账户余额、交易明细查询服务，账户自主管理服务（如新账户追加、账户密码修改和账户删除等），账户挂失与申请等服务。通过网上银行，用户可以清楚地了解这些业务的办理方法，通过在线填写信息、提交资料的方式简化了办理手续，免除了去柜台办理的麻烦。

4. 提供转账汇款类服务

转账汇款是用户使用最频繁的网上银行的功能。通过网上银行，用户可以实现多种账户之间的转账、汇款，收款人既可以是个人用户，也可以是企业用户，或者是其他银行的个人用户等。同时，网上银行既可记录用户的转账记录，也可保存收款人的信息，用户通过收款人名册可以直接选择收款人信息，避免了信息重复输入可能造成的失误。

5. 提供网上支付类服务

网上支付功能是随着电子商务的发展应运而生的，是一种向用户提供的互联网上的资金实时结算功能。用户在进行电子商务活动时，需要使用网上支付功能来进行资金转移，以保证交易完整与正常。除此之外，用户还能通过网上银行进行网上缴费，如为本人或他人缴纳水费、电费、燃气费、手机话费等各种日常生活费用，或预先设定缴费的交易时间和交易频率，由系统定时按设置的交易规则自动缴费。

用户还可开通快捷支付业务，以实现对指定商户的直接支付功能。这样，用户不需要登录网上支付页面就可完成支付。

6. 提供金融创新类服务

网上银行的功能并非一成不变的，它会随着互联网、科学技术的发展而向更全面和互动性更强的方向发展，以便为用户提供更加智能化、个性化的服务，如金融产品的网上销售、企业集团客户内部资金的调度与划拨、信贷资产证券化、互联网金融、小微金融和众筹金融等。

互联网金融是指传统金融机构与互联网企业利用互联网技术和信息通信技术实现资金融通、支付、投资和信息中介服务的新型金融业务模式。小微金融主要是指专门向小型和微型企业及中低收入群体提供小额度的、可持续的金融产品和服务的活动。众筹金融则是指通过在互联网上发布筹资项目来吸引资金支持，它需要筹资项目有足够的吸引力。需要注意的是，众筹不等于捐款，如果项目失败，众筹的资金就需要退还给支持者；如果项目成功，支持者就会获得相应的回报。

8.3 第三方支付

第三方支付平台就是买卖双方在交易过程中的资金"中间平台"，这些平台与各大银行签约，具备一定的实力和信誉。随着各个电子商务平台的兴起，第三方支付现已成为我国电子商务活动中的主流支付方式。

扫码看视频

第三方支付

8.3.1 第三方支付的产生与发展

第三方支付平台是指具备一定实力和信誉保障的公司，它们采用与各大银行签约的方式，提供与银行支付结算系统对接的交易支持平台。也就是说，在交易过程中除买卖双方外，还有第三方提供支付中介服务。

在现阶段，在互联网线上交易中，买卖双方无法实现面对面交易，同时，货物从商家转移至消费者需要一定的时间和成本。这种方式最大的缺点是不能同时保证买卖双方的利益，所以需要第三方支付平台作为信用中介以保障交易顺利进行。因此，以支付宝为代表的第三方支付平台应运而生，消费者支付的资金会暂存于该平台，待消费者验证货物后，平台才会将支付款项转至商家账户。目前，第三方支付已不局限于互联网支付（通过 PC 端完成支付），而发展为线上、线下全面覆盖，应用场景更为丰富的综合支付工具。2013 年之前，第三方支付主要以互联网支付为主，行业的发展主要由以淘宝为代表的电子商务平台引领。随着智能手机和 4G 网络的快速普及，以及第三方支付平台的各类推广活动的开展，移动支付市场迅速发展，互联网支付占比逐年降低，移动支付占比逐年提高，移动支付已经成为主流。

随着第三方支付平台自身的发展和电子商务外部环境的变化，第三方支付将面临以下机遇和挑战。

1. 机遇

第三方支付面临的机遇主要来自以下两个方面。

（1）新的生活方式已形成。随着移动互联网的普及，电子商务企业不断在三、四线城市和农村市场布局，并向国际市场开拓发展，网络购物成为人们生活中不可缺少的一部分，未来的网络购物市场规模仍将持续扩大。

（2）移动支付趋势。随着移动购物用户渗透率的持续提高，移动支付市场交易规模增长迅猛，第三方支付平台将不断渗透到线下支付场景中，逐渐融入城市生活、金融理财和沟通交流等多个领域的真实生活场景。

2. 挑战

第三方支付将面临以下两个方面的挑战。

（1）行业监管加强。中国人民银行等相关部门对第三方支付市场的监管逐渐趋于严格。严格的监管，在一定程度上提高了第三方支付平台提供金融服务的门槛，同时也在一定程度上影响着用户的使用体验。

（2）行业竞争加剧。第三方支付行业进入成熟期后，市场逐渐趋于饱和，企业抢夺用户的行为越来越频繁、力度也越来越大。用户成本不断增加，但是实际用户带来的价值持续下降。此外，由于电子商务发展迅速，第三方支付成为"大金矿"，国内许多互联网企业纷纷砸重金进军第三方支付市场，产品的同质化使得价格战成为企业抢夺用户的武器，很多企业为吸引用户而向用户提供免费服务，这给支付宝等行业巨头带来了较大的竞争压力。

8.3.2　第三方支付的特点

第三方支付有效地规避了交易风险，促进了电子商务的发展，其具有以下 4 个显著特点，如图 8-3 所示。

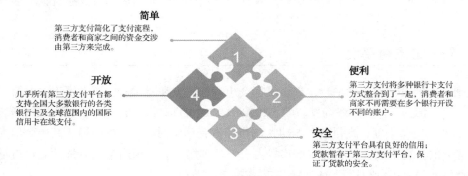

图 8-3　第三方支付的特点

8.3.3　第三方支付的交易过程

第三方支付的一般交易过程为，消费者选购商品后，使用注册的第三方支付平台账户支付货款；第三方支付平台收到货款后，通知商家货款到账并要求其发货；消费者收到商品、检验商品并确认收货后，通知第三方支付平台付款；第三方支付平台将货款转至商家的账户。这一交易完成过程的实质是一种提供结算信用担保的中介服务方式。图 8-4 所示为支付宝的担保交易模式。

下面以 B2C 电子商务交易为例，介绍第三方支付模式的具体交易过程。

（1）消费者在电子商务网站中选择并决定购买商品后，买卖双方达成交易意向。

（2）消费者选择第三方支付平台作为交易中介，用借记卡或信用卡将货款划入第三方支付平台的账户。

（3）第三方支付平台通知商家消费者的货款已到账，要求商家在规定时间内发货。

（4）商家收到消费者已付款的通知后按订单发货，并在网站上做相应记录，消费者可在网站上查看商品状态。如果商家已经发货，第三方支付平台将向消费者发送提示消息；如果商家没有发货，第三方支付平台就会将货款退还至消费者的账户。

图 8-4　支付宝的担保交易模式

（5）消费者收到商品并确认满意后，通知第三方支付平台将货款转至商家的账户。消费者如果对商品不满意，可通知第三方支付平台拒付货款并将货物退给商家。

（6）消费者对商品满意，第三方支付平台就将货款划入商家的账户，交易完成；消费者对商品不满意，第三方支付平台确认商家收到消费者所退的商品后，将商品货款退回至消费者的账户。

8.3.4　第三方支付平台

提到国内的第三方支付平台，许多人都会想到支付宝和财付通，两者属于国内第三方支付市场的"第一梯队"。艾瑞咨询发布的《2020Q1&2020Q2e 中国第三方支付行业数据发布报告》显示，2020 年第一季度，支付宝以 55.4% 的市场占有率位列第一，财付通（其中微信支付贡献了绝大部分的市场份额）以 38.8% 的市场占有率位列第二。在国内第三方移动支付市场中，支付宝和财付通的市场份额达到94.2%，二者占据主导地位。

1. 支付宝

支付宝是阿里巴巴旗下的第三方支付平台，也是目前国内最大的第三方支付平台，近几年的市场份额均保持在 50% 以上。2003 年 10 月，淘宝网首次推出支付宝，其只作为淘宝网的支付工具。2004 年 12 月，支付宝率先推出了"担保交易"的模式，从淘宝网的第三方担保平台向独立的第三方支付平台发展；后又推出"全额赔付"支付，做出"你敢用，我敢赔"的承诺，使得网上支付的安全性得到了有力的保障。支付宝最大的特点在于"消费者收货满意后，商家才能拿到钱"，从而保证了交易过程的安全性和可靠性。

支付宝之所以有如此的成绩，除了它"出道早"，还与其"可以办到的事情多"、开展了较多的促销活动有关。支付宝主要提供支付及理财服务，覆盖网络支付、转账、信用卡还款、手机充值，以及水费、电费、气费缴纳等多个领域。2019 年 1 月 9 日，支付宝正式对外宣布，支付宝全球用户数超过 10 亿。凭借着支付宝不断丰富的移动支付场景和服务，全国超过 4 000 万户商家靠二维码贴纸实现收银数字化；人们在支付宝的"城市服务"板块中可以办理社保、交通、民政等 12 类 100 多种服务。在金融理财领域，支付宝还推出了余额宝、招财宝等理财产品，目前支付宝的理财用户数已超过两亿。

素养提升

如今，很多第三方支付平台提供了借贷服务，普通用户只要有良好的信用，不需要抵押就可进行小额信用借贷，一般还款利息较低。由于小额信用借贷的便利性，不少用户便没有顾忌地在第三方支付平台上借贷。需要注意的是，用户应该根据自身的还款能力，合理借贷、合理消费，即使借贷的金额少，也要有控制力。如果用户不能按时还款，就会影响信用，对以后的各种消费行为产生影响；而有的用户为了能按时还款，还会在不同平台上借贷，因此陷入"拆东墙补西墙"的恶性循环，在产生焦虑情绪的同时也为陷入无法偿债的困局埋下了隐患。

案例阅读

支付宝的营利模式

支付宝作为阿里巴巴推出的支付工具，可以为用户提供丰富的服务，同时，支付宝本身也是一款营利工具。支付宝由于提供的商品和服务非常丰富，因此其营利方式多种多样，归纳起来，包括个人用户手续费、花呗和借呗营利、金融投资营利、企业平台服务费和广告收入等。

（1）个人用户手续费。自 2016 年 10 月 12 日起，支付宝对个人用户超出免费额度部分的提现收取 0.1% 的手续费。虽然仅收取 0.1% 的提现手续费，但是支付宝上亿的用户体量，也为支付宝增加了不菲的额外收入。

（2）花呗和借呗营利。花呗可在开通了花呗收款的商家使用。当商家开通花呗收款之后，消费者每用花呗在商家店铺消费一笔钱，支付宝就会按固定的比例向商家收取费用。并且用户在使用花呗逾期后或者使用借呗时，支付宝会按一定比例收取利息。

（3）金融投资营利。当用户将钱存在余额宝等支付宝的理财平台后，支付宝将利用用户存放的这些资金进行二次投资，以获取盈利。另外，支付宝的运行模式会导致用户的资金停留在支付宝账户上，即产生沉淀资金，支付宝将沉淀资金以交易保证金的形式存放于合作商业银行，以此获得利息收入。

（4）企业平台服务费。目前，支付宝除了为自己旗下的电子商务提供支付服务，还为很多网上零售、物流、网游、保险、生活缴费等行业的企业提供服务，这些企业都需要缴纳一定的费用给支付宝。针对不同的行业、不同的业务合作模式，支付宝采用不同的收费模式和标准，扣除相应的成本及和企业共同进行的营销推广活动中应承担的成本后就会形成最终的利润。

（5）广告收入。支付宝将从个人登录页面的显示链接广告和商家在支付宝的营销推广活动中获取一定收益。

支付宝的营利方式之所以丰富多样，是因为它不仅提供了便捷的支付服务，还提供了理财、借贷等服务，满足了用户各方面的需求。

2．财付通

财付通是腾讯于 2005 年 9 月推出的在线支付平台，其市场份额仅次于支付宝，排在第二位，近几年的市场份额均保持在 35% 以上。财付通依靠腾讯拥有微信和 QQ 超过 10 亿活跃用户的优势，同时借助微信支付、QQ 钱包两种新支付入口的快速发展，市场份额进一步扩大。现在财付通拥有的个人用户数量已超过 2 亿，覆盖的企业涉及腾讯游戏、网上购物、保险、物流和旅游等领域。

就微信支付而言，其实质是基于微信社交关系链延伸的功能，源自用户间彼此转账的社交需求。与支付宝兼具支付、储蓄、理财等服务相比，微信支付更像一个简易、方便的钱包。支付宝一直是线上购物的重要支付工具，涉及的金额较大。而在线下支付场景，微信支付率先进行了大规模的线下支付场景推广，加之线下涉及的支付金额相对较小，用户不用过分担心受到损失，因此用户乐于接受微信支付这种便捷的支付方式。同时，微信培养了用户使用微信支付的习惯，在线下支付场景中，用户往往习惯性地使用微信支付完成交易。在使用人数和支付数量上，微信支付是远超支付宝的。

另外，除了支付宝和财付通，还有快钱、易宝等第三方支付平台。数据显示，各个第三方支付平台在用户方面的差异，决定了其具有不同的发展模式，总体上呈现出两种发展模式：支付宝和财付通拥有庞大的用户规模，所以其业务拓展和产品创新非常注重个人用户的需求；而快钱、易宝等第三方支付平台则把企业用户作为业务发展的重点，注重为企业提供一体化的解决方案。

8.4　移动支付

移动支付是电子支付方式的另一种表现形式，由于具有携带方便、操作简单等特点，受到了广大用户的青睐。下面我们将对移动支付的相关知识进行介绍，主要包括移动支付的定义、移动支付的发展现状、移动支付的交易过程和移动支付的方式。

扫码看视频

移动支付

8.4.1　移动支付的定义

关于移动支付，国内外与移动支付相关的组织都给出了自己的定义，这些定义主要包括以下 3 种。

（1）国外调研机构 Gartner 认为：移动支付是在移动终端上使用银行账户、银行卡和预付费账号等支付工具完成交易的一种支付方式，但不包括基于话费账户的手机支付、互动式语音应答（Interactive Voice ResPonse，IVR）支付及智能手机外接插件实现 POS 功能这 3 种方式。

（2）国外调研机构 Forrester 认为：移动支付是通过移动终端进行资金划转来完成交易的一种支付方式，但其中不包括移动终端语音支付方式。

（3）国外学者德勤认为：移动支付是指用户使用移动终端，接入通信网络或使用近距离通信技术完成信息交互，使资金从支付方向受付方转移从而实现支付目的的一种方式。这种看法比较全面，可以作为目前移动支付较为正式的定义。

移动支付的形式非常多，不同的形式所采用的分类方式也不相同。一般来说，移动支付有以下 3 种分类方式。

（1）按照是否先指定收付方，我们可以将移动支付分为定向支付（如公用事业缴费）和非定向支付（如商场购物付款）。

（2）按照支付金额的大小，我们可以将移动支付分为大额支付和小额支付。

（3）按照通信方式，我们可以将移动支付分为远程支付和近场支付。远程支付也叫线上支付，是指利用移动终端通过移动通信网络接入移动支付后台系统，完成支付的方式。近场支付是通过移动终端，利用近距离通信技术实现信息交互，从而完成支付的非接触式支付方式。

知识链接

第三方支付和移动支付有什么区别呢？第一，从定义上看，第三方支付是支付结算的方式，主要指的是运营的机制；而移动支付是一种支付方式，指借助移动终端完成支付。第二，从流程上看，移动支付只在商家和消费者之间进行，主要是消费者通过移动支付，将消费金额转到商家的账户上；而第三方支付的流程更复杂，即消费者选购商品后，货款被存放在第三方支付平台的账户上，待消费者确认收货后，第三方支付平台才将其账户上的货款划入商家的账户，从而完成交易。

8.4.2 移动支付的发展现状

随着电子商务与智能手机的普及，手机网民数量快速增长并促进了移动支付的发展。移动支付提供了更加简单、快捷的支付方式，更加符合消费者的需求，同时由于具有方便、快捷和安全等特点，其发展非常迅速。总体上，我国移动支付的发展现状呈现以下态势。

（1）移动支付的业务规模保持着高速增长的势头，支付机构处理的移动支付业务笔数多、金额小。

（2）移动支付在网上支付中所占的比重逐渐上升，远程支付业务逐渐成熟，受众规模较大。

（3）移动电话用户规模的增长和4G移动电话的普及，为移动支付用户数量的稳步增长提供了基础。

（4）移动支付的监管制度越来越完善，相关市场越来越规范。

案例阅读

我国移动支付领跑全球

据研究机构艾瑞咨询发布的统计、分析报告，我国移动支付的发展主要经历了3个阶段：一是电商线上消费带动了移动支付的发展；二是余额宝等金融理财服务的兴起；三是线下消费和支付的崛起。在上述几个阶段因素的共同作用下，我国移动支付迎来了高速发展的阶段。

全球移动通信系统协会（Global System for Mobile Communications Association，GSMA）发布的《全球移动支付行业报告》显示，2018年，移动支付行业每天处理价值13亿美元的交易，数字交易的价值增长速度是现金交易的两倍以上，这表明移动支付在消费者的生活中越来越重要。与其他国家相比，我国的消费者更信赖移动支付，我国移动支付的发展速度和使用范围领跑全球。

2020年9月，CNNIC发布的第46次《中国互联网络发展状况统计报告》显示，2020年上半年，我国移动支付交易规模全球领先，移动支付金额达196.98万亿元，同比增长18.61%，移动支付交易规模连续3年居全球首位。第48次《中国互联网络发展状况统计报告》显示，截至2021年6月，我国网络支付用户规模达8.72亿，较2020年12月增长1787万人，占网民整体的86.3%。截至2021年第一季度，银行共处理网络支付业务225.3亿笔，金额553.5万亿元，同比分别增长27.4%和13.5%，网络支付交易金额再创新高。

移动支付在国内主要以手机作为支付媒介，手机和互联网的结合使移动支付变得非常便捷，特别是对小微企业来说，这一支付方式更加便捷。中国支付清算协会发布的《2020年移动支付用户调研报告》显示，2020年，使用移动支付的男性用户仍然多于女性用户，女性用户占比略有提高，由2019年的37.9%提高至39.6%；近3/4的用户每天都会使用移动支付，移动支付已成为消费者日常使用的主要支付方式；移动支付用户单笔支付金额大多为100元以下，以小额便民支付领域为主。

总体来说，移动支付目前以小额支付为主，且支付场景趋于日常化和平民化，消费者在超市、餐厅和百货商场，甚至大街小巷中的任意一家杂货店几乎都可以使用手机支付。

移动支付是对传统金融机构提供的大额支付服务的补充和细化，它无需消费者办理烦琐的手续，操作简单、方便。总体来说，人们对移动支付的接受度和信任度越来越高，移动支付在人们日常生活的各个领域中的使用范围也越来越广。

8.4.3 移动支付的交易过程

移动支付与普通支付最大的不同在于，交易资格审查的处理过程需要涉及移动网络运营商及其所使用的浏览协议。

移动支付的具体交易过程如下。

（1）消费者通过互联网在商家提供的消费平台上选择商品，然后将购买指令发送到商家管理系统。

（2）商家管理系统将购买指令发送到无线运营商综合管理系统，再通过该系统将信息发送至消费平台或消费者的手机上请求确认。

（3）消费者通过消费平台或手机确认购买指令并将相关信息发送到商家管理系统。

（4）商家管理系统将消费者确认的购买指令转交给无线运营商综合管理系统，请求缴费操作。

（5）无线运营商综合管理系统在消费者缴费后将信息发送至商家管理系统，告知商家可以交付商品或服务，并保留记录。

（6）商家管理系统将商品或服务交付给消费者，并保留交易记录。

8.4.4 移动支付的方式

移动支付的方式主要包括条码支付、二维码支付、近距离无线通信（Near Field Communication，NFC）支付和刷脸支付4种。

1. 条码支付

条码支付是线下实体商家为消费者提供的一种现场支付方式。商家直接通过收银系统或手机，输入收款金额，然后用条码枪扫描消费者手机上的条形码即可向消费者发起收款，消费者在手机上完成付款确认。条码支付常用于日常生活中的消费场景，如超市、便利店、餐饮店、自动售货机等。

2. 二维码支付

二维码支付是一种基于账户体系搭建的无线支付方式，商家把账号、商品价格等交易信息汇集到一个二维码中，消费者用手机扫描二维码来完成交易。二维码支付主要有两种形式：一种是消费者让商家扫描付款二维码进行付款；另一种是由消费者扫描商家给出的收款二维码进行转账付款。不管采用哪种方式付款，二维码支付都需要二维码、扫码设备和网络 3 个要素。二维码支付是目前国内主流的移动支付方式，其中又以支付宝扫码和微信扫码最为典型。中国支付清算协会发布的《2020 年移动支付用户调研报告》显示，在移动支付方式中，二维码支付占比高达 95.2%。可以说，二维码支付早已渗透人们生活的方方面面，人们在购物、餐饮、出行、医疗服务、缴费等方面，都可以通过二维码支付的方式来进行交易的结算。

3. NFC 支付

NFC 支付是指消费者在支付时采用 NFC 技术在手机等支付设备中完成支付行为。NFC 支付需要在线下面对面支付，但不需要使用无线网络。使用 NFC 支付需要支付设备支持 NFC 技术，目前市面上支持该功能的支付设备主要有 NFC 手机、NFC 支付终端（如 NFC 收款机、NFC 自动售货机和 NFC 读卡设备等）。中国支付清算协会发布的《2020 年移动支付用户调研报告》显示，用户搭乘公共交通时最常使用的移动支付方式是二维码支付和 NFC 支付，二维码支付占比为 55.6%，NFC 支付占比为 31.9%。

4. 刷脸支付

刷脸支付是一种新兴的移动支付方式，使用这种支付方式时，消费者不用打开手机 App，商家通过刷脸收款设备扫描消费者的面部信息即可完成支付。2018 年 12 月，支付宝推出刷脸支付产品"蜻蜓"。2019 年 3 月，微信刷脸支付产品"青蛙"正式上线。随着支付宝和微信对刷脸支付的大力推广，目前刷脸支付进入大规模应用阶段，很多大型超市、连锁餐厅都提供刷脸支付服务。随着刷脸收款设备技术的逐步完善，在未来，刷脸支付方式将更加流行。

8.5 案例分析——独立第三方支付企业：快钱

快钱公司（以下简称"快钱"）成立于 2004 年，于 2011 年获得第三方支付牌照，是家独立第三方支付企业。独立第三方支付是指第三方支付平台完全独立于电子商务网站，不具有担保功能，仅仅为用户提供订单处理服务与支付解决方案，平台前端提供各种支付方式供企业和消费者选择，平台后端与银行合作开展结算业务。

快钱位于国内第三方支付市场的"第二梯队"，主要面向 B2B、B2C 市场，市场占有率常年居于前列。自 2004 年成立至今，快钱已拥有 650 余万商业合作伙伴，对接的金融机构超过 200 家，广泛应用于零售、商旅、保险、电子商务、物流等领域。下面介绍快钱的主要产品、支付解决方案及营利模式。

8.5.1 快钱的主要产品

快钱将企业作为主要用户，为有结算需求的企业提供支付解决方案，并通过企业吸引消费者（个人用户）。目前，快钱的主要产品包括收款类、付款类、账户类这 3 类产品。

1. 收款类产品

快钱的收款类产品主要有近场支付、网银支付和快捷支付。

（1）近场支付

近场支付主要包括 POS 收款和快钱刷 MPOS。

① POS 收款。POS 收款是指面对面刷卡交易，消费者需要持银行卡（包括信用卡和借记卡）完成刷卡、输入密码等步骤才能完成付款。这种产品类似于传统 POS 机。

② 快钱刷 MPOS。MPOS 产品指手机刷卡器等用于交易结算的产品，快钱的 MPOS 产品称为"快钱商户通精简版"，它是一种新型的手机收款工具，结合了智能手机的软件扩展功能和手机刷卡器安全、便携的特点，功能媲美高端智能 POS，且价格较低、安全性高。面对不同行业的上门收款和店内收款的需求，快钱商户通精简版实现了各型刷卡器全面覆盖。快钱商户通精简版 App（快钱刷 App）的强大接口则能满足不同行业的接口需求。快钱商户通精简版支持的支付方式主要有收款码支付，即消费者扫描企业的收款二维码；扫一扫支付，即企业扫描消费者的付款二维码；银行卡支付，支持信用卡 / 借记卡刷卡、插卡及带有非接标志的银行卡挥卡支付。

（2）网银支付

网银支付主要包括人民币网关支付和快钱网银支付。

① 人民币网关支付。人民币网关支付是快钱为企业和消费者提供的解决交易涉及资金往来的支付服务。商家接入快钱人民币网关支付后，消费者即可通过多种支付方式向商家付款。快钱人民币网关支付支持国内几乎所有银行卡在线支付、快钱账户支付，以及线下邮局或银行汇款支付。

② 快钱网银支付。快钱网银支付是快钱为企业提供的解决企业与企业之间资金往来的服务。快钱网银支付是指企业可以直接接受其对公企业客户通过企业网上银行账户或快钱账户进行付款，收款直接与订单信息关联，与网上交易过程紧密结合，支付无限额。快钱网银支付支持国内几乎所有银行的网上银行。

（3）快捷支付

快捷支付主要包括信用卡分期支付、快钱快捷支付和快钱手机支付。

① 信用卡分期支付。信用卡分期支付是快钱为企业和消费者提供的支付服务，消费者可以通过信用卡分期支付的方式来购买企业价格较高的商品。快钱整合了中国银行、中国工商银行等多家银行的分期付款业务，企业只要接入快钱就可以向消费者提供多家银行的分期付款服务，使消费者能够在不一次性付清商品全款的情况下，先享用该商品，再按月分期支付。

② 快钱快捷支付。快钱快捷支付是指消费者在通过电话、网站、手机客户端等方式订购商品时，提供卡号、户名、手机动态码及身份认证信息后，即可完成付款。

③ 快钱手机支付。快钱向企业提供基于手机客户端、WAP 的各类支付解决方案，能够满足不同行业的企业的需求。快钱手机支付能够覆盖海量手机用户，手机用户能够通过快钱手机支付平台，使用信用卡、话费充值卡等各类灵活支付工具，实现随时随地消费，获得便捷、流畅的支付体验。

2. 付款类产品

付款类产品主要包括付款到银行账户和付款到快钱账户。

（1）付款到银行账户。付款到银行账户是快钱为企业提供的，能付款到指定银行账户的资金结算服务。快钱目前支持在 20 余家银行应用该产品，能帮助企业覆盖更广泛的企业和消费者群体。企业还可以设置付款规则，无需人工操作即可完成自动付款。

（2）付款到快钱账户。付款到快钱账户是快钱为企业提供的，能付款到指定快钱账户的资金结算服务。企业提交付款申请，将付款金额实时划入收款方的快钱账户。

3. 账户类产品

账户类产品主要有快钱账户和集团账户。

（1）快钱账户。快钱账户是快钱为企业提供的，以邮箱地址为账户名的财务管理虚拟账户。企业可以通过快钱账户管理资金和交易，使用查询、收款、付款、充值、提现等多种功能。

（2）集团账户。集团账户是快钱为集团企业提供的多账户管理服务，是一套完善的集中资金管理体系，通过高效的资金运转和资金监控，实现资金集中化管理。

8.5.2　快钱的支付解决方案

快钱作为独立第三方支付企业，支付方式非常灵活，能够满足不同行业的个性化要求，面向各行业推出个性化的支付解决方案。

1. 零售行业支付解决方案

零售行业支付解决方案包括以下 4 个方面的内容。

（1）连锁门店 POS 刷卡支付解决方案。连锁门店统一申请和管理，可帮助企业开拓销售渠道。

（2）网站销售支付解决方案。该方案可帮助企业全面覆盖其他企业和消费者群体，提高用户转化率。

（3）资金管理解决方案。该方案可统一管理各收款渠道，支持跨地区资金快速归集、批量付款，从而提高资金管理效率。

（4）财务管理解决方案。快钱财务管理后台具有实时查账和对账功能，能提高企业的财务管理效率。

2. 商旅行业支付解决方案

商旅行业支付解决方案主要包括航空公司电子支付解决方案和机票代理电子支付解决方案。

航空公司电子支付解决方案的优势是，能帮助机票代理扩大 B2B 采购规模，间接提高航空公司销售额；满足网站和呼叫中心业务不同的支付需求，提高直销效率；方便航空公司对各销售渠道进行统一财务管理，提高财务管理效率。机票代理电子支付解决方案的优势是，能帮助机票代理提高出票效率，扩大 B2B 采购规模；满足网站和呼叫中心业务不同的支付需求，提高直销效率；方便机票代理对各销售渠道进行统一财务管理，提高财务管理效率。

3. 保险行业支付解决方案

保险行业支付解决方案包括以下 4 个方面的内容。

（1）网上销售支付解决方案。这种方案可应用于保险公司进行网上销售等。

（2）电话销售支付解决方案。这种方案可应用于保险公司电话销售、客服中心销售、保费电话催缴、网销客户电话追踪等各类电销渠道。

（3）传统行销渠道支付解决方案。这种方案可应用于保险公司上门刷卡等各类传统行销渠道。

（4）财务管理解决方案。利用快钱财务管理后台的实时查账和对账功能，能提高保险公司的财务管理效率。

4. 电子商务行业支付解决方案

快钱全面覆盖独立 B2C 电子商务平台，支付手段丰富多样，能满足企业用户和个人用户的各种支付需求。例如，信用卡支付、快捷支付等。同时，快钱只专注于提供支付服务，不与电子商务平台商家的业务产生冲突。

5. 教育行业支付解决方案

对现场课程销售而言，快钱提供 POS 支付终端；对网站课程销售而言，快钱提供人民币网关支付等产品，以满足学员网上支付的需求。

8.5.3　快钱的营利模式

快钱的营利模式有两种，一是赚取手续费费率差，所谓手续费费率差是指收取企业的手续费和其向银行支付的手续费之差；二是通过为企业用户提供定制产品以及风险投资赚取收入。

思考：

根据上述材料并结合你对第三方支付的认识分析以下问题。

（1）与依托电子商务的支付宝等相比，独立第三方支付企业有何优劣势？

（2）快钱的产品有哪些优势？

（3）独立第三方支付企业应如何进行服务模式的创新？

实践训练

为了更好地理解电子商务支付的概念，并掌握相关的基础知识，下面我们将通过一系列实践训练来加以练习。

【实训目标】

（1）了解网上银行并掌握网上银行的相关功能。

（2）了解第三方支付的相关知识，并选择第三方支付平台进行实际操作。

【实训内容】

（1）访问中国工商银行或其他银行的网站，完成下面的操作。

① 登录个人网上银行，下载并安装数字证书。

② 了解个人账户能够办理的各项业务。

③ 查看账户余额，并进行明细查询。

④ 办理水费、电费、气费缴纳等缴费业务。

⑤ 进行基金买卖查询。

（2）下载并安装支付宝 App，完成以下操作并总结移动支付的含义与使用方法。

① 开通银行卡的网上银行功能，并注册支付宝账号。

② 在支付宝中绑定开通网上银行功能的银行卡，并在支付宝账户中充值。

③ 使用支付宝为手机充值话费，用支付宝的余额付款。

④ 通过支付宝进行在线购物或水费、电费、气费缴纳，用绑定的银行卡付款。

⑤ 查看交易记录。

⑥ 尝试把自己银行卡中的钱转入余额宝，查看余额宝中的余额等信息。

知识巩固与技能训练

一、名词解释

1. 电子支付　　2. 网上银行　　3. 第三方支付　　4. 移动支付

二、单项选择题

1. 目前，在电子支付的几种方式中，使用频率一直比较高的是（　　）。

　　A. 电子现金　　B. 电子钱包　　C. 银行卡　　D. 电子支票

2. 电子支付系统最基本、最关键的要求是（　　）。

　　A. 技术　　B. 安全　　C. 成本　　D. 交互

3. 电子商务的快速发展促进了网上银行的产生，世界上第一家纯网上银行是（　　）。

　　A. SFNB　　B. 微众银行　　C. 花旗银行　　D. 中国银行

4. 下面属于第三方支付平台的是（　　）。

　　A. 淘宝　　B. 京东　　C. 微信　　D. 支付宝

三、多项选择题

1. 与传统支付方式相比，电子支付的特点是（　　）。

　　A. 电子支付通过数字化方式来完成相关支付信息的传输，其采用的技术手段更加先进

　　B. 电子支付的环境是一种封闭的环境，更加安全

　　C. 电子支付对软、硬件设施的要求更高

　　D. 电子支付的使用条件比较简单

2. 网上银行的特点有（　　）。

　　A. 个性化　　B. 智能化　　C. 多样化　　D. 简单化

3. 按照经营组织形式，我们可以将网上银行分为（　　）。

　　A. 分支型网上银行　　　　　　B. 个人网上银行

　　C. 企业网上银行　　　　　　　D. 纯网上银行

4. 按照银行卡的结算方式，我们可以将银行卡分为（　　）。

　　A. 信用卡　　B. 借记卡　　C. 复合卡　　D. 储值卡

5. 下面关于第三方支付和移动支付的说法错误的是（　　）。

　　A. 第三方支付就是移动支付

　　B. 第三方支付和移动支付的交易过程相同

    C. 第三方支付是一种支付结算的方式，移动支付是一种支付方式

    D. 第三方支付与移动支付毫不相干

四、思考题

1. 参与者对电子支付系统的要求有哪些？

2. 如何理解第三方支付？以某一个第三方支付平台为例进行简述。

3. 简述移动支付的概念与交易过程。

五、技能实训题

1. 通过微信支付进行话费充值和水费、电费、气费的缴纳，将其与支付宝的支付服务进行比较、分析。

2. 登录美团外卖 App，完成以下练习。

（1）下载美团外卖 App，并定位到当前城市。

（2）任选一家商家进行消费，提交订单并观察付款方式。

3. 打开腾讯理财通官方网站、京东金融官方网站，对比两个网站的理财产品，总结这些理财产品的异同和各自的优势。

第 9 章　电子商务安全

【学习目标与要求】
◆ 了解电子商务安全的概念。
◆ 熟悉电子商务面临的安全威胁和电子商务安全技术。
◆ 了解电子商务安全管理措施。

【案例导入】

QQ 诈骗

公安局接到某公司财务人员的报警电话，称骗子通过 QQ 骗走了公司的 96 万元工程款。事件经过是这样的：财务人员小刘上班时，突然弹出公司老板发来的 QQ 消息，老板询问他工作进度并要求他将公司的工程款转到一个账号上。小刘见该 QQ 的头像、昵称等与老板的一样便未多疑，直接去银行完成了汇款。小刘回到公司后，正好碰到老板，便告诉老板工程款已经汇到他发送的账号上了，但老板却说没有让他汇款。此时，两人意识到这是个骗局。

公安局调查发现，小刘的 QQ 邮箱中有一封携带病毒的陌生邮件，小刘打开邮件后被盗取了 QQ 信息。不法分子利用盗取的 QQ 信息顺利登录了小刘的账号，观察后找到并删除了公司老板的 QQ 账号，同时添加了一个和老板 QQ 头像、昵称等完全一样的 QQ 号，再通过这个新的 QQ 号与小刘交谈，就这样轻易地骗取了 96 万元的工程款。

公安局说，这样的网络安全案件时有发生。骗子在网上购买盗号木马软件，然后搜索各类财务人员的 QQ 群，以财务人员的名义加入群内，再在群内发送各种携带病毒的有关财务考试等的邮件，群成员只要打开邮件，病毒便会进入其计算机盗取 QQ 密码。由于小刘报警及时，警方及时冻结了骗子账户上的 30 万元。随后警方经过详细调查，抓获了犯罪嫌疑人，同时追回 10 万余元被骗款项。然而剩余的 50 余万元，早已不知去向。

邮件病毒是威胁电子商务安全的一种常见病毒类型，用户在电子商务活动过程中，可能会因为系统漏洞、流氓软件和网络钓鱼等遭受资金或信誉损失。

思考：

用户应如何在电子商务活动中提高警惕性，保证自身的财产安全？

9.1 电子商务安全概述

随着电子商务的不断普及与发展，电子商务逐渐融入人们工作、生活的各个领域，成为人们工作、生活中不可缺少的一部分。但随之而来的就是电子商务的安全问题。如何让用户在安全、可靠的环境中进行电子商务活动，保障自身权益不受损害，是目前电子商务行业着重需要解决的问题。下面将讲解电子商务安全的概念、电子商务面临的安全威胁及电子商务对安全的基本要求等内容。

9.1.1 电子商务安全的概念

传统电子商务由于是交易双方面对面进行的商务活动，很容易保证交易过程的安全性并使双方建立起信任关系。而电子商务是基于网络的交易双方不见面的商务活动，整个过程容易受网络环境、人员素质和数据传输等因素的影响而面临各种各样的安全问题。什么是电子商务安全呢？从狭义上讲，电子商务安全是指电子商务信息的安全，即信息的存储和传输安全。从广义上讲，它包含电子商务运行环境中的各种安全问题，如电子商务系统的软硬件安全、运行和管理安全、支付安全和电子商务立法安全等内容。

9.1.2 电子商务面临的安全威胁

网络技术的不断发展，使电子商务面临的安全威胁逐渐变得多样化，这些安全威胁主要包括计算机病毒、流氓软件、木马程序、网络钓鱼和系统漏洞等。

扫码看视频

电子商务面临的
安全威胁

1. 计算机病毒

计算机病毒是编制者在计算机程序中插入的破坏计算机功能或者数据的代码，是一种能够影响计算机使用，并能进行自我复制的一组计算机指令或者程序代码。计算机病毒具有传播性、隐蔽性、感染性、潜伏性、可激发性、表现性或破坏性。计算机一旦感染了病毒，其程序就将受到损坏。同时，计算机病毒还能非法盗取用户的信息，使用户自身权益受到损害。用户应养成定期检查计算机病毒的习惯，通过杀毒软件查杀计算机病毒，以保障自己的切身利益。

> **知识链接**
>
> 不仅个人计算机容易受到病毒的侵害，手机也容易感染病毒。手机病毒一般通过浏览短信、电子邮件、网站，下载铃声和应用，蓝牙等方式进行传播，可导致手机关机、死机、自动拨打电话和资料被盗取等。手机目前的数字处理能力还不至于强大到可以独立处理、传播病毒，故病毒主要通过网络通信来攻击手机。因此，对手机病毒的防治主要以预防为主，查杀为辅，只要从网络通信源头上做好防患措施，就可很好地避免手机感染病毒。同时，可为手机安装一些防护软件，如腾讯手机管家、360手机卫士等，并定期检查手机的使用环境。

2. 流氓软件

流氓软件是介于正规软件与病毒之间的软件，其目的一般是散布广告、进行宣传。流氓软件一般不会影响用户的正常活动，但可能导致出现以下 3 种情况。

（1）上网时不断有窗口弹出。

（2）浏览器被莫名修改并增加了许多工作条。

（3）在浏览器中打开网页时，网页会变成其他页面。

流氓软件一般是在用户根本没有授权的情况下强制安装的，当出现上述情况时，用户需要警惕，尽快清除网页中保存的账户信息资料，并通过安全管理软件进行清除。因为流氓软件会恶意收集用户信息，并且不经用户许可卸载系统中的非恶意软件，甚至捆绑一些恶意插件，造成用户资料泄露、文件受损等。

3. 木马程序

木马程序通常被称为木马、恶意代码等，是指潜伏在计算机中，可受外部用户控制以窃取本机信息或者控制权的程序。木马程序是比较流行的病毒文件，但不具有自我繁殖性，也不会"刻意"感染其他文件，一般通过伪装来吸引用户下载运行。木马程序的发起人可以任意毁坏、窃取被感染的计算机中的文件，甚至远程操控用户的计算机。

4. 网络钓鱼

网络钓鱼是一种通过欺骗性的电子邮件和伪造的 Web 站点来进行网络诈骗的方式。它一般通过伪造或发送声称来自银行或其他知名机构的欺骗性信息，如银行卡账号、身份证号码和动态口令等，来引诱用户泄露自己的信息。

网络钓鱼目前十分常见，其实施途径多种多样，既可通过假冒网站、手机银行和运营商向用户发送诈骗信息，也可通过手机短信、电子邮件、微信消息和 QQ 消息等形式开展不法活动，如常见的中奖诈骗、促销诈骗等。用户在进行电子商务活动时要细心留意，不要轻信他人发送的消息，不要打开来路不明的邮件，不要轻易泄露自己的私人资料，尽量减少交易的风险。

5. 系统漏洞

系统漏洞是指应用软件或操作系统软件在逻辑设计上的缺陷或错误。不同的软、硬件设备和不同版本的系统都存在不同的安全漏洞，容易被不法分子通过植入木马、病毒等方式控制，导致用户的重要资料被窃取。不管是计算机操作系统、手机运行系统，还是应用软件，都容易因为存在漏洞问题而遭受攻击，因此，建议用户使用最新版本的应用程序，并及时更新应用商提供的漏洞补丁。

9.1.3　电子商务对安全的基本要求

电子商务安全是一个系统的概念，此概念中最主要的内容就是电子商务的信息安全。要保证电子商务安全、可靠地进行，需要满足以下 5 个基本要求。

（1）机密性。机密性也叫保密性，是指信息在传输或存储时不被他人所窃取。一般可通过密码技术对传输的信息进行加密处理。

（2）完整性。一是保证信息在传输、使用和存储等过程中不被篡改、丢失和缺损；二是保证信息处理方法正确，避免因不当操作导致内容丢失。

（3）认证性。认证性是指在独立、公正和客观的原则上，采用科学、合理的方法，经过权威机构的认证，保证个人或电子商务经营主体的真实性和有效性。在电子商务环境中，一般通过认证中心（Certificate Authority，CA）来实现认证性。

（4）不可否认性。不可否认性也叫不可抵赖性，是指参与电子商务活动的双方不能否认自己的行为与活动的内容。在传统方式下，用户可以通过在交易合同、契约或贸易单据等书面文件上手写签名或使用印章来进行鉴别。在电子商务环境下，用户一般通过数字证书机制的时间签名和时间戳来进行验证。

（5）可靠性。电子商务的可靠性关系到交易双方的权益，因此要保证计算机、网络硬件和软件工作的可靠性，尽量减少网络故障、操作错误、应用程序错误和病毒等因素对电子商务的影响，营造一个安全、可靠的交易环境，以保证电子商务活动顺利开展。

9.1.4 电子商务安全管理措施

电子商务安全问题是电子商务在发展过程中不可避免的一个问题，为了更好地规避风险，保证用户在电子商务活动中的利益，需要对电子商务的安全问题进行处理，采用综合防范的思路，全方位地进行电子商务的安全管理。

1. 加强电子商务的安全防范意识

很多用户认为，只要有了完善的技术防范机制就能完全杜绝网络威胁，这种想法是错误的。网络威胁可以通过各种伪装方式来迷惑用户，使用户在不知不觉中遭遇安全威胁。并且，由于人们对互联网的依赖性，部分用户缺乏网络安全知识且网络法律和道德意识淡薄，因而更容易受到非法用户的攻击。因此，用户只有在进行网络活动时时刻保持防范意识，才能最大限度地降低风险。下面是一些提高安全防范意识的措施。

（1）登录密码、交易密码尽量复杂，不要使用生日、身份证号码、QQ 号或邮箱账号等与个人信息有明显联系的数据作为密码，因为这类密码存在信息泄露风险，同时容易被破解。

（2）不要在多个场合使用同一个密码，为不同应用场合设置不同的密码，特别是有关财务的支付工具及网购账户，以避免一个账户的密码被盗后其他账户的密码也被轻易破解。

（3）在公共区域登录账户时，不要选择"保存密码"的功能选项。同时，养成谨慎保管登录、交易密码和定期修改密码的习惯。

（4）养成良好的上网习惯，不要打开陌生的电子邮件、广告网页，不要浏览非法网站，避免泄露个人信息。

（5）安装合适的防火墙与杀毒软件，阻挡来自外界的威胁。在网上下载的文件、程序或手机应用软件，应该在用杀毒软件查杀后再打开。

（6）定期清理计算机、手机垃圾，并查杀病毒。重要的文件要加密，并进行备份。

（7）利用蓝牙、红外线等无线通信技术接收信息时，要注意选择安全、可靠的传送对象，不要接受陌生设备的连接请求。

（8）使用便携式计算机、手机上网时，不要随意连接公众场所的免费 Wi-Fi，以避免信息泄露。

（9）对于 App 对通信录、照片等私人信息的访问权限设置要提高警惕，了解相关信息后再决定是否允许其访问。

（10）在线下扫描商家提供的付款二维码时，需要向商家核实，确认后再扫描付款。

（11）远程支付时，要仔细核对商家信息和订单信息，明确需要付款的金额，以免出现多付、重复支付的情况，并防止被不法商家的钓鱼链接诈骗。

（12）为提高移动支付的安全性，可减少使用免密支付。

（13）增强识别网络诈骗的能力。网络诈骗是指以非法占有为目的，利用
互联网，采用虚构事实或者隐瞒真相的方法，骗取数额较大的公私财物的行为。
由于参与移动电子商务活动的用户数量越来越多，针对不同人群的网络诈骗方
式也花样繁多。用户在进行电子商务活动时，不能贪图小便宜，不要相信无来
由的中奖信息，不要让不法分子有机可乘。扫描右侧二维码可了解一些常见的
网络欺诈手段及防骗意识，有助于增强防骗能力。

扫码阅读

常见的网络欺诈
手段及防骗意识

素养提升

如今，网络在人们的生活中扮演着非常重要的角色。网络上的内容五花八门，网络安全问题不只会对电子商务活动造成威胁，甚至会影响经济社会发展、社会稳定和国家安全。而构建安全、和谐的网络环境，需要大家树立正确的网络安全观。所谓网络安全观，是人们对网络安全这一重大问题的基本观点和看法。正确的网络安全观对促进经济社会发展、维护社会稳定和国家安全，起着不容忽视的作用。为此，网络用户应加强个人的网络安全防范意识，同时不传播网络谣言、网络低俗信息，建立保障网络安全的防线。

案例阅读

网购退款诈骗

"双 11"当天，陈某在网上购买了几件毛衫。第二天他收到一条短信："您好！
我是店铺掌柜，你购买的商品因系统升级导致商品订单已冻结，请尽快联系客服（电
话 400-****-390）办理人工退款。"陈某收到短信后就与对方留下的客服电话取得联系，
对方正确地说出了陈某的名字、手机号、网购地址，并告知陈某购买的毛衫中有一件
未交易成功。见对方说的信息都对，有着多年网购经历的陈某放松了警惕，对方先后
向他索要和支付宝相关联的银行卡卡号和手机验证码，他没有多想便告诉了对方。不
一会儿，他的手机就收到一条银行发来的短信，提示卡内的 3 000 元被转走，这时陈某
才意识到自己被骗了。

网络诈骗的案例屡见不鲜，不法分子的诈骗手段越来越多。用户进行电子商务活动时一定
要有安全防范意识，当在电子商务活动中不可避免地涉及透露个人信息时，一定要通过官方渠
道与工作人员联系、沟通，看是否确有其事。

2. 建立并完善电子商务安全管理组织体系

电子商务企业应该建立并完善自身的电子商务安全管理组织体系，明确各职能部门的职责，
并做好电子商务的风险控制。电子商务安全管理组织体系的日常工作主要包括以下 4 个方面的
内容。

（1）组织相关人员学习并参加电子商务安全会议，对信息安全问题进行讨论。

（2）对电子商务信息进行审查与分配，保证信息来源的准确性与真实性。

（3）识别与评估电子商务信息系统的安全漏洞，保证电子商务系统的正常运行。

（4）提供电子商务安全措施的实施方案，并监督信息安全措施的实施及安全事故的处理。

电子商务安全管理组织体系包含信息安全与技术安全等多方面的内容，要求相关人员各司其职、相互帮助，以便更好地营造一个安全的企业电子商务环境，为企业的信息安全提供支持。

3. 建立电子商务安全管理制度

建立科学、合理的电子商务安全管理制度，如人员管理制度、保密制度、跟踪审计制度、网络系统的日常维护制度、病毒防范制度、数据备份与恢复制度等，可以帮助企业更好地进行安全管理，加强企业的电子商务安全防范意识。

（1）人员管理制度。人员管理制度主要包括人员的选拔、工作责任的落实和安全运作所必须遵循的基本原则等相应的工作制度。

（2）保密制度。保密制度主要涉及企业的市场、生产、财务和供应链等多方面的机密，建议对这些机密进行安全级别划分，并加强对重点防范对象的监督，制定有针对性的保密措施。

（3）跟踪审计制度。跟踪审计制度即网络交易日志机制，用来记录网络交易过程。对网络交易日志进行检查、审查，有助于发现隐藏的安全隐患，监控各种安全事故，从而维护和管理系统安全。

（4）网络系统的日常维护制度。网络系统的日常维护制度主要包括硬件和软件的日常维护。硬件的日常维护主要是定期巡查、检修相关的网络设备服务器、客户机和通信线路；软件的日常维护主要是定期清理、整理、监测软件，并卸载过期软件，升级软件性能等。

（5）病毒防范制度。病毒防范制度主要包括制定完善的防病毒系统的整体安全规划和安全策略，做好防病毒系统的安装、调试、检测、监控、维护、版本升级和病毒代码库更新等工作。

（6）数据备份与恢复制度。为了避免电子商务系统因遭遇意外自然灾害或黑客攻击而遭受重大破坏，企业需要建立相应的数据备份与恢复制度。数据备份一般包括对信息系统数据进行存储，定期为重要信息备份，同时要对这些备份进行定期更新。数据恢复是在数据遭受破坏时最大限度地保证数据资源的完整性，以降低风险。

每个企业都应该根据自身的特点和人员配置要求建立相应的制度，明确每个制度的具体实施方法与执行力度。同时，做好制度的维护与更新工作，从而保证制度能够适用于不断发展、变化的电子商务环境。

9.2 电子商务安全技术

虽然电子商务已逐渐融入人们工作、生活的各个领域，成为人们工作、生活中不可缺少的一部分，但安全问题仍是电子商务应用、推广的阻碍。如何让用户在安全、可靠的环境中进行电子商务活动，保障自身权益不受损害，是电子商务各参与者重点关注的问题。为保证电子商务中信息和基础设施等对象的安全，相关人员开发了许多电子商务安全技术，下面将对这些安全技术进行介绍。

9.2.1 防火墙技术

防火墙技术是一种针对互联网不安全因素所采取的保护措施，用于在内部网与外部网、专用网与公共网等多个网络系统之间构造一道安全的保护屏障，阻挡外部不安全的程序，防止未授权用户非法侵入。防火墙主要由服务访问政策、验证工具、包过滤和应用网关 4 个部分组成，任何程序或用户都需要通过层层关卡才能进入网络，从而过滤了不安全的因素、降低了风险。

在实际应用防火墙时，可以设置防火墙的保护级别，以对不同的用户和数据进行限制。设置的保护级别越高，限制（可能会禁止一些服务，如视频流）越强。并且用户会发现，在受信任的网络上通过防火墙访问互联网时，经常会遇到延迟且需要多次登录的情况。

随着现代通信技术与信息安全技术的不断发展，防火墙越来越成熟，主要体现在以下 3 个方面。

（1）模式的变化。传统防火墙一般设置在网络的边界位置，以数据流进行分隔，从而形成了很好的针对外部网络的防御方式。但内部网络同样会遭受恶意攻击，因此现在的防火墙产品开始采用分布式结构，利用网络节点来最大限度地覆盖需要保护的对象，大大提高了防火墙的防护强度。

（2）功能多样化。防火墙不仅完善了自身已有的功能，如信息记录功能，还进行了功能扩展，如虚拟专用网、认证、授权、记账、公钥基础设施、互联网协议安全性等功能也被集成到防火墙中，有些防火墙甚至还添加了防病毒和入侵检测等功能。在未来，防火墙的功能将更加多元化。但在扩展防火墙功能的同时，应注重不要忽略防火墙本身的性能与安全问题。

（3）性能的提高。防火墙模式与功能的改变必然会引起性能的提高，因为只有更强的性能处理能力才能保证这些模式与功能正常运作。在未来，一些经济、实用且经过验证的技术手段，如并行处理技术，将被应用到防火墙中，以提升防火墙的性能，这将影响防火墙的过滤能力。同时，规则处理的方式和算法等也将得到改善，从而衍生出更多的专用平台技术。

9.2.2　VPN 技术

虚拟专用网络（Virtual Private Network，VPN）技术属于远程访问技术，简单来说就是利用公用网络架设专用网络，进行加密通信，在企业网络中被广泛应用。在传统的企业网络配置中，要进行远程访问，传统的方法是租用数字数据网（Digital Data Network，DDN）专线，这样的通信方案必然产生较高的网络通信和维护费用。远端用户一般会通过公用网络进入企业的局域网，但这样必然带来安全隐患。VPN 的解决方法是在企业内网中架设一台 VPN 服务器，远端用户在当地连接互联网并通过互联网连接 VPN 服务器后，再通过 VPN 服务器进入企业内网。为了保证数据安全，VPN 服务器和客户机之间的通信数据都进行了加密处理。通过数据加密，用户就可以认为数据在一条专用的数据通道上进行安全传输，就如同专门为数据传输架设了一个专用网络一样。

总体而言，VPN 的优点体现在以下 4 个方面。

（1）VPN 使用高级的加密和身份识别协议保护数据安全，可以帮助移动办公人员、远端个人用户、企业分支机构、商业伙伴及供应商与企业的内网建立可信的安全连接，并保证数据被安全传输。

（2）采用 VPN 技术，企业可节省租用专线的费用。除了购买 VPN 设备或 VPN 软件产品，企业所付出的仅仅是向服务提供商支付的一定的上网费用。

（3）VPN 是可以升级的，这意味着企业通过简单地配置互联网基础设施就能提供大量的容量和应用，让新用户迅速和轻松地添加到 VPN 中。

（4）VPN 使企业既可以利用电信运营商的设施和服务，又可以完全掌握自己的网络的控制权。

9.3　电子商务加密技术

加密技术是实现电子商务信息保密性、真实性和完整性的前提。它是一种主动的安全防御策略，通过基于数学方法的程序和保密的密钥对信息进行编码，将计算机数据转换成杂乱无章、难以理解的字符，即将明文变为密文，以阻止非法用户窃取信息。

9.3.1　密码学概述

加密技术与密码学息息相关，涉及信息（明文、密文）、密钥（加密密钥、解密密钥）和算法（加密算法、解密算法）3 种基本术语。"明文"是指传输的原始信息，对信息进行加密后，明文则变为密文。密钥和算法都是加密技术。密钥是在进行明文与密文的转换时所用的算法中的一组参数，可以是数字、字母或词语。算法是明文与密钥的结合，明文通过加密算法运算成为密文；密文通过解密算法运算，则变为明文。

加密手段一般分为两种：一种是硬件加密，其效率和安全性较高，但硬件设备成本高且存在不能通用的问题；另一种是软件加密，其优点是灵活、方便、成本低，但安全性不如硬件加密高。目前，加密技术主要分为两类，即对称加密技术和非对称加密技术，两者的主要区别在于使用的加密和解密的密钥不同。

9.3.2　对称加密技术

对称加密技术又称为私钥或单钥密码技术，它采用对称密码编辑技术，要求发送方和接收方使用相同的密钥，即文件加密与解密要使用相同的密钥。采用这种技术进行信息加密，需要发送方和接收方都知道这个密钥，并在安全通信的前提下将密钥发送给对方。对称加密的工作流程如图 9-1 所示。

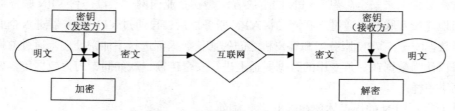

图 9-1　对称加密的工作流程

对称加密技术常用的算法有数据加密标准（Data Encryption Standard，DES）、高级加密标准（Advanced Encryption Standard，AES）和三重 DES。

（1）DES。DES 是一种使用密钥加密的块算法，于 1997 年被美国联邦政府的国家标准局确定为联邦资料处理标准（Federal Information Processing Standards，FIPS），并授权在非密级政府通信中使用。DES 的算法是把 64 位的明文输入块变为 64 位的密文输出块，其密钥也是 64 位，但由于密钥表中每个字节的第 8 位（第 8、16、24、32、40、48、56、64 位）都用作奇偶校验，因此，密钥的实际有效长度为 56 位。

（2）AES。AES 是基于比利时密码学家琼·戴蒙和文森特·里杰门设计的 Rijndael 密钥系统来定义的，目的是取代 DES，解决某些在 DES 使用过程中出现的问题。AES 是一种区块加密标准，其固定区块长度为 128 位，密钥长度则可以是 128 位、192 位或 256 位。

（3）三重 DES。三重 DES 又称为 3DES，是三重数据加密算法的通称。它使用 3 个 56 位的密钥对数据进行 3 次加密，以增加 DES 的有效密钥长度。三重 DES 的加密过程为，先用密钥 a 对 64 位的信息块加密，再用密钥 b 对加密的结果解密，然后用密钥 c 对解密结果再加密。三重 DES 比最初的 DES 安全，但在应用时需要使用更多的处理器资源。

9.3.3　非对称加密技术

非对称加密技术也称为公钥密码技术，与对称加密技术使用相同的密钥加密和解密不同的是，非对称加密技术使用公开密钥（简称"公钥"）和私有密钥（简称"私钥"）加密和解密。公钥是公开的，私钥则由用户自己保存。非对称加密的工作流程如图 9-2 所示，具体介绍如下。

（1）乙方生成一对密钥（公钥和私钥）并向其他方公开公钥。

（2）得到公钥的甲方使用该密钥对机密信息进行加密，然后将信息发送给乙方。

（3）乙方用自己保存的另一个专用密钥（私钥）对加密后的信息进行解密。

若乙方要回复加密信息给甲方，需要甲方先公布自己的公钥给乙方进行加密，甲方再用自己的私钥进行解密。

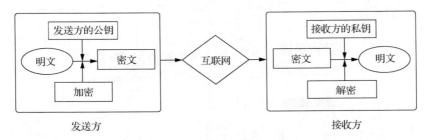

图 9-2　非对称加密的工作流程

非对称加密比对称加密的安全性更高，就算攻击者截获了传输的密文并得到乙方的公钥也无法解密。但非对称加密需要的时间更长、速度更慢。因此，非对称加密只适用于对少量数据进行加密。目前，在互联网中常用的电子邮件和文件加密软件 PGP 就采用了非对称加密技术。

9.4　电子商务认证技术

加密技术主要用于网络信息传输的通信保密，不能保证网络通信双方身份的真实性，因此还需要通过认证技术来验证电子商务活动参与者是否属实与有效。常见的电子商务认证技术主要包括身份认证技术、数字摘要、数字信封、数字签名和数字时间戳等。

9.4.1　身份认证技术

身份认证技术是一种用于鉴别、确认用户身份的技术。对用户的身份进行认证，判断用户是否具有对某种资源的访问和使用权限，可保证网络系统的正常运行，防止非法用户攻击系统。

身份认证技术主要基于加密技术的公钥加密体制，普遍采用 RSA 算法（它通常先生成一对 RSA 密钥，其中之一是保密密钥，由用户保存；另一个是公开密钥，可对外公开）。身份认证只在两个对话者之间进行，它要求被认证对象提供身份凭证信息和与凭证有关的鉴别信息，且要事先将鉴别信息告诉对方，以保证身份认证的有效性和真实性。身份认证是网络安全的第一道关口，其认证方法主要包括以下 3 种。

（1）根据所知道的信息认证。这种方法一般以静态密码（登录密码、短信密码）和动态口令等方式进行验证，但静态密码和动态口令容易泄露，安全性不高。

（2）根据所拥有的信息认证。这种方法通过用户自身拥有的信息，如网络身份证（Virtual Identity Electronic Identification，VIEID）、密钥盘（Key Disk）、智能卡等进行身份认证，认证的安全性较高，但认证过程较为复杂。

（3）根据所具有的特征认证。这种方法通过用户的生物特征进行识别认证，安全性最高，但实现技术更加复杂。目前，电子商务中常用的生物特征识别技术主要包括指纹识别技术和人脸识别技术。

① 指纹识别技术。指纹识别即通过比较不同指纹的细节特征来进行身份鉴别。指纹识别技术是一种接触性的识别技术，采集比较稳定，但由于每次用手指按的方位不完全一样，加之着力点不同，会使指纹产生不同程度的变形，又存在大量模糊指纹，因此正确提取指纹的特征和实现正确匹配，是应用指纹识别技术的关键。图 9-3 所示为在手机中录入指纹的场景。

图 9-3　在手机中录入指纹的场景

② 人脸识别技术。在现实生活中，辨认人一般是通过对人的面部（人脸）进行识别来实现的。因此，在众多的生物特征识别技术中，人脸识别技术符合人们的认知规律，并且设备不需要和用户直接接触就能获取人脸图像。但目前的人脸识别技术的识别准确率会受到环境的光线、识别距离等多方面因素的影响，造成识别耗时较长，或无法识别的情况发生。另外，当用户通过化妆、整容使面部发生了改变时也会影响识别准确率，这些都是企业需要突破的技术难题。图 9-4 所示为支付宝通过人脸识别技术进行身份验证的场景。

图 9-4　支付宝通过人脸识别技术进行身份验证的场景

除了指纹识别技术和人脸识别技术，生物特征识别技术还包括掌纹、虹膜、声音、签名等识别技术。

9.4.2　数字摘要

数字摘要可以用于证实消息来源的有效性，以防止数据被伪造和篡改。它通过采用单向哈希函数（单向散列函数）将需要加密的明文"摘要"转换成一串固定长度（128 位）的密文，这串密文就是所谓的数字指纹，并在传输信息时将密文加入文件一并传送给接收方。接收方收到文件后，使用相同的方法进行转换运算，若得到相同的摘要，则判定文件未被篡改。

9.4.3　数字信封

数字信封又称数字封套，是一种结合了对称加密技术与非对称加密技术的优点来进行信息安全传输的技术。使用数字信封时，只有规定的接收方才能阅读通信的内容。信息发送方采用对称密钥来加密信息内容，然后用接收方的公钥加密，形成数字信封，并将它和加密后的信息一起发送给接收方。接收方先用相应的私有密钥打开数字信封，得到对称密钥，然后使用对称密钥解开加密信息。数字信封具有算法速度快、安全性高等优点，可以很好地保证数据的机密性。

9.4.4　数字签名

数字签名是基于公开密钥加密技术实现的，因此又叫公钥数字签名。我们可以将数字签名简单地理解为附加在数据单元上的一些数据，或对数据单元所做的密码变换。它可以帮助数据单元的接收者判断数据的来源，保证数据的完整性并防止数据被篡改。

数字签名采用双重加密方法，即采用数字摘要和 RSA 加密来保证信息安全，其工作过程如下。

（1）报文发送方采用哈希算法加密产生一个 128 位的数字摘要。

（2）发送方用自己的私钥对报文摘要进行加密，形成发送方的数字签名。

（3）发送方将数字签名作为报文的附件和报文同时传输给接收方。

（4）接收方使用发送方的公钥对报文摘要进行解密，同时针对接收到的原始报文使用同样的哈希算法加密得到一个报文摘要。

（5）接收方将解密后的报文摘要和重新加密产生的报文摘要进行对比，若两者相同，则判断消息在传送过程中没有被篡改。

9.4.5　数字时间戳

为了保证电子商务活动的参与方不能否认其行为，避免随意修改交易时间，需要一个权威第三方来提供可信赖的且不可抵赖的时间戳服务——数字时间戳。数字时间戳（Digital Time Stamp，DTS）是一种对交易日期和时间采取的安全措施，由专门的机构提供。数字时间戳是一个经加密后形成的凭证文档，它包括以下 3 个部分。

（1）需加时间戳的文件的摘要。

（2）数字时间戳发送和接收文件的日期和时间。

（3）数字时间戳的数字签名。

9.5　电子商务安全协议

电子商务安全协议是以密码学为基础的消息交换协议，用于保障计算机网络系统信息的安全传递与处理。常见的电子商务安全协议有安全套接层（Secure Sockets Layer，SSL）协议、安全电子交易（Secure Electronic Transaction，SET）协议和公钥基础设施（Public Key Infrastructure，PKI）。

9.5.1　SSL 协议

SSL 协议是基于 Web 应用的安全协议，主要用于解决 Web 上信息传输的安全问题。它指定了一种在应用程序协议（如 HTTP、Telnet、NNTP 和 FTP 等）和 TCP/IP 之间提供数据安全性分层的机制，为 TCP/IP 连接提供数据加密、服务器认证、消息完整性及可选的客户机认证支持。

SSL 协议是一个层次化的协议，包括 SSL 记录协议（SSL Record Protocol）和 SSL 握手协议（SSL Hand Shake Protocol）。SSL 记录协议建立在可靠的传输协议上，用于为上层协议提供数据封装、压缩和加密等支持；SSL 握手协议建立在 SSL 记录协议上，用于完成服务器和客户机之间的相互认证、协商加密算法和加密密钥等发生在应用协议层传输数据之前的事务。

SSL 协议的具体实现过程包括两个方面：一是将传输的信息分成可以控制的数据段，并对这些数据段进行压缩、文摘和加密等操作，然后进行结果的传送；二是对接收的数据进行解密、检验和解压操作，并将数据传送给上层协议。

9.5.2　SET 协议

SET 协议是电子商务中安全电子交易的一个国际标准。SET 协议是以信用卡为基础的安全电子交易协议，用于实现电子商务交易过程中的加密、认证和密钥管理等，以保证在线支付的安全。

SET 协议在保留对消费者的信用卡进行认证的前提下，增加了对商家身份的认证，保证了消费者、商家、银行之间的信用卡交易数据的完整性和不可抵赖性。SET 协议支付系统包括 6 个组成部分，分别是持卡人、商家、发卡行、收单行、支付网关和认证中心。与之对应，基于 SET 协议的网上购物系统至少包括电子钱包软件、商家软件、支付网关软件和签发证书软件 4 个组成部分。

9.5.3　公钥基础设施

为了解决互联网环境中的一系列安全问题，实现加密技术的变革，需要一套完整的互联网安全解决方案来支持，即公钥基础设施。

公钥基础设施是利用公钥理论和技术建立的提供安全服务的基础设施，它是一组安全服务的集合，采用证书管理公钥，通过可信任的第三方机构——CA 将用户的公钥和其他标志信息（如身份证号码、姓名和电子邮箱等）捆绑在一起，以此来验证用户在互联网中的身份。

一个完整的公钥基础设施系统由 CA、数字证书库、密钥备份及恢复系统、证书作废系统和应用程序接口（Application Programming Interface，API）等基本部分构成，其系统构建也将围绕着这 5 个部分进行。

扫码阅读

无线公钥基础设施（WPKI）

（1）CA。CA 是数字证书的申请及签发机关，也是公钥基础设施系统的核心组成部分。CA 负责管理公钥基础设施系统中的所有用户（包括各种应用程序）的证书，并进行用户身份的验证。CA 作为可信任的第三方的重要条件之一就是 CA 的行为具有不可否认性，CA 通过数字证书证实他人的公钥信息，数字证书上有 CA 的签名。用户如果因为信任数字证书而遭受了损失，数字证书可以作为有效的证据用于追究 CA 的法律责任。一个典型的 CA 系统包括安全服务器、CA 服务器、注册机构（Registration Authority，RA）、LDAP 服务器和数据库服务器等。

① 安全服务器。安全服务器面向普通用户，提供证书申请、浏览，证书撤销列表，以及证书下载等安全服务。

② CA 服务器。CA 服务器是 CA 系统的核心，负责签发数字证书。

③ RA。RA 是 CA 进行证书发放、管理的延伸，它一方面向 CA 服务器转发安全服务器传输过来的证书申请，另一方面向 LDAP 服务器和安全服务器转发 CA 服务器颁发的数字证书和证书撤销列表。

④ LDAP 服务器。LDAP 服务器提供目录浏览服务，负责将 RA 传输过来的用户信息以及数字证书加入服务器。

⑤ 数据库服务器。数据库服务器用于 CA 中数据（如密钥和用户信息等）、日志和统计信息的存储和管理。

知识链接

　　数字证书是一个经CA认证的包含证书申请者的数字签名、个人信息及公开密钥的文件。在进行电子商务活动时，交易双方需要使用数字证书表明自己的身份，只有在确认数字证书具有资格后，才能完成交易，这样就保证了交易的安全。简而言之，数字证书好比个人或企业在互联网上的身份证。

　　（2）数字证书库。数字证书库用于存储已签发的数字证书及公钥，并为用户提供所需的其他用户的数字证书及公钥。

　　（3）密钥备份及恢复系统。为了避免用户丢失用来解密数据的密钥，导致数据无法解密，公钥基础设施需要提供备份及恢复密钥的功能。并且，为了保证密钥的唯一性，用户只能使用解密密钥进行备份及恢复，私钥不能作为其备份及恢复密钥的依据。

　　（4）证书作废系统。与纸质证书一样，网络证书也有一定的有效期，在有效期内，证书能够正常使用并用于用户身份的验证。但若发生密钥介质丢失或用户身份变更等情况，则需要废除原有的证书，重新安装新的证书。

　　（5）API。API为众多应用程序提供了接入公钥基础设施的接口，使这些应用程序能够使用公钥基础设施进行身份验证，以确保网络环境的安全。

素养提升

　　在开展电子商务活动时，每个企业都有自己的商业机密，如近期的供销活动、内部发生的危机、使用付费促销方式时的搜索关键词、客户的各类信息，以及各种密码、口令和资料等。各种电子商务安全技术的成熟，虽然能在很大程度上保障企业的信息安全，但人为因素有时也会造成商业机密的泄露。保证企业的商业机密不被泄露，需要整个企业的员工一起努力才能实现。对员工而言，不该说的企业情况，绝对不说；不该看的企业资料，绝对不看；不在私人交谈场合中提及企业隐私；不在不利于保密的地方存放资料。这些是电子商务从业者基本的职业素养，既是企业所需要的，也是社会所需要的。

9.6　案例分析——手机银行安全管理

　　随着智能手机的普及，传统网上银行延伸出了新的终端——手机银行。基于手机便于携带、支持随时上网等特点，手机银行的使用范围较为广泛。但一部分人仍然比较担心手机银行的安全问题。下面以中国建设银行的手机银行为例，介绍手机银行的安全措施、手机银行安全常识等内容。

9.6.1　手机银行的安全措施

　　手机银行用户最担心的问题一般是个人信息、银行账户密码等资料的泄露，对此，中国建设银行的手机银行基于网上银行的功能，主要采取了以下3种安全措施。

1. 绑定身份信息与手机号码

手机银行是专为手机用户定制的，其在安全性方面最大的特点就是构建了基于手机号码的硬件身份识别体系，通过将用户的身份信息与手机号码进行绑定，确立了用户账户的唯一性。用户只有通过绑定的手机号码登录手机银行，才能进行各项业务操作，如查看账户信息、转账汇款，以及缴纳水费、电费、气费等。

2. 采用先进的加密手段

手机银行系统采用了先进的加密手段——1024 位 RSA 非对称密码算法，建立起了端对端的安全通道，使数据在传输过程中得以全程加密，确保了交易信息在传递过程中安全、可靠和完整。

3. 多种业务安全手段

为了防止非法用户盗用手机银行账号，手机银行采取了登录密码保护、预留信息设置、签约机制、交易额度限制、短信动态口令和动态口令卡等多种业务安全手段，最大限度地保障用户账户的安全。用户退出手机银行后，账号、密码等关键信息不是保留在用户的手机内存中，而是保存在银行的核心主机中，从而避免用户手机丢失时非法用户通过手机内存中保存的信息登录手机银行并盗取资金。

9.6.2 手机银行安全常识

用户使用手机银行要了解必要的安全常识，养成良好的使用习惯，尽量减少自身原因造成的安全威胁。下面为一些手机银行安全常识。

（1）必须使用自己的手机号码开通手机银行，以防资金损失。一些骗局以低息贷款验资等为借口，诱使用户使用他人手机号码开通手机银行，用户对此一定要保持警惕。

（2）手机银行的登录密码建议设置得复杂一些，不要使用生日、电话号码等简单的数字组合，也不要与 QQ、微博和邮箱等的登录密码相同，以减少密码被盗的风险。一般建议将登录密码设置成"字母 + 数字"的组合。

（3）手机银行的登录密码和银行账户密码应该妥善保存，且不要轻易告诉任何人。

（4）若发生手机丢失、手机号码更换或手机号码异常等情况，应及时到银行办理注销业务。

（5）应在手机中安装防病毒或安全检测软件，定期进行手机查杀，检测系统是否存在安全问题，并且及时更新手机系统，防止因系统漏洞造成损失。

（6）使用手机银行后应及时退出，不要使其在后台运行，避免他人借用手机而造成资金损失。

（7）各种手机应用软件一定要到正规的应用商店或软件官方网站中下载。

（8）提高警惕，留心非法机构通过假冒应用程序和假冒银行发来的信息，伪装成来自银行网站的电子邮件、手机短信等，用户不要打开或回复这类信息。

思考：

根据上述材料并结合你对手机银行的认识分析以下问题。

（1）手机银行的安全措施有哪些？

（2）结合自身情况谈谈手机银行安全常识有哪些。

（3）结合身边实际发生的手机银行安全案例，谈谈你对目前手机银行安全的看法。手机银行还能在哪些地方进行改进以确保交易安全？

实践训练

为了更好地理解电子商务安全的概念，并掌握相关的基础知识，下面我们将通过一系列实践训练来加以练习。

【实训目标】

（1）了解电子商务安全事件的情况与电子商务面临的安全威胁。

（2）了解防火墙的原理与设置方法。

（3）了解数据加密的原理与方法。

（4）掌握日常维护电子商务安全的方法。

【实训内容】

（1）收集电子商务安全事件的案例，分析电子商务安全事件产生的原因与电子商务面临的安全威胁。

（2）下载并安装网络防火墙，如360网络防火墙、瑞星个人防火墙等，启动防火墙并设置允许连接的应用程序。

（3）对网络数据传输与加密方法进行分析，说明其具体方法，并对比、分析不同方法的优缺点。

（4）在计算机、手机和平板电脑等设备中安装合适的杀毒软件，并利用杀毒软件进行设备检测。同时备份重要的文件，清理设备中的垃圾文件和历史记录信息。

知识巩固与技能训练

一、名词解释

1. 计算机病毒　　2. 非对称加密技术　　3. 数字签名　　4. SSL 协议　　5. PKI

二、单项选择题

1. 下面不属于计算机病毒特点的一项是（　　　）。

　　A. 传播性　　　B. 隐蔽性　　　C. 感染性　　　D. 自发性

2. 下面关于电子商务安全的说法正确的是（　　　）。

　　A. 电子商务安全是指电子商务信息的安全，即信息的存储和传输安全

　　B. 木马程序是一种特殊的计算机病毒，具有计算机病毒的所有特征，并能远程操控用户的计算机

　　C. 流氓软件是电子商务面临的一种常见安全威胁，常通过假冒网站、手机银行和运营商向用户发送诈骗信息

　　D. 应用程序和系统漏洞对用户的影响不大，因此可以暂不更新

3. 数字摘要主要采用（　　）来进行消息的验证，以证实消息来源的有效性，防止数据被伪造和篡改。
   A. 单向哈希函数　　　　　　　　B. DES
   C. PKI　　　　　　　　　　　　D. RSA

4. 数据加密后称为（　　）。
   A. 密文　　　　B. 密钥　　　　C. 算法　　　　D. 明文

5. 进行用户身份认证可以通过（　　）验证。
   A. 年龄　　　　B. 姓名　　　　C. 信用卡　　　　D. 指纹

三、多项选择题

1. 电子商务安全要满足的基本要求有（　　）。
   A. 机密性　　　B. 完整性　　　C. 认证性　　　D. 不可否认性

2. 加密技术主要包括（　　）。
   A. 对称加密技术　　　　　　　　B. 非对称加密技术
   C. 数据保密技术　　　　　　　　D. 数字签名技术

3. 电子商务安全协议主要包括（　　）。
   A. SSL 协议　　B. SET 协议　　C. HTML　　　D. PKI

4. 进行用户身份认证时，可以通过（　　）等生物特征进行验证。
   A. 声音　　　　B. 指纹　　　　C. 虹膜　　　　D. 签名

5. 数字时间戳用于对交易日期和时间进行验证。它是一个经加密后形成的凭证文档，主要包括（　　）。
   A. 数字时间戳的标志机构
   B. 需加时间戳的文件的摘要
   C. 数字时间戳发送和接收文件的日期和时间
   D. 数字时间戳的数字签名

四、思考题

1. 电子商务面临的安全威胁主要有哪些？
2. 防火墙是怎么工作的？
3. SSL 协议、SET 协议和 PKI 分别有什么作用？
4. 用户在进行日常电子商务活动时，应该采取哪些措施来进行安全维护？

五、技能实训题

1. 在网络中查询最新的互联网安全事件，并分析其产生的原因和解决措施。
2. 利用 360 安全卫士、金山毒霸等杀毒软件检测计算机，并修复系统漏洞。
3. 登录中国工商银行的官方网站，了解最新的网上银行安全知识。

第 10 章　电子商务法

【学习目标与要求】

◆ 了解电子商务法的特征与作用。

◆ 掌握与电子商务经营者相关的法律规范。

◆ 掌握与电子商务交易相关的法律规范。

【案例导入】

《中华人民共和国电子商务法》实施后的典型案例摘选

2019 年 12 月 15 日，针对《中华人民共和国电子商务法》（以下简称《电子商务法》）实施近一年的初步效果进行评估、分析的北京大学电子商务法研究中心学术年会在北京大学法学院召开。会议发布了电商领域年度十大典型案例，以下为摘取自其中的 3 则案例。

1. 网络服务合同纠纷案

某服装平台超级 VIP 会员吴某，因 84.54% 的高退货率，被该服装平台依据用户协议冻结账户，吴某不服并起诉。法院经审理认为，消费者虽享有退货权，但若退货行为长期超过消费者普遍的退货率，则该行为有悖于诚实信用原则，构成权利滥用。

2. 其他合同纠纷案

某平台与商家在平台协议中约定"假一罚十规则"，该平台委托案外人购买商家商品后，鉴定该商品为假冒商品，据此认定商家销售假货，并依据平台协议冻结了商家的账户资金。法院经审理认为，该交易规则有效。

3. 名誉权纠纷案

李某、张某（双方系夫妻）之子入住由某公司经营的月子会所后，被诊断为支气管肺炎。夫妻二人因此在大众点评网发布对该公司的差评，被该公司诉至法院。法院经审理认为，二人发布评论未构成名誉侵权。

思考：

在以上案例中，法院的审理宣判有何意义？你是否了解《电子商务法》中与电子商务经营者相关的法律条款？

10.1　电子商务法概述

2018 年 8 月 31 日，《电子商务法》经第十三届全国人民代表大会常务委员会第五次会议通过，于 2019 年 1 月 1 日正式实施。从"酝酿萌芽"到"瓜熟蒂落"，《电子商务法》一直备受瞩目，其对电子商务经营者乃至仓储、物流、支付结算等多个电商环节的问题给予了法律层面的界定。《电子商务法》出台后，保障电子商务各方主体的合法权益、规范电子商务行为就有了一部专门的法律。了解电子商务法的概念、特征、调整对象和范围等，对于电子商务活动参与者更好地保护自身权益有很大的意义。

扫码看视频

电子商务法概述

10.1.1　电子商务法的概念

电子商务法是政府调整企业和个人以数据电文（数据电文指经由电子手段、光学手段或者类似手段生成、储存或者传递的信息，这些手段包括但不限于电子数据交换、电子邮件、电报或者传真）为交易手段，通过信息网络所产生的，因交易形式所引起的各种商事交易关系，以及与这种商事交易关系密切相关的社会关系、政府管理关系的法律规范的总称。

> **知识链接**
>
> 传统民商法及民事程序法很难直接适用于虚拟环境中的商务交易活动，突出表现在合同效力的确定、诉讼管辖、证据认定等保障实体法实施的理论和方法不能支持现有法律处理电子商务案件，涉及传统媒体（如报纸、电视）管理的法律也不能适应以网络为载体的全新的信息交流方式等方面。因此，商业行为在互联网环境下形成的独立的调整对象孕育了新的部门法——《电子商务法》。

10.1.2　电子商务法的特征

电子商务法涉及众多领域，法律体系非常庞杂，既包括传统的民法领域，如《中华人民共和国对外贸易法》《中华人民共和国著作权法》《中华人民共和国消费者权益保护法》等，也包括新的领域，如《中华人民共和国电子签名法》等，这些法律规范在总体上属于商法范畴。商法是公法干预下的私法，它以任意性规范为基础，同时存在强制性规范，甚至在有些规范中更多的是强制性规范而不是任意性规范。

网络没有中心或国界，网络环境下的商务活动不受国界的限制，这就决定了电子商务法具有全球性的特征。同时，网络是现代信息技术的代表，以互联网为手段的电子商务的活动规则也必然带有一定的技术特征。

总体来看，电子商务法具有商法性、全球性、技术性、开放性和兼容性等显著特征。

（1）商法性。商法是规范商事主体和商事行为的法律规范。电子商务法主要属于行为法，如数据电文制度、电子签名及其认证制度、电子合同制度、电子信息交易制度及电子支付制度等都是规范商事主体行为的法律制度。同时，电子商务法也含有组织法的内容，如认证机构的设立条件、管理和责任等，具有组织法的特点。

（2）全球性。电子商务具有开放性、跨国性，电子商务中许多领域的问题只有国际社会采取一致规则才能解决。在电子商务立法过程中，国际社会特别是联合国国际贸易法委员会的《电子商务示范法》为这种一致规则奠定了基础，它较早地制定了供各国参照模仿及补充的示范法，起到了统一观念和原则的作用。

（3）技术性。在电子商务法中，许多法律规范都是直接或间接地由技术规范演变而成的。特别是在电子签名和数字认证中使用的密钥技术、数字证书等，这些均是一些技术规则的应用。实际上，网络本身的运作也需要一定的技术标准，当事人若不遵守，就无法在网络环境下进行电子商务交易。

（4）开放性和兼容性。开放性是指电子商务法对世界各地区、各种技术网络开放；兼容性是指电子商务法应适应多种技术手段、多种传输媒介的对接与融合。

10.1.3　电子商务法的调整对象和范围

电子商务法的产生是电子商务发展的必然结果。电子商务法是调整在线商业行为及其引发的相关问题的法律规范的总称。电子商务交易及其形成的法律关系就成为电子商务法的调整对象。电子商务法律关系的主体即在线的参与主体，主要包括电子商务平台经营者、平台内经营者、认证机构、物流配送公司、第三方支付企业等。

从字面上理解，电子商务即"电子手段＋商务活动"。电子手段包含了信息通信技术、光学技术及其他能够生成、存储和传递信息的技术手段（电子数据交换、电子邮件、电报或传真等）。电子商务交易的对象不仅包含一些传统的商品和服务，也包含一些新兴的在线商业服务，广义上的电子商务几乎涵盖了利用信息通信技术的所有商务活动。按照商务活动的内容分类，电子商务法主要涵盖两类商务活动：贸易型电子商务和服务型电子商务。

（1）贸易型电子商务。贸易型电子商务是移转财产权利的电子商务，包括有形货物的贸易和无形的信息产品的贸易。有形货物的贸易是在网络上完成合同的签约过程，合同的履行则通过传统物流系统来完成，即信息流、资金流发生在网络虚拟世界中，物流则发生在网络外的现实世界中，亦即有形货物的电子交易仍需要利用传统物流配送渠道来实现。而无形的信息产品（如软件、影视作品等）的贸易是在网络上完成合同签订、支付、交付产品的全部行为，即企业的信息流、资金流和物流发生在互联网上。

（2）服务型电子商务。服务型电子商务包括为开展电子商务提供服务的经营活动和通过网络开展各项有偿服务活动的经营活动。区别于贸易型电子商务，服务型电子商务不移转任何财产，而只提供特定的服务，如只提供交易平台服务，网络接入服务，电子邮件服务，与教育、医疗、金融等行业相关的咨询服务等。虽然许多主体往往兼顾信息贸易和信息服务，而且二者的界限并不十分清晰，但是在法律上，贸易和服务之间的差别还是存在的。

🧑‍💻 知识链接

电子商务平台经营者，是指在电子商务中为交易双方或多方提供网络经营场所、交易撮合、信息发布等服务，供交易双方或者多方独立开展交易活动的法人或者非法人组织，如京东集团；平台内经营者，是指通过电子商务平台销售商品或提供服务的电子商务经营者，如淘宝个人卖家。

10.1.4　电子商务法的作用

电子商务法的诞生不仅满足了电子商务发展对于完善的法律制度的需求，而且也通过明确的定义和范围界定消除了市场上关于电子商务领域的一些争议。《电子商务法》作为我国第一部关于电子商务领域的基础性、综合性法律，对于保障电子商务各参与主体的权益、规范电子商务行为、维护市场秩序、促进电子商务行业持续健康发展具有重大的意义。

1.　为电子商务的发展创造良好的法律环境

电子商务属于新兴产业。电子商务法把支持和促进电子商务持续健康发展放在首位，提出拓展电子商务发展空间，推进电子商务与实体经济深度融合，在发展中规范、在规范中发展。

随着电子商务的普及，各类现代化通信手段在电子商务交易中的使用急剧增多。然而，在以非书面电文形式传递具有法律意义的信息时，可能会因使用这种非书面电文遇到法律障碍或使此类电文的法律效力及其有效性受到影响。起草电子商务法的目的，就是对电子商务引发的庞杂的法律问题进行整理，为电子商务的各类参与主体制定一套在虚拟环境下进行交易的规则，消除电子商务应用中的法律障碍，明确交易各方的法律义务和责任，保障电子商务交易的正常进行，为电子商务的发展创造良好的法律环境。

2.　弥补现有法律的缺陷和不足

电子商务法不能包罗万象，只能针对电子商务领域特有的矛盾，提供解决特殊性问题的办法，在整体上要处理好与已有法律之间的关系，重点规定其他法律没有涉及的问题，弥补现有法律的缺陷和不足。电子商务单独立法，是因为国家有关传递和存储信息的现行法律不够完备，之前的这些法律在起草时，还没有预见到电子商务的兴起。在某些情况下，现行法规通过规定要使用"书面""经签字的"或"原始"文件等，对现代通信手段的使用施加了某些限制。尽管国家就信息的某些方面颁布了具体规定，但仍然没有全面涉及电子商务的立法，这种情况可能使人们无法准确地把握并非以传统的书面文件形式提供的信息的法律性质和有效性，也无法完全相信电子支付的安全性。此外，在人们日益频繁地使用电子邮件和电子数据交换的同时，国家也有必要针对新型通信技术制定相应的法律和规范。

3.　保障网络交易安全

电子商务交易是通过计算机及其网络实现的，其安全与否取决于计算机及其网络的安全程度。在现代社会中，互联网应用更新换代快，各种网络安全问题接踵而至，包括网络入侵、网络攻击、非法获取公民信息、侵犯知识产权等，这些问题严重干扰了电子商务的交易活动。可以说，没有网络安全就没有电子商务安全。

由于网络交易涉及众多的技术领域，安全技术与管理不可能面面俱到。因此，网络交易不可避免地存在一定的安全隐患，只能依靠法律防范违法行为，或对已发生的违法行为进行惩处来保障网络交易安全。

4.　提高电子商务交易的效率

电子商务法的目标包括促进电子商务的使用或为此创造方便条件，平等对待基于书面文件的用户和基于电文数据的用户，充分发挥高科技手段在电子商务活动中的作用。这些目标都是促进经济增长和提高国际、国内贸易效率的关键所在。从这一点来讲，电子商务立法的目的不是要从技术角度来处理电子商务关系，而是创造尽可能安全的法律环境，以便交易各方高效率地进行电子商务交易。

10.1.5 《电子商务法》的立法进程

2013 年 12 月 7 日，全国人民代表大会常务委员会在人民大会堂召开了《电子商务法》第一次起草组的会议，正式启动了《电子商务法》的立法进程。

2013 年 12 月 27 日，全国人民代表大会财政经济委员会在人民大会堂召开了《电子商务法》起草组成立暨第一次全体会议，正式启动《电子商务法》立法工作，划定我国电子商务立法的"时间表"。

2014 年 11 月 24 日，全国人民代表大会常务委员会于全国人民代表大会会议中心召开了《电子商务法》起草组第二次全体会议，就电子商务重大问题和立法大纲进行研讨。起草组明确提出，《电子商务法》要以促进发展、规范秩序、维护权益为立法的指导思想。

2015 年 1 月—2016 年 6 月，开展并完成电子商务法草案稿的起草工作。

2016 年 3 月 10 日，《电子商务立法》已被列入第十二届全国人民代表大会常务委员会五年立法规划，法律草案稿已经形成，将尽早提请审议。

2016 年 12 月 19 日，第十二届全国人民代表大会常务委员会第二十五次会议初次审议了全国人民代表大会财政经济委员会提请的《电子商务法（草案）》。

2017 年 10 月，第十二届全国人民代表大会常务委员会第三十次会议对《电子商务法（草案）》二审稿进行了审议。

2018 年 6 月，第十三届全国人民代表大会常务委员会第三次会议对《电子商务法（草案）》三审稿进行了审议。

2018 年 8 月 31 日，《电子商务法》由第十三届全国人民代表大会常务委员会第五次会议通过，自 2019 年 1 月 1 日起施行。

10.1.6 《电子商务法》对促进电子商务发展的规定

为了促进电子商务持续健康发展，《电子商务法》做了以下规定。

（1）国务院和省、自治区、直辖市人民政府应当将电子商务发展纳入国民经济和社会发展规划，制定科学合理的产业政策，促进电子商务创新发展。

（2）国务院和县级以上地方人民政府及其有关部门应当采取措施，支持、推动绿色包装、仓储、运输，促进电子商务绿色发展。

（3）国家推动电子商务基础设施和物流网络建设，完善电子商务统计制度，加强电子商务标准体系建设。

（4）国家推动电子商务在国民经济各个领域的应用，支持电子商务与各产业融合发展。

（5）国家促进农业生产、加工、流通等环节的互联网技术应用，鼓励各类社会资源加强合作，促进农村电子商务发展，发挥电子商务在精准扶贫中的作用。

（6）国家维护电子商务交易安全，保护电子商务用户信息，鼓励电子商务数据开发应用，保障电子商务数据依法有序自由流动。国家采取措施推动建立公共数据共享机制，促进电子商务经营者依法利用公共数据。

（7）国家支持依法设立的信用评价机构开展电子商务信用评价，向社会提供电子商务信用评价服务。

（8）国家促进跨境电子商务发展，建立健全适应跨境电子商务特点的海关、税收、进出境检验检疫、支付结算等管理制度，提高跨境电子商务各环节便利化水平，支持跨境电子商务平台经营者等为跨境电子商务提供仓储物流、报关、报检等服务。国家支持小型、微型企业从事跨境电子商务。

（9）国家进出口管理部门应当推进跨境电子商务海关申报、纳税、检验检疫等环节的综合服务和监管体系建设，优化监管流程，推动实现信息共享、监管互认、执法互助，提高跨境电子商务服务和监管的效率。跨境电子商务经营者可以凭电子单证向国家进出口管理部门办理有关手续。

（10）国家推动建立与不同国家、地区之间跨境电子商务的交流合作，参与电子商务国际规则的制定，促进电子签名、电子身份等国际互认。国家推动建立与不同国家、地区之间的跨境电子商务争议解决机制。

🔍 **素养提升**

《电子商务法》中所称电子商务，是指通过互联网等信息网络销售商品或者提供服务的经营活动，涉及的主体主要有平台内经营者、电子商务平台经营者和消费者。如今，电子商务已融入人们的生活，如购物、订餐、订票、约车、缴费、理财、教育培训等都与电子商务有一定的联系，显然，电子商务是人们学习、工作不可或缺的途径和手段。因此，平台内经营者、电子商务平台经营者和消费者都需要了解与电子商务相关的法律法规，明确各自的权利和义务，从而保障自己的合法权益不受到侵犯。

10.2　与电子商务经营者相关的法律规范

电子商务属于新经济范畴。相对于传统经济，新经济的"新"体现在其有一个传统经济没有的"平台"。就我国目前电子商务的现状而言，"平台"是电子商务的先行者、推动者、实践者、提供者、受益者。因此，强化电子商务平台经营者和平台内经营者的责任是电子商务法律规范的重点。下面将对《电子商务法》中与电子商务经营者相关的法律规范进行解读。

10.2.1　《电子商务法》对电子商务经营者的界定

《电子商务法》是我国电子商务领域的基本法律，强化电子商务平台和经营者责任的指导思想贯穿了其立法的全过程。

近年来，微商、网络直播随着分享经济、O2O、社交媒体平台的快速发展而产生，其经营形态与传统电商不同，是否应归属电子商务经营者范畴也存在争议。从一审稿的"电子商务第三方平台和电子商务经营者"到二审稿的"自建网站经营的电子商务经营者、电子商务平台经营者、平台内电子商务经营者"，再到三审稿加入"通过自建网站、其他网络服务销售商品或者提供服务的电子商务经营者"，《电子商务法》中"电子商务经营者"的内涵和外延不断扩张，除了第二条第三款明确排除的主体外，《电子商务法》已基本涵盖了通过互联网进行电子商务活动的所有经营主体。

　　根据《电子商务法》，电子商务经营者是指通过互联网等信息网络从事销售商品或者提供服务的经营活动的自然人、法人和非法人组织，包括电子商务平台经营者、平台内经营者以及通过自建网站、其他网络服务销售商品或者提供服务的电子商务经营者。对电子商务经营者的界定之所以重要，是因为这关系到各方主体对应的权利与义务。

10.2.2　电子商务经营者的基本义务

　　消费者作为电子商务经营活动中的重要主体，既是商品或服务的实际承受者，又是生产、经营、消费等环节中的弱势方，所以实践中存在大量针对消费者的网络售假、信息泄露等侵权行为，这也成为电子商务纠纷中的重点问题。故《电子商务法》基于保障消费者权益这一立法背景，在第二章第一节为电子商务经营者设置了相应的基本义务，以规范电子商务行为。电子商务经营者的基本义务主要体现在以下 7 个方面。

1. 保障商品及服务质量

　　消费者权益中最重要的是安全权，《电子商务法》第十三条规定，电子商务经营者销售的商品或者提供的服务应当符合保障人身、财产安全的要求和环境保护要求，不得销售或者提供法律、行政法规禁止交易的商品或者服务。这是对电子商务经营者销售的商品或者提供的服务的最低要求，电子商务经营者如果违背此条款项规定的义务，应按照有关法律、行政法规的规定接受处罚。

2. 真实公示商品或者服务信息

　　在实践中，部分电子商务经营者通过刷单等虚假宣传方式，误导消费者对其提供的商品或服务产生错误评价，以此增加销量。《电子商务法》第十七条规定，电子商务经营者应当全面、真实、准确、及时地披露商品或者服务信息，保障消费者的知情权和选择权。电子商务经营者不得以虚构交易、编造用户评价等方式进行虚假或者引人误解的商业宣传，欺骗、误导消费者。

　　《电子商务法》第八十一条规定，电子商务平台经营者违反本法规定，有下列行为之一的，由市场监督管理部门责令限期改正，可以处二万元以上十万元以下的罚款；情节严重的，处十万元以上五十万元以下的罚款。

　　（1）未在首页显著位置持续公示平台服务协议、交易规则信息或者上述信息的链接标识的。

　　（2）修改交易规则未在首页显著位置公开征求意见，未按照规定的时间提前公示修改内容，或者阻止平台内经营者退出的。

　　（3）未以显著方式区分标记自营业务和平台内经营者开展的业务的。

　　（4）未为消费者提供对平台内销售的商品或者提供的服务进行评价的途径，或者擅自删除消费者的评价的。电子商务平台经营者违反本法第四十条规定，对竞价排名的商品或者服务未显著标明"广告"的，依照《中华人民共和国广告法》的规定处罚。

　　《电子商务法》第八十五条规定，电子商务经营者违反本法规定，销售的商品或者提供的服务不符合保障人身、财产安全的要求，实施虚假或者引人误解的商业宣传等不正当竞争行为，滥用市场支配地位，或者实施侵犯知识产权、侵害消费者权益等行为的，依照有关法律的规定处罚。

另外,《电子商务法》还规定了电子商务经营者及时公示营业信息的义务。

《电子商务法》第十五条规定,电子商务经营者应当在其首页显著位置,持续公示营业执照信息、与其经营业务有关的行政许可信息、属于依照本法第十条规定的不需要办理市场主体登记情形等信息,或者上述信息的链接标识。前款规定的信息发生变更的,电子商务经营者应当及时更新公示信息。

《电子商务法》第十六条规定,电子商务经营者自行终止从事电子商务的,应当提前三十日在首页显著位置持续公示有关信息。

案例阅读

全国首例"组织刷单入刑"案

2017 年 6 月 20 日,全国首例"组织刷单入刑"案在杭州市余杭区公开宣判。刷单组织者李某通过创建平台、组织会员刷单炒信并从中牟利,犯非法经营罪被一审判处有期徒刑 5 年 6 个月,并处罚金;连同此前已宣判的李某侵犯公民个人信息罪予以并罚后,法院决定对其执行有期徒刑 5 年 9 个月,并处罚金 92 万元。

所谓刷单,就是在网上进行虚假交易并给予虚假好评,进而提高网店的销量和信誉,误导和欺骗消费者。2013 年 2 月,李某通过创建网站和利用语音聊天工具建立刷单炒信平台,吸纳淘宝商家注册账户成为会员,并收取 300 ～ 500 元的会员费和 40 元的平台管理维护费。李某通过制定刷单炒信规则与流程,组织和协助会员通过该平台发布或接受刷单炒信任务。会员承接任务后,通过与发布任务的会员在淘宝网上进行虚假交易并给予虚假好评的方式赚取任务点,从而有能力在该平台自行发布刷单任务,使得其他会员为自己刷单,进而提高自己的淘宝网店的销量和信誉,欺骗消费者。其间,李某还通过向会员销售任务点的方式牟利。2013 年 2 月—2014 年 6 月,李某共收取平台管理维护费、体验费及获得任务点销售收入至少 30 万元,另收取保证金共计 50 余万元。

过去打击刷单主要依靠行政手段,由工商部门对刷单行为做出行政处罚,但判罚的上限仅 20 万元,远不能震慑违法人员。此案系全国首例个人通过创建平台、组织会员刷单炒信并从中牟利而获罪的案件,也是最高人民法院中国应用法学研究所互联网司法研究中心杭州基地成立以来审结的第一例涉互联网犯罪案件。

刷销量、刷好评、删差评等"炒信""刷单"行为,严重误导了消费者,损害了消费者的知情权、选择权。上述《电子商务法》第十七条、第八十一条、第八十五条等相关条款,一是明确规定了电子商务经营者披露信息的一般义务,要求全面、真实、准确、及时地披露商品或者服务信息,禁止以虚构交易、编造用户评价等方式进行虚假、引人误解的商业宣传,欺骗、误导消费者。二是要求电子商务平台经营者建立健全信用评价制度,公示信用评价规则,不得删除消费者的评价信息。三是规定电子商务平台经营者未为消费者提供评价途径或者擅自删除消费者评价的,由市场监督管理部门责令限期整改,给予行政处罚,情节严重的,最高处以 50 万元以下的罚款。四是明确电子商务经营者违反本法规定,实施虚假或者引人误解的商业宣传等不正当竞争行为的,依照有关法律的规定处罚,如根据 2018 年 1 月 1 日生效的修订后的《反不正当竞争法》第二十条针对虚假交易规定了两档行政处罚,一般情节处 20 万元以上 100 万元以下的罚款，情节严重的，处 100 万元以上 200 万元以下的罚款，甚至可以吊销营业执照；第三十一条又规定，违反本法规定，构成犯罪的，依法追究刑事责任。

🔍 **素养提升**

现在，大学生兼职是普遍存在的现象。大学生兼职的目的有两个，一是通过实践增强工作能力，二是赚取生活费用。一些大学生常常通过网络平台寻找兼职工作，然而网络上的兼职信息五花八门，其中就有不少"炒信""刷单"的兼职工作，并且提供了不菲的报酬。但须知"炒信""刷单"是"不劳而获"的行为，也是违规操作，大学生甚至可能因此陷入骗局。大学生通过兼职增强个人能力是值得肯定的，但是需要合法劳动、诚信劳动，脚踏实地，做实实在在的事情，这样才能真正增强工作能力，才能体会到兼职的意义。

3. 搭售商品提示

买机票默认购买接机服务，订酒店默认购买健身服务……平台设置的默认搭售的服务，由于让消费者在不知情的情况下购买了其他可能并不需要的服务，一直以来备受诟病。针对这种搭售行为，为了保障消费者的知情权与自主选择权，《电子商务法》第十九条规定，电子商务经营者搭售商品或者服务，应当以显著的方式提请消费者注意，不得将搭售商品或者服务作为默认同意的选项。

4. 退还押金

在网上订酒店、开通共享单车服务等可能需要消费者先缴纳押金，但缴纳押金后往往会出现押金难退还的情形，这严重损害了消费者的权益。

《电子商务法》第二十一条规定了电子商务经营者退还押金的义务：电子商务经营者按照约定向消费者收取押金的，应当明示押金退还的方式、程序，不得对押金退还设置不合理条件。消费者申请退还押金，符合押金退还条件的，电子商务经营者应当及时退还。

违反上述规定者，由有关主管部门责令限期改正，可以处五万元以上二十万元以下的罚款；情节严重的，处二十万元以上五十万元以下的罚款。

5. 依法收集、使用个人信息

近年来，侵犯公民个人信息权的现象仍然存在，在电商领域尤为突出。为保障消费者的个人信息权，《电子商务法》第二十三条规定，电子商务经营者收集、使用其用户的个人信息，应当遵守法律、行政法规有关个人信息保护的规定。该条规定表明，电子商务经营者对消费者个人信息可以收集、可以使用，但必须依法保护、依法限制使用方法和传播范围等。

《电子商务法》第二十四条规定，电子商务经营者应当明示用户信息查询、更正、删除以及用户注销的方式、程序，不得对用户信息查询、更正、删除以及用户注销设置不合理条件。电子商务经营者收到用户信息查询或者更正、删除的申请的，应当在核实身份后及时提供查询或者更正、删除用户信息；用户注销的，电子商务经营者应当立即删除该用户的信息；依照法律、行政法规的规定或者双方约定保存的，依照其规定。本条规定明示了电子商务经营者的信息管理义务及消费者的信息管理权利。

案例阅读

某宝默认勾选侵权案

俞某在某店购买牙膏后使用某宝进行支付。支付完成后，俞某发现某宝的"支付完成"页面默认勾选了"授权 ×× 获取你线下交易信息并展示"选项，其在线下门店的交易信息将被提供给其他相关平台。俞某认为其商品交易活动、行踪等均属个人信息，受法律保护，上述几家公司共同侵犯了其对个人信息被收集、利用的知情权，故诉至法院，要求几家被告公司向其道歉、删除其个人信息数据并赔偿经济损失、精神损害抚慰金各 1 元。

"默认勾选协议"这类现象目前在互联网上是非常普遍的，如在某宝"年度账单"活动中，用户在查看账单时默认勾选了《×× 服务协议》选项。其设置相对隐蔽，会默认用户直接同意协议，允许某宝收集用户在第三方平台保存的信息。此举引来巨大争议，最后某宝方面调整页面，取消默认勾选，并向公众致歉。

近年来，我国加强了对个人信息保护的立法，以保障消费者的个人信息权。如上面提到的《电子商务法》第二十三条和第二十四条，表明了电子商务经营者在法律允许的范围内可依法收集、使用消费者的个人信息，同时明示了电子商务经营者的信息管理义务。

6. 依法纳税

《电子商务法》第十一条规定，电子商务经营者应当依法履行纳税义务，并依法享受税收优惠。依照前条规定不需要办理市场主体登记的电子商务经营者在首次纳税义务发生后，应当依照税收征收管理法律、行政法规的规定申请办理税务登记，并如实申报纳税。

本条规定明示了电子商务经营者的纳税义务及完税条件。根据本条规定，所有电子商务经营者包括不需要办理市场主体登记的微商、自然人等都被纳入纳税范畴。

根据 2018 年 8 月 31 日第十三届全国人民代表大会常务委员会第五次会议通过的《关于修改〈中华人民共和国个人所得税法〉的决定》第六条的规定，应纳税所得额的计算以经营所得为基础，每一纳税年度的收入总额减除成本、费用及损失后的余额，为应纳税所得额。

7. 出具电子发票

《电子商务法》第十四条规定，电子商务经营者销售商品或者提供服务应当依法出具纸质发票或者电子发票等购货凭证或者服务单据。电子发票与纸质发票具有同等法律效力。

本条规定明确了电子商务经营者出具电子发票的义务，与线下经营的规定一致。也就是说，电子发票可以作为报销的凭证，从而为电子发票的大规模推广铺平了道路。

10.2.3 有关电子商务平台经营者的规定

有关电子商务平台经营者的规定是《电子商务法》中非常重要的内容。《电子商务法》第二章的内容直接涉及电子商务平台经营者。下面列举部分规定进行介绍。

1. 对平台内经营者的真实信息进行把关

《电子商务法》第二十七条规定，电子商务平台经营者应当要求申请进入平台销售商品或者提供服务的经营者提交其身份、地址、联系方式、行政许可等真实信息，进行核验、登记，建立登记档案，并定期核验更新。电子商务平台经营者为进入平台销售商品或者提供服务的非经营用户提供服务，应当遵守本节有关规定。

电子商务平台经营者应当监督平台内经营者合法经营，对于违反法律、行政法规的经营行为，电子商务平台经营者有权要求平台内经营者改正或依法采取必要的处置措施，并向有关主管部门报告。电子商务平台经营者应要求平台内经营者获得行政许可，并敦促其履行保障人身财产安全及环境保护义务。电子商务平台经营者将成为工商、税务稽查和相关行政监管部门的前哨，为行政执法部门提供一手信息。

2. 对平台内经营者销售的商品或者提供的服务进行查验

《电子商务法》第三十八条规定，电子商务平台经营者知道或者应当知道平台内经营者销售的商品或者提供的服务不符合保障人身、财产安全的要求，或者有其他侵害消费者合法权益行为，未采取必要措施的，依法与该平台内经营者承担连带责任。对关系消费者生命健康的商品或者服务，电子商务平台经营者对平台内经营者的资质资格未尽到审核义务，或者对消费者未尽到安全保障义务，造成消费者损害的，依法承担相应的责任。

电子商务平台经营者承担相应责任的前提是，对平台内经营者的资质资格未尽到审核义务，如允许不符合资质资格条件的经营者进入平台，或者在警方调查时不积极配合。

同时，《电子商务法》第八十三条规定，电子商务平台经营者违反本法第三十八条规定，对平台内经营者侵害消费者合法权益行为未采取必要措施，或者对平台内经营者未尽到资质资格审核义务，或者对消费者未尽到安全保障义务的，由市场监督管理部门责令限期改正，可以处五万元以上五十万元以下的罚款；情节严重的，责令停业整顿，并处五十万元以上二百万元以下的罚款。

3. 禁止滥用平台优势地位

《电子商务法》第三十五条规定，电子商务平台经营者不得利用服务协议、交易规则以及技术等手段，对平台内经营者在平台内的交易、交易价格以及与其他经营者的交易等进行不合理限制或者附加不合理条件，或者向平台内经营者收取不合理费用。

该条规定是建立在电子商务平台经营者和平台内经营者的基础之上的，其规范的是电子商务平台经营者利用优势地位而滥用服务协议和交易规则等损害平台内经营者合法权益的行为，如强迫平台内经营者在两个平台之间"二选一"。平台滥用优势地位，违反第三十五条规定，损害平台内经营者合法权益的，最高可以处二百万元罚款。

4. 建立健全信用评价制度

《电子商务法》第三十九条规定，电子商务平台经营者应当建立健全信用评价制度，公示信用评价规则，为消费者提供对平台内销售的商品或者提供的服务进行评价的途径。电子商务平台经营者不得删除消费者对其平台内销售的商品或者提供的服务的评价。

该条规定明确了电子商务平台经营者对常见的刷单行为、删差评行为应持有的态度。首先，电子商务平台经营者必须建立信用评价制度；其次，电子商务平台经营者不得删除消费者的评价内容；最后，电子商务平台经营者没有为消费者提供评价途径或擅自删除评价的，最高可面临五十万元的罚款。

5. 竞价排名和广告标注义务

竞价排名是电子商务平台经营者主要的营利方式之一，是电子商务平台经营者和平台内经营者关注的重点内容，同时也将影响消费者的合法权益。

《电子商务法》第四十条规定，电子商务平台经营者应当根据商品或者服务的价格、销量、信用等以多种方式向消费者显示商品或者服务的搜索结果；对于竞价排名的商品或者服务，应当显著标明"广告"。

本条规定是对电子商务平台经营者履行竞价排名和广告标注义务的要求，建立在保护消费者合法权益和平衡三方利益的基础上。竞价排名和广告标注义务主要包括两个方面的内容：一是电子商务平台经营者可以开展竞价排名业务，但至少应该向消费者提供价格、销量、信用 3 种搜索排序方式，电子商务平台经营者可以提供更多的排序方式，但不能不提供或者少提供；二是对于采取竞价排名的商品或者服务，电子商务平台经营者需要将其明确标识为"广告"。

6. 平台经营规则修改公示义务

《电子商务法》第三十四条规定，电子商务平台经营者修改平台服务协议和交易规则，应当在其首页显著位置公开征求意见，采取合理措施确保有关各方能够及时充分表达意见。修改内容应当至少在实施前 7 日予以公示。平台内经营者不接受修改内容，要求退出平台的，电子商务平台经营者不得阻止，并按照修改前的服务协议和交易规则承担相关责任。

此条规定专门就电子商务平台服务协议和交易规则的修改做出明示，意在敦促电子商务平台经营者加快规范其经营行为。

7. 在交易安全担保等方面的权利和义务

在交易安全担保方面，《电子商务法》第五十八条规定，国家鼓励电子商务平台经营者建立有利于电子商务发展和消费者权益保护的商品、服务质量担保机制。电子商务平台经营者与平台内经营者协议设立消费者权益保证金的，双方应当就消费者权益保证金的提取数额、管理、使用和退还办法等作出明确约定。消费者要求电子商务平台经营者承担先行赔偿责任以及电子商务平台经营者赔偿后向平台内经营者的追偿，适用《中华人民共和国消费者权益保护法》的有关规定。

在投诉、举报、调解争议方面，《电子商务法》第五十九条规定，电子商务经营者应当建立便捷、有效的投诉、举报机制，公开投诉、举报方式等信息，及时受理并处理投诉、举报。

《电子商务法》第六十条规定，电子商务争议可以通过协商和解，请求消费者组织、行业协会或者其他依法成立的调解组织调解，向有关部门投诉，提请仲裁，或者提起诉讼等方式解决。

《电子商务法》第六十一条规定，消费者在电子商务平台购买商品或者接受服务，与平台内经营者发生争议时，电子商务平台经营者应当积极协助消费者维护合法权益。

10.2.4 《网络交易监督管理办法》的有关规定

《电子商务法》规范的重点是强化电子商务平台经营者和平台内经营者的责任。《电子商务法》第二条规定，法律、行政法规对销售商品或者提供服务有规定的，适用其规定。也就是说，现行法律、行政法规中已经有的较为成熟、全面的规定，可以延展至电子商务领域适用。

为贯彻落实《电子商务法》，完善网络交易规范制度。2021 年 3 月 15 日，国家市场监督管理总局出台《网络交易监督管理办法》，并于 2021 年 5 月 1 日起施行。《网络交易监督管理办法》制定了一系列规范交易行为的具体制度规则。

（1）针对压实平台主体责任问题。《网络交易监督管理办法》规定，网络交易平台经营者对平台内经营者身份信息的保存时间自其退出平台之日起不少于三年；网络交易平台经营者应当对平台内经营者及其发布的商品或者服务信息建立检查监控制度，并对违法行为及时依法处置和报告；网络交易平台经营者不得对平台内经营者在平台内的交易、交易价格以及与其他经营者的交易等进行不合理限制或者附加不合理条件，干涉平台内经营者的自主经营。

（2）针对消费者权益保护问题。《网络交易监督管理办法》规定，网络交易经营者不得将搭售商品或者服务的任何选项设定为消费者默认同意，不得将消费者以往交易中选择的选项在后续独立交易中设定为消费者默认选择；要求自动展期、自动续费服务的网络交易经营者应当在消费者接受服务前以及自动展期、自动续费等日期前五日，以显著方式提醒消费者注意，由消费者自主选择等。

（3）针对个人信息保护问题。《网络交易监督管理办法》规定，网络交易经营者应当明示收集、使用消费者个人信息的目的、方式和范围，并经消费者同意；网络交易经营者不得强迫或者变相强迫消费者同意收集、使用与经营活动无直接关系的信息；网络交易经营者在收集、使用个人敏感信息前，应当逐项取得消费者同意；网络交易经营者及其工作人员应当对收集的个人信息严格保密，未经被收集者授权同意，不得向包括关联方在内的任何第三方提供。

（4）针对网络交易新业态监管问题。《网络交易监督管理办法》对当前"社交电商""直播带货"等网络交易活动中的经营者定位作出了明确规定：网络社交、网络直播等网络服务提供者为经营者同时提供网络经营场所、商品浏览、订单生成、在线支付等网络交易平台服务的，应当依法履行网络交易平台经营者的义务。通过上述网络交易平台服务开展网络交易活动的经营者，应当依法履行平台内经营者的义务。

知识链接

在《网络交易监督管理办法》中，网络交易经营者，是指组织、开展网络交易活动的自然人、法人和非法人组织，包括网络交易平台经营者、平台内经营者、自建网站经营者以及通过其他网络服务开展网络交易活动的网络交易经营者；网络交易平台经营者，是指在网络交易活动中为交易双方或者多方提供网络经营场所、交易撮合、信息发布等服务，供交易双方或者多方独立开展网络交易活动的法人或者非法人组织；平台内经营者，是指通过网络交易平台开展网络交易活动的网络交易经营者。

10.3 与电子商务交易相关的法律规范

电子商务交易涉及3个关键环节：一是电子合同的订立；二是电子支付；三是商品配送与交付，必须有一定的法律依据来对这3个方面进行全面规范，以保障交易双方的权益。

10.3.1 电子合同的订立方式

如今，电子商务的高速发展推动了相关法律的制定，如电子商务合同的广泛运用。电子合同是电子商务交易的桥梁。订立电子合同，首先要求实名认证。实名认证是对用户资料的真实性进行的一种验证审核。实名认证是电子合同生效的第一个条件。电子合同可以通过在线交易系统生成，通过第三方电子合同签约平台、电子邮件等方式订立。

扫码阅读

电子合同的定义与特点

需要注意的是,选择不同的电子合同形式,将具有完全不同的法律效力、举证程度和证明力。一般在线交易系统生成的电子合同和通过电子邮件签署的电子合同证明力较弱,且需花费时间和精力去证明电子签名的真实性和完整性,举证复杂。

商务部颁布的《电子合同在线订立流程规范》,鼓励采用第三方电子合同平台签订电子合同,使用电子签名技术保证合同签订、传输、存储的安全性、完整性和有效性,合同一旦签署,就不能再进行更改,签订后存储于安全的云存储系统中,将证据固化,发生纠纷时举证便捷。最为关键的是,第三方电子合同平台提供的证据证明力较强,证据容易被采纳。

另外,电子商务经营者在网上发布的商品或服务信息符合要约条件的,消费者选择该商品或服务并提交订单后,合同成立。对于较大金额的电子交易,电子商务经营者应当提示当事人使用电子签名或其他可靠手段确保电子合同数据不被篡改。

知识链接

对于当事人利用电子系统产生的人为错误,《电子商务法》第五十条规定,电子商务经营者应当保证用户在提交订单前可以更正输入错误。也就是说,电子商务经营者应当给予二次确认的提醒,保证用户再次审查和修改可能发生的错误。在电子交易中若发生错误,当事人应当立即将该错误通知相对方,请求撤销发生错误的部分,相对方应当及时协助撤销。

10.3.2 电子合同的法律效力

在电子合同订立过程中,双方当事人只有具有相应的民事行为能力才能签订合同,经双方确认后电子合同才具有法律效力。但在一方否认或需要将合同出具给第三方的情况下,未经电子签名等技术予以核证的电子合同,其真实性不易确定,法律效力难以得到确认。因此,将电子签名应用到电子合同中以保证其真实性是很有必要的。

扫码阅读

电子签名的适用
前提与范围

1. 使用可靠的电子签名签订的电子合同的法律效力

随着电子商务的发展,通过互联网在线订立电子合同的需求也在不断增长。《中华人民共和国电子签名法》(以下简称《电子签名法》)为电子合同的应用与推广排除了法律障碍。《电子签名法》有以下规定。

(1)当事人约定使用电子签名的文书,不得仅因其采用电子签名而否定其法律效力。

(2)可靠的电子签名与手写签名或者盖章具有同等的法律效力。

(3)当事人可以选择使用符合其约定的可靠条件的电子签名。

(4)以目前国际上比较公认的成熟技术为基础,推荐一定的安全条件和标准,作为可靠的电子签名的标准。

《电子签名法》确立了可靠的电子签名的法律效力,即当一个电子签名被认定为可靠的电子签名时,该电子签名就与手写签名或盖章具有同等的法律效力。

在电子合同中使用可靠的电子签名,意味着在互联网上可以确定电子合同签署各方的身份和表达的意思,也确认了使用可靠的电子签名形成的电子合同与手写签名或者盖章形成的纸质合同具有同等法律效力。

2. 使用自动信息系统订立的电子合同的法律效力

《电子商务法》第四十八条规定，电子商务当事人使用自动信息系统订立或者履行合同的行为对使用该系统的当事人具有法律效力。在电子商务中推定当事人具有相应的民事行为能力。但是，有相反证据足以推翻的除外。

该条规定明确了自动信息系统订立的电子合同的法律效力。换句话说，电子商务经营者普遍采用的由平台自动生成订单、消费者单击确认即代表签署的操作模式得到了法律的认可。但本条规定意味着法律推定签署合同的另一方是一个有相应民事行为能力的人。这样的立法实际上充分考虑了互联网经济对效率的看重，大大降低了交易成本，使不见面的双方所缔结的电子合同也可以获得充分的法律保障。

同时，《电子商务法》第五十条规定，电子商务经营者应当清晰、全面、明确地告知用户订立合同的步骤、注意事项、下载方法等事项，并保证用户能够便利、完整地阅览和下载。

案例阅读

电子合同引发的纠纷案

2016年年初，某生物科技有限公司（下文简称"甲方"）与某软件开发公司（下文简称"乙方"）达成App开发的合作意向。由于甲方负责人出差在外，难以及时签约，双方协商后选择通过电子合同进行异地在线签约。

经确认无误后，双方正式采用电子合同的方式签署了《App开发合同》。然而在完成签约后，甲方却由于公司内部决策问题，单方面毁约，取消了与乙方的合作，并以"电子合同没有面对面签署，不具备法律效力"为由，拒不按合同条款对乙方进行相应的违约赔偿，乙方因此将甲方告上区人民法院。

2017年5月18日，开庭审理当天，当地的区人民法院认为，根据《中华人民共和国合同法》的规定，当事人订立合同采取要约、承诺方式。本案中，原、被告双方通过电子方式在《App开发合同》上签字，加盖双方公司云合同专用章，可以认定合同内容系双方当事人的真实意思表示，不违反相关法律规定，对双方当事人应当具有法律约束力。因此，被告（即甲方）应按合同相应条款，履行对原告（即乙方）的赔偿条款。随后被告不服该判决并提起上诉，但市中级人民法院做出终审裁定，驳回上诉，维持原判。

本案中，人民法院依法维护了当事人的权利。作为一种民事法律行为，合同是双方当事人协商一致的产物，也是两个以上的意思表示相一致的协议。它在平等的当事人之间设立、变更、终止，只有双方当事人所做出的意思表示合法，才具有法律约束力。在此基础上，电子合同与传统的纸质合同具有同等的法律效力与约束力。

10.3.3 电子支付的基本法律关系

电子支付是电子商务活动得以进行的基础条件，也是电子商务交易的核心。消费者进行电子商务活动以电子支付方式进行结算。在这一过程中，电子资金划拨是指通过几组合同关系，来调整各方当事人之间的法律关系，使其共同完成一项消费的支付与结算。若根据参与主体的不同划分，电子支付可分为第三方支付企业参与的电子支付和无第三方支付企业参与的电子支付。电子支付由于参与的主体不同，其法律关系也会有所差异。

1. 第三方支付企业参与的电子支付

第三方支付企业参与的电子支付的法律主体主要有第三方支付企业、网上交易双方（也称为付款方和收款方，主要对应消费者和商家）、银行、监管机构等，不同主体之间形成了比较复杂的法律关系。本章主要介绍第三方支付企业与其他主体之间的法律关系。

（1）第三方支付企业与客户（指网上交易双方）之间的法律关系。将第三方支付企业定位为中介组织，按照其同客户之间签订的服务协议，根据客户的指令为双方提供代为收付款的服务。此时，第三方支付企业与客户之间根据服务协议形成支付服务合同关系。通常将第三方支付企业与客户之间的关系定位为委托关系或代理关系。

（2）第三方支付企业与银行之间的法律关系。当银行为第三方支付企业提供资金转移和结算服务时，双方形成金融服务合作合同关系——平等的金融服务合作关系。当银行作为第三方支付企业的存管行，即银行为第三方支付企业提供资金存管服务时，双方除了具有存管服务合同关系，银行对第三方支付企业还负有监督责任（如对第三方支付企业客户备付金使用情况的监督）。也就是说，第三方支付企业和银行（存管行）之间也存在监督管理的法律关系。

知识链接

客户备付金指支付机构为办理客户委托的支付业务而实际收到的预收待付货币资金，简单来说就是用户个人账户余额，它不仅包含用户虚拟账户中的余额，还包括如网购未确认收货前，由于存在结算周期的时间差，托管给第三方支付企业的商品金额等。这些充值后未进行交易的资金，都沉淀在支付机构的账户内。

（3）第三方支付企业与监管机构之间的法律关系。《非金融机构支付服务管理办法》明确规定了第三方支付企业的监管机构为中国人民银行，双方之间是监督管理的法律关系。

2. 无第三方支付企业参与的电子支付

无第三方支付企业参与的电子支付，即网上交易双方直接通过银行（如网上银行）完成交易支付，其主要涉及以下 3 种法律关系。

（1）消费者与商家之间的法律关系。消费者与商家之间的法律关系是商品买卖合同关系，消费者和商家的权利、义务是对等的。消费者作为商品的购买方与商家在网络上签订商品买卖合同后，委托发卡银行向商家支付货款，再由商家交付商品。

（2）消费者与银行之间的法律关系。消费者与银行之间的法律关系是委托关系。消费者委托发卡银行划转货款到商家指定的银行账户内，只有货款被发卡银行划转到商家提供的账户内，商家才会给消费者发货。

（3）商家与银行之间的法律关系。商家与银行之间的法律关系是委托关系，商家的开户银行接受其委托，同消费者的发卡银行进行货款划转、结算。

此外，电子支付的基本法律关系还有 CA 与认证用户（消费者和商家）之间的法律关系，这是涉及身份验证的服务关系。CA 以独立于认证用户和其他参与者（检查和适用证书的相关方）的第三方的地位证明电子商务活动的合法有效性。

10.3.4 电子支付的法律规范

《电子商务法》的第五十三条至第五十七条规定了电子支付的相关内容，确立了电子支付各方当事人的权利和义务，规定了错误支付的法律责任。

《电子商务法》第五十三条规定，电子商务当事人可以约定采用电子支付方式支付价款。电子支付服务提供者为电子商务提供电子支付服务，应当遵守国家规定，告知用户电子支付服务的功能、使用方法、注意事项、相关风险和收费标准等事项，不得附加不合理交易条件。电子支付服务提供者应当确保电子支付指令的完整性、一致性、可跟踪稽核和不可篡改。电子支付服务提供者应当向用户免费提供对账服务以及最近三年的交易记录。

也就是说，电子商务当事人可以选择电子支付，但不能拒绝现金支付。电子支付服务提供者在提供电子支付服务时，应当遵守国家规定，履行告知义务和审核义务。同时，电子支付服务提供者应当向用户免费提供对账服务以及最近三年的交易记录，这就明确了电子支付服务提供者有留存完整的电子支付信息（包括用户账号、商户名称和收款人名称、收款人账号、收款数额及商品信息等）的义务，以备核查。

《电子商务法》第五十四条规定，电子支付服务提供者提供电子支付服务不符合国家有关支付安全管理要求，造成用户损失的，应当承担赔偿责任。

"造成用户损失的，应当承担赔偿责任"是指，电子支付服务提供者违反国家有关支付安全管理要求的行为不仅是违反国家行政法规或者规章的行政违法行为，也是对用户的侵权行为或违约行为，用户可依据本条规定要求电子支付服务提供者赔偿损失。

《电子商务法》第五十五条规定，用户在发出支付指令前，应当核对支付指令所包含的金额、收款人等完整信息。支付指令发生错误的，电子支付服务提供者应当及时查找原因，并采取相关措施予以纠正。造成用户损失的，电子支付服务提供者应当承担赔偿责任，但能够证明支付错误非自身原因造成的除外。

该条规定，一是明确了用户有签发正确的支付指令，接受认证机构的认证的义务；二是确定了在错误支付的情况下，电子支付服务提供者的过错推定责任。对民事责任一般实行"谁主张，谁举证"的过错责任原则，但是在过错推定的情况下，对过错的认定实行举证责任倒置。用户只需要证明电子支付服务提供者没有达到电子支付安全管理的要求并且因此造成了损害后果，而无需证明电子支付服务提供者存在主观上的过错。电子支付服务提供者应当及时查找原因，并采取相关措施予以纠正，若想要免责，则需要证明自身不存在过错。

《电子商务法》第五十六条规定，电子支付服务提供者完成电子支付后，应当及时准确地向用户提供符合约定方式的确认支付的信息。

该条规定明确了完成电子支付后，电子支付服务提供者的信息公开和告知义务：一是要做到及时、准确，通知的内容通常包括支付时间、支付方式、支付对象、支付数额等；二是通知要符合约定方式，通知约定方式包括短信通知、电子邮箱通知、即时通信工具通知等。如果通知的方式违反约定，则构成违约行为。值得注意的是，用户接受通知的方式发生变化的，如原约定的手机号码、电子邮箱等停用，用户应及时通知电子支付服务提供者，双方可再约定其他方式。

《电子商务法》第五十七条规定，用户应当妥善保管交易密码、电子签名数据等安全工具。

用户发现安全工具遗失、被盗用或者未经授权的支付的，应当及时通知电子支付服务提供者。未经授权的支付造成的损失，由电子支付服务提供者承担；电子支付服务提供者能够证明未经授权的支付是因用户的过错造成的，不承担责任。电子支付服务提供者发现支付指令未经授权，或者收到用户支付指令未经授权的通知时，应当立即采取措施防止损失扩大。电子支付服务提供者未及时采取措施导致损失扩大的，对损失扩大部分承担责任。

该条规定明确了用户的责任：一是应当妥善保管交易密码、电子签名数据等安全工具；二是用户有通知义务，在发现安全工具遗失、被盗用或者其他未经授权的支付的，应当及时通知电子支付服务提供者。该条规定明确了电子支付服务提供者的责任：一是承担未授权的支付造成的损失，除非其能证明未授权的支付是用户的过错造成的；二是防止用户损失扩大。

《电子商务法》第五十六条、第五十七条有助于用户及时发现支付错误或者非授权支付，有利于风险防范和违法行为追查。

> **知识链接**
>
> 非授权支付指如因用户的电子支付工具被盗、丢失等而发生的没有经过用户合法授权的资金转移。

10.3.5 第三方支付监管

目前，我国对第三方支付的监管由中国人民银行及其分支机构来负责，按照"属地原则"进行监管，以《非金融机构支付服务管理办法》为政策核心，中国人民银行为主导，行业自律管理、商业银行监督为辅。

> **知识链接**
>
> 商业银行是银行的一种类型，其职责是通过存款、贷款、汇兑、储蓄等业务，承担信用中介的金融机构。商业银行不是直接从事商品生产和流通的企业，而是为从事商品生产和流通的企业提供金融服务的企业，包括国有商业银行中国工商银行、中国农业银行等，股份制商业银行招商银行、浦发银行、中信银行等，及其他城市商业银行和农村商业银行。

从 2010 年开始，中国人民银行针对第三方支付出台了相关政策进行规范，如于 2016 年发布《非金融机构支付服务管理办法》，2013 年发布《支付机构客户备付金存管办法》，2018年发布《中国人民银行办公厅关于支付机构客户备付金全部集中交存有关事宜的通知》等。这些文件形成了一套针对第三方支付的监管办法，主要涉及以下 5 个方面。

1. 市场准入

《非金融机构支付服务管理办法》明确了第三方支付企业的性质，即非金融机构。由于第三方支付企业保管着众多支付平台使用者的大量交易资金，事关公众利益，因此，第三方支付企业必须具有良好的资质。按照《非金融机构支付服务管理办法》的要求，非金融机构从事支付业务之前需向中国人民银行申请支付业务许可证，审批通过后方可成为支付机构并开展业务，且支付机构

扫码阅读

非金融机构
支付服务

依法接受中国人民银行的监督管理。

依据《非金融机构支付服务管理办法》，支付业务许可证的申请人应当具备下列条件。

（一）在中华人民共和国境内依法设立的有限责任公司或股份有限公司，且为非金融机构法人。

（二）有符合本办法规定的注册资本最低限额。

（三）有符合本办法规定的出资人。

（四）有 5 名以上熟悉支付业务的高级管理人员。

（五）有符合要求的反洗钱措施。

（六）有符合要求的支付业务设施。

（七）有健全的组织机构、内部控制制度和风险管理措施。

（八）有符合要求的营业场所和安全保障措施。

（九）申请人及其高级管理人员最近 3 年内未因利用支付业务实施违法犯罪活动或为违法犯罪活动办理支付业务等受过处罚。

申请人拟在全国范围内从事支付业务的，其注册资本最低限额为 1 亿元人民币；拟在省（自治区、直辖市）范围内从事支付业务的，其注册资本最低限额为 3 千万元人民币。注册资本最低限额为实缴货币资本。

2. 业务范围

《非金融机构支付服务管理办法》第二条明确规定了第三方支付企业的业务范围：（1）网络支付；（2）预付卡的发行与受理；（3）银行卡收单；（4）中国人民银行确定的其他支付服务。同时，《非金融机构支付服务管理办法》第十七条规定支付机构应当按照《支付业务许可证》核准的业务范围从事经营活动，不得从事核准范围之外的业务，不得将业务外包。

3. 客户备付金管理

为解决客户备付金的安全问题，对其提供有力的安全保障，《非金融机构支付服务管理办法》对客户备付金管理做了较为详尽而严格的规定，归纳起来主要体现在 4 个方面：第一，客户备付金不属于支付机构的自有财产，支付机构只能根据客户发起的支付指令转移备付金，不得将其用于客户指令支付以外的用途；第二，建立客户备付金的强制存管制度，支付机构接受的客户备付金，必须存管于在商业银行开立的备付金专用存款账户中，商业银行负有日常监督、头寸调整（指风险管理或资金管理）时复核的责任；第三，规定支付机构的实缴货币资本与客户备付金日均余额的比例，不得低于 10%；第四，规定支付机构应当将自有资金和客户资金进行分户管理。《支付机构客户备付金存管办法》则进一步规定了支付机构存管客户备付金的基本原则、客户备付金银行账户管理、客户备付金的使用及相关监督管理。

另外，由于此前支付机构将客户备付金以自身名义在多家银行开立账户分散存放，而客户备付金分散存放存在被支付机构挪用的风险，客户备付金可能被支付机构违规占用用于高风险投资，以及支付机构因第三方支付所产生的沉淀资金的流动性风险等，2018 年，中国人民银行发布了《中国人民银行办公厅关于支付机构客户备付金全部集中交存有关事宜的通知》，规定自 2018 年 7 月 9 日起施行，按月逐步提高支付机构客户备付金集中交存比例，到 2019 年 1 月 14 日实现 100% 集中交存。

4. 反洗钱和反恐怖融资管理

2012 年，中国人民银行发布了《支付机构反洗钱和反恐怖融资管理办法》，主要从 3 个方面来有效防范支付机构因发展带来的洗钱风险。一是客户身份识别措施，机构应遵从"了解你的客户"原则，严格验证客户身份信息，并制定客户风险等级划分标准，评定客户风险等级。二是客户身份资料和交易记录保存措施，支付机构应当妥善保存客户身份资料和交易记录，保证能够完整准确重现每笔交易。客户身份资料，自业务关系结束当年计起至少保存 5 年；交易记录，自交易记账当年计起至少保存 5 年。三是可疑交易标准和分析报告程序，要求支付机构建立交易监测系统，对交易进行检测和分析，并及时上报可疑交易。

5. 市场退出

《非金融机构支付服务管理办法》规定了支付机构市场退出机制。支付机构有下列情形之一的，中国人民银行及其分支机构有权责令其停止办理部分或全部支付业务。

（一）累计亏损超过其实缴货币资本的 50%。

（二）有重大经营风险。

（三）有重大违法违规行为。

此外，支付机构也需要接受公安、工商、税务等国家机关的监督和管理，配合相关部门打击各种违法活动。

10.3.6 商品交付的法律规范

在电子商务环境下，商品交付是指利用物流、快递和网络传输等手段将商品由电子商务经营者转移到消费者手中的过程。商品交付是电子商务的最后一个重要环节，它的基本要求是便捷和安全，即商品从电子商务经营者转移到消费者的时间短、速度快，且在商品转移中不会造成商品损害、人员伤害及财产损失等。如果没有一个可靠和高效的交付体系，电子商务所具有的优势就难以得到有效的发挥。

《电子商务法》第二十条规定，电子商务经营者应当按照承诺或者与消费者约定的方式、时限向消费者交付商品或者服务，并承担商品运输中的风险和责任。但是，消费者另行选择快递物流服务提供者的除外。

本条规定明确了电子商务经营者的交付义务，交付的依据是"承诺"或与消费者的"约定"，另外，商品运输过程中的风险和责任由电子商务经营者承担。只要不是消费者另行选择快递物流服务提供者，在商品运输过程中出现的问题消费者不用承担责任。

《电子商务法》第五十一条规定，合同标的为交付商品并采用快递物流方式交付的，收货人签收时间为交付时间。合同标的为提供服务的，生成的电子凭证或者实物凭证中载明的时间为交付时间；前述凭证没有载明时间或者载明时间与实际提供服务时间不一致的，实际提供服务的时间为交付时间。合同标的为采用在线传输方式交付的，合同标的进入对方当事人指定的特定系统并且能够检索识别的时间为交付时间。合同当事人对交付方式、交付时间另有约定的，从其约定。

该条规定明确了采用快递物流方式提供服务和采用在线传输方式交付商品的交付时间。另外，交付确认标准以约定优先，也就是说，如果电子商务经营者与消费者就商品交付时间有特别约定，则遵从其约定。

《电子商务法》第五十二条规定，快递物流服务提供者在交付商品时，应当提示收货人当面查验；交由他人代收的，应当经收货人同意。

该条规定明确了快递代收须经收货人同意。自 2018 年 5 月 1 日起施行的《快递暂行条例》也规定，快递企业应当将快递投递到约定的收货地址、收货人或者收货人指定的代收人，并告知收货人或者代收人当面验收。

10.4　案例分析——网络交易纠纷分析

电子商务的高速发展给人们的生活带来了便利，网络交易频繁发生，但随之而来也会时常发生网络交易纠纷。下面通过两起网络纠纷案例，依据你所了解和掌握的法律知识，分析相关问题，并做出自己的解读。

10.4.1　材料1：团购电影票补差价

杨先生在某团购网站团购了某电影院的两张特价电影票。该电影票适用于观看电影院正在放映的所有电影。杨先生于当天去电影院观看某影片，但电影院工作人员要求杨先生另补 30 元差价，原因是杨先生选择的影片是 3D 影片，比普通影片的观影效果好，设备要求更高，因此需要另外收取观影费用。杨先生以电影院不在团购网站中说明，到店强制消费为由提起诉讼。

10.4.2　材料2：网购假货

吴女士在某购物网站中购买了一条天然珍珠手链，花费了 890 元。但当吴女士收到手链后，她发现手链与网页中宣传的图片不一致，珍珠颜色黯淡、质地粗糙。吴女士随即到一家珠宝店进行检测，发现手链竟然是假货。于是她立即打电话给商家要求退货并给予一定补偿。商家答应会马上处理，但之后回复表示网页上宣传的就是仿制珍珠手链，且以包装不完整、已经使用过等为由拒绝退货。王女士于是将其投诉到了工商管理部门。

思考：

根据材料1、材料2分析以下问题。

（1）杨先生的诉讼是否成立？为什么？

（2）吴女士的要求是否合理？为什么？

（3）杨先生和吴女士应该提供哪些证据进行诉讼？

实践训练

为了更好地理解电子商务法的相关知识，下面我们将通过一系列实践训练来加以练习。

【实训目标】

（1）了解电子商务中与消费者权益保护相关的各项法律法规。

（2）学会分析电子商务纠纷事件，熟悉常见电子商务纠纷的解决方法。

【实训内容】

（1）根据电子商务的特点，分组讨论电子商务交易中容易出现的纠纷，要求每组至少讨论 5 个电子商务纠纷事件，并思考如何解决这些纠纷。

（2）收集电子商务平台经营者或平台内经营者制定的不合理条款，并说明其不合理的地方。

（3）收集一些典型电子商务纠纷事件，要求每组至少收集 5 个电子商务纠纷事件，并分析这些纠纷事件损害了消费者的哪些权益，将其对应到具体的《电子商务法》条例。

知识巩固与技能训练

一、名词解释

1. 合同   2. 数据电文   3. 电子合同   4. 客户备付金

二、单项选择题

1. 根据《电子商务法》的规定，微商（   ）。

    A. 属于电子商务平台经营者   B. 属于平台内经营者

    C. 属于其他电子商务经营者   D. 不属于电子商务经营者

2. （   ）不属于书面形式。

    A. 电子邮件   B. 口信   C. 电报   D. 信件

3. 下列描述中正确的是（   ）。

    A. 电子商务经营者提供服务无需出具纸质发票或者电子发票等服务单据

    B. 电子发票和纸质发票不具备同等法律效力

    C. 电子商务经营者应当保障消费者的知情权和选择权

    D. 第三方支付企业不属于电子商务经营者

4. 电子商务平台经营者没有为消费者提供评价途径或擅自删除消费者评价信息的，最高可面临（   ）万元以下的罚款。

    A. 10   B. 20   C. 50   D. 100

三、多项选择题

1. 下面属于电子商务法的特征的有（   ）。

    A. 商法性   B. 全球性

    C. 技术性   D. 开放性和兼容性

2. 电子商务法律关系的主体包括（   ）等。

    A. 买卖双方   B. 电子商务第三方平台

    C. 平台内经营者   D. 物流配送公司

3. 电子合同可以通过（   ）等方式订立。

    A. 在线交易系统生成   B. 第三方电子合同签约平台

    C. 电子邮件   D. QQ

4. 下列选项中属于违规行为的有（　　　）。

    A. 任意修改交易规则并不公示相关信息

    B. 阻止平台内经营者退出平台

    C. 未以显著方式区分标记自营业务和平台内经营者开展的业务

    D. 擅自删除消费者的评价信息

5. 下列描述中正确的是（　　　）。

    A. 当事人可以约定使用电子签名的文书，但不具有法律效力

    B. 在民事活动中的合同或文书中必须使用电子签名

    C. 当事人可以选择使用符合其约定的可靠条件的电子签名

    D. 可靠的电子签名与手写签名或者盖章具有同等的法律效力

四、思考题

1. 如何确定电子合同中数据电文的发送与接收时间和地点？

2. 《电子商务法》对消费者将产生哪些影响？

3. 《电子商务法》对未来电子商务的发展将产生哪些影响？

4. 人们在日常购物中是否涉及电子合同的订立？

5. 依据《电子商务法》，消费者在电子支付方面享有哪些权益？

6. 根据你的了解，谈谈《电子商务法》中针对电子商务交付的规定有哪些。

五、技能实训题

1. 结合自身上网的经历，从《电子商务法》的角度分析对自己影响较大的一件有关电子商务的事。

2. 在中国电子商务法律网了解《电子商务法》的立法动态及相关案例。

参考文献

[1] 施奈德. 电子商务 [M]. 张俊梅，徐礼德，译. 北京：机械工业出版社，2014.

[2] 叶琼伟，孙细明，罗裕梅. 互联网＋电子商务创新与案例研究 [M]. 北京：化学工业出版社，2017.

[3] 曹磊. 互联网＋产业风口 [M]. 北京：机械工业出版社，2015.

[4] 宋文官. 电子商务基础 [M]. 大连：东北财经大学出版社，2004.

[5] 董志良，丁超，陆刚. 电子商务概论 [M]. 北京：清华大学出版社，2014.

[6] 于宝琴. 电子商务与快递物流服务 [M]. 北京：中国财富出版社，2015.

[7] 李飒，刘春. 电子商务安全与支付 [M]. 北京：人民邮电出版社，2014.

[8] 蔡剑，叶强，廖明玮. 电子商务案例分析 [M]. 北京：北京大学出版社，2011.

[9] 帅青红. 电子支付与结算 [M]. 2版. 长春：东北财经大学出版社，2015.

[10] 王建. 电子商务导论——商务角度 [M]. 北京：对外经济贸易大学出版社，2002.

[11] 张楚. 电子商务法 [M]. 2版. 北京：中国人民大学出版社，2007.

[12] 杨坚争. 电子商务基础与应用 [M]. 5版. 西安：西安电子科技大学出版社，2006.

[13] 陈孟建，李华. 电子商务网站运营与管理 [M]. 北京：中国人民大学出版社，2015.

[14] 罗慧恒. 第三方支付——中国电子商务网上支付手段的新发展 [J]. 科技情报开发与经济，2007，17（06）：144-145.

[15] 冯英健. 网络营销基础与实践 [M]. 4版. 北京：清华大学出版社，2013.

[16] 白东蕊，岳云康. 电子商务概论 [M]. 4版. 北京：人民邮电出版社，2019.

[17] 洪涛. 高级电子商务教程 [M]. 北京：经济管理出版社，2009.

[18] 吴吉义. 电子商务概论与案例分析 [M]. 北京：人民邮电出版社，2008.

[19] 邓顺国. 电子商务运营管理 [M]. 北京：科学出版社，2011.

[20] 仝新顺. 电子商务概论 [M]. 北京：人民邮电出版社，2015.

[21] 王蕾，桂学文. 电子支付原理与应用 [M]. 武汉：华中科技大学出版社，2016.

[22] 丁奕盛. 网络营销实战解析——电子商务时代的掘金策略 [M]. 北京：电子工业出版社，2015.

[23] 汤兵勇，熊励. 中国跨境电子商务发展报告（2015—2016）[M]. 北京：化学工业出版社，2017.

[24] 屈冠银. 电子商务物流管理 [M]. 3 版. 北京：机械工业出版社，2012.

[25] 刘红军. 电子商务技术 [M]. 2 版. 北京：机械工业出版社，2011.

[26] 蒋元涛. 国际物流运营与电子商务管理 [M]. 北京：光明日报出版社，2013.

[27] 王玮，梁新弘. 网络营销 [M]. 北京：中国人民大学出版社，2016.

[28] 杨泳波. 电子商务基础与应用教程 [M]. 北京：人民邮电出版社，2017.

[29] 李洪心. 电子商务导论 [M]. 2 版. 北京：机械工业出版社，2011.

[30] 马莉婷. 电子商务概论 [M]. 北京：北京理工大学出版社，2019.